LA MEMOIRE
Résultats et Théories

PSYCHOLOGIE ET SCIENCES HUMAINES

Alain Lieury

Maître-assistant à l'Université René Descartes (Paris)

la mémoire
résultats et théories

3e édition

PIERRE MARDAGA, EDITEUR
2, GALERIE DES PRINCES, BRUXELLES

© Pierre Mardaga, Bruxelles
37, rue de la Province, 4020 Liège
2, Galerie des Princes, 1000 Bruxelles
D. 1986-0024-49

CHAPITRE I

EPISTEMOLOGIE DE LA MEMOIRE

Simonide de Céos, poète grec, vivait il y a environ 2.500 ans. Cicéron et Quintilien lui attribuent l'invention du procédé mnémotechnique. Selon Cicéron, Simonide festoyait lors d'un banquet lorsqu'il fut appelé à l'extérieur et, précisément à cet instant, le toit s'écroula sur les convives. Les participants n'étant plus identifiables, les familles firent appel à Simonide et le prièrent de se remémorer l'emplacement de chaque convive. Constatant la facilité avec laquelle il se rappelait les places de chacun, Simonide eut l'idée de généraliser cette méthode. La méthode des Loci (emplacements) était née. Ce procédé, que nous détaillerons à propos de l'analyse scientifique des procédés mnémotechniques et aussi à propos de l'étude des « mémoires prodigieuses », consiste, par exemple, à mémoriser chaque élément d'une liste en face des vitrines d'une rue bien connue.

Cette histoire nous indique que l'intérêt spécifique pour la mémoire est fort ancien et pourtant le développement de notre connaissance de la mémoire ne date vraiment que de quelques dizaines d'années. Pourquoi cet essor a-t-il été si tardif ? La réponse à cette question est que le développement des recherches sur la mémoire comme de tout autre domaine est lié au développement historique de la pensée, lui-même dépendant du développement social. Parmi les facteurs qui ont entravé et qui entravent le développement de notre connaissance sur la mémoire, il y en a qui sont relativement spécifiques.

En premier lieu, l'absence de techniques appropriées (électroniques par exemple) empêche évidemment de réaliser certains types d'expérience. Sur le plan théorique, le retard vient surtout, à une étape donnée, de ce que les hypothèses ne sont pas entièrement confirmées ou infirmées ce qui rend moins nécessaire la découverte de nouvelles hypothèses plus fructueuses. On qualifie d'ailleurs souvent de géniale une hypothèse découverte alors que l'exploitation d'une hypothèse en cours n'est pas épuisée. Mais les entraves les plus importantes sont liées au développement général de la pensée.

N'est-il pas étonnant, en effet, de penser qu'il a fallu attendre des milliers d'années pour réaliser certaines expériences récentes qui ne nécessitent comme matériel que du papier et un crayon...

Un facteur de progrès important est le modèle qui se caractérise comme la projection des lois de fonctionnement d'un phénomène sur un phénomène de nature différente. En psychologie, l'utilisation du modèle remonte au moins à Descartes qui s'inspirait du fonctionnement des automates pour décrire « la machine humaine ». De même, en assimilant l'œil à une lentille convergente, il en déduisit l'explication de la perspective dans la perception des grandes distances.

Cette méthode d'approche n'est pas révolue comme on pourrait le supposer et les chercheurs qui assimilent l'homme à un ordinateur ne procèdent pas autrement, le modèle est plus affiné voilà tout.

Mais l'entrave essentielle du temps de Descartes était idéologique, c'était comme on le sait le problème de l'âme et pour Descartes l'âme était pour l'homme ce que le constructeur était pour l'automate.

Avec une telle conception, il est impossible de progresser car la cause ultime, l'âme, est inaccessible par définition, c'est l'impasse. L'essor principal de la pensée et qui conduisit à l'édification de la pensée scientifique est né des révolutions sociales de la fin du XVIIIe siècle et notamment de la révolution bourgeoise française en 1789.

La libération vis-à-vis du système féodal et de son idéologie, la religion, et le développement du matérialisme en fonction de l'essor industriel (notamment en Angleterre) permet à certains savants de chercher à expliquer la nature sans faire intervenir des causes surnaturelles. Au cours de ce développement d'une pensée devenue dès lors scientifique, l'œuvre de Darwin eut un impact fondamental en ce qu'il présente l'homme comme le stade le plus évolué de l'évolution animale et donc susceptible d'étude objective comme tout autre animal.

Ce bref panorama historique est à nos yeux nécessaire pour prendre une certaine distance vis-à-vis des recherches et des théories que nous allons présenter. En effet, nous sommes actuellement probablement limités dans nos idées comme dans nos moyens matériels sans nous douter de la nature de nos entraves. Comme nous avons voulu le montrer, les principales entraves ne sont brisées qu'avec le développement social, mais il est malgré tout possible de progresser plus rapidement en analysant de façon critique les méthodes et les théories dont on se sert.

Cette analyse critique des moyens de connaissance scientifique c'est l'épistémologie et nous allons maintenant tenter de faire, à grands traits, l'épistémologie de la mémoire, en analysant les grandes méthodes d'approche, les grandes conceptions contemporaines de la mémoire et leur filiation.

Au préalable, nous définirons la mémoire comme la capacité de restituer de l'information, contenue dans un message, en l'absence de celui-ci ou de reconnaître cette information parmi d'autres messages. Comme nous le verrons cette définition est d'inspiration cybernétique et décrit la mémoire essentiellement comme une fonction utile dans la communication. Le terme message est donc ici extrêmement général et peut concerner tout aussi bien, un récit ou un film, un numéro de téléphone ou un problème complexe, une situation vécue ou un nom propre, etc. Nous insisterons largement plus loin sur la distinction entre message et information.

La mémoire s'étudie selon deux grandes voies d'approche : psychologique si l'on étudie celle-ci au niveau du comportement global d'un organisme vivant et lorsqu'il y a intégrité de ses composantes biologiques. L'approche est biologique si l'on intervient pour connaître les bases biologiques de la mémoire, à divers niveaux de complexité : structures neurologiques, tissu nerveux ou niveau moléculaire. Au niveau neurologique, les chercheurs essaient de dépister le rôle de certaines structures nerveuses en analysant l'activité électrique ou chimique de celles-ci en relation avec les activités mnémoniques du sujet, homme ou le plus souvent animal dans ce type d'expérience. Le dépistage de ces structures « mnémoniques » se pratique également en réalisant chez l'animal des lésions ou des modifications chimiques spécifiques qui doivent entraîner un déficit mnésique si elles ont un rôle dans la mémoire.

Toute étude qui provoque des perturbations graves ou définitives étant exclue lorsqu'il s'agit de l'homme, l'examen des cas pathologiques permet, quoique d'une manière difficile ce dépistage des structures nerveuses de la mémoire.

Plus récemment, et ceci, sous l'influence des découvertes concernant le déterminisme biochimique de l'hérédité et notamment de l'identification de l'A.D.N., des chercheurs ont émis l'hypothèse que le substrat ultime de la mémoire pourrait être la molécule. Cette approche quoique fort controversée a permis d'aboutir à des résultats intéressants.

Mais c'est au niveau psychologique, que les conceptions théoriques sont les plus différenciées. Il n'en a pas toujours été ainsi et à la suite de Hermann Ebbinghaus (1850-1909) à qui l'on doit les premières recherches expérimentales, la plupart des recherches furent centrées sur la mise en évidence des lois empiriques, telles que l'évolution temporelle de l'oubli, ou sur la mise au point de techniques d'études sans souci de systématisation théorique, du moins explicite.

La seconde guerre mondiale marque un tournant important. D'une part, la guerre consacre la suprématie américaine, seul pays dorénavant à posséder une richesse économique telle qu'il est en mesure de financer un très grand nombre de chercheurs, ce qui explique le très grand nombre de recherches américaines, et leur influence mondiale grâce également à l'importance numérique des revues spécialisées.

C'est sans doute, de cette croissance numérique énorme des recherches sur la mémoire (comme dans les autres domaines) que naît la nécessité des théories. Une théorie a en effet pour objet principal à la fois de résumer de nombreux résultats en les organisant entre eux et de dégager quelques principes à partir desquels on peut déduire l'ensemble des résultats. Mais la guerre est aussi à l'origine d'un renouveau sur le plan des conceptions théoriques de la mémoire par l'influence de certains domaines développés pour leurs applications militaires ou industrielles. C'est le cas au premier chef pour la cybernétique.

Toutefois l'influence des conceptions cybernétiques sur les théories de la mémoire ne devint sensible qu'après un certain décalage nécessaire à leur diffusion. Ce n'est vraiment que vers 1960 que cette influence devint prépondérante et dans cet intervalle, les théories se sont largement développées essentiellement à l'intérieur du cadre explicatif qui dominait alors la psychologie américaine, l'empirisme associationniste.

1. L'EMPIRISME ASSOCIATIONNISTE

Les débuts de la psychologie américaine ont surtout été influencés par les idées des philosophes empiristes-associationnistes anglais du XIXe siècle (Hume, James Mill, Stuart Mill...) pour lesquels toutes les connaissances de l'homme lui viennent de l'expérience par les sensations, copies du réel, qui par l'association forment les images mentales, les idées, etc.

Mais ce qui a nourri théoriquement les continuateurs de cette école associationniste, l'école behavioriste (Watson, etc.) ce sont les travaux du physiologiste anglais Sherrington sur l'arc réflexe, ancêtre de l'association stimulus-réponse et surtout les découvertes de Pavlov sur le conditionnement. Il est nécessaire ici de rappeler quelques concepts importants du conditionnement car certains d'entre eux ont servi de modèle pour expliquer certains phénomènes mnémoniques.

Lorsque l'on met de la viande dans la gueule d'un chien, celui-ci produit naturellement un certain nombre de réponses préparatoires à l'ingestion, salivation, mouvements de mâchoires, etc. Nous dirons que la salivation est une réponse instinctive, inconditionnelle à l'excitant « viande dans la gueule » (en contact avec les récepteurs gustatifs) que nous appellerons stimulus inconditionnel. Si l'expérimentateur fait régulièrement précéder le stimulus inconditionnel (viande) par un stimulus neutre (sonnerie), la réponse salivaire sera bientôt déclenchée dès l'apparition de la sonnerie; nous dirons que ce stimulus est devenu conditionnel. Après conditionnement le stimulus conditionnel peut déclencher seul, la réponse salivaire mais il est conditionnel car il doit être suivi de temps à autre par le stimulus inconditionnel (appelé aussi « renforcement ») pour ne pas perdre son pouvoir déclencheur. En effet, si l'on présente au chien la sonnerie sans qu'elle soit jamais suivie de nourriture, la sonnerie perd graduellement son pouvoir déclencheur, c'est le phénomène d'extinction.

Enfin un autre phénomène nous montre la nature dynamique de l'extinction : si après un délai de repos, l'expérimentateur présente à nouveau la sonnerie sans la faire suivre de nourriture, on constate que la sonnerie déclenche à nouveau la salivation alors que son pouvoir excitateur était nul avant le repos. Ce phénomène est appelé « récupération spontanée » et montre donc que l'extinction n'est pas provoquée par un oubli passif et définitif mais par un mécanisme actif de blocage, l'inhibition. Le terme de récupération spontanée est en fait impropre car elle est considérée par Pavlov et son école comme le résultat d'une nouvelle inhibition de l'inhibition produite lors de la phase d'extinction. L'inhibition, inhibée elle-même, bloque la réponse conditionnée avec moins d'efficacité et est la cause de ce qui apparaît comme une récupération « spontanée ». Ainsi l'inhibition peut-elle être considérée comme un conditionnement spécial à ne pas répondre au stimulus conditionnel car il ne sera pas suivi de renforcement (nourriture). Formalisée logiquement, l'inhibition est un conditionnement inverse.

Dans cette conception, l'inhibition de l'inhibition pendant la phase de repos serait due au remplacement de la sonnerie par le stimulus contextuel (couleur des murs, bruits divers, etc.) qui deviennent par leur présence les nouveaux stimuli conditionnels qui déclenchent la réponse « ne pas saliver ».

Le conditionnement a beaucoup inspiré les chercheurs de la mémoire et nous en retrouverons les principaux concepts : stimulus, réponse, inhibition, récupération spontanée, etc. Mais tout n'a pas été réduit à cela : seul l'empirisme associationniste caractérise ce courant de pensée. Empiristes, les théoriciens de cette école ramènent toute la connaissance à l'expérience, à des copies du réel et scotomisent entièrement le rôle des actions dans l'élaboration de cette connaissance. La mémoire sera essentiellement considérée comme la conservation de ces copies. Associationnistes, ces théoriciens pensent que toutes les fonctions psychologiques et notamment la mémoire, se réduisent à des associations entre copies. Les philosophes ont longtemps débattu des divers modes d'associations. Pour Hamilton, il y en a sept parmi lesquels la coexistence dans le temps, dans l'espace; le rapport de cause à effet; de partie à tout; le contraste et la ressemblance; le rapport entre le signe et la chose signifiée. Mais les empiristes associationnistes se sont efforcés de les réduire, le plus souvent à trois : similitude, contiguïté et causalité (Hume) ou même à une, la contiguïté.

Pour l'école américaine contemporaine, seuls sont utilisés les principes de contiguïté et de similitude. Le champ d'étude et les techniques utilisées sont marqués par cette orientation préthéorique. Ainsi l'essentiel des travaux concernent la mémoire verbale qui en fait se réduit à la mémorisation de listes de mots ou de lettres. Les mots, les lettres sont considérés comme des unités et leurs copies s'associent par contiguïté ou similitude en mémoire. La construction la plus simple que l'association permet est le couple, mais l'association peut permettre d'autres structures comme la chaîne et peut aboutir grâce à des ramifications ou des associations entre chaînes à des réseaux. Dès lors, il est compréhensible que l'immense majorité des recherches aient été réalisées avec des techniques entièrement calquées sur ces trois modèles d'associations.

Le couple a donné la technique des couples (en anglais, *paired-associates*) qui a servi dans des milliers d'expériences et qui a été la reine incontestée des techniques durant la décennie 1950-1960; cette technique inventée par Calkins consiste à faire apprendre une liste de couples (d'adjectifs par exemple) dont le premier membre est appelé stimulus et le second réponse. Souvent l'apprentissage de la liste se fait par anticipation ce qui imite mieux la procédure de conditionnement : le stimulus est présenté (sur un carton, ou lu, etc.) et le sujet doit répondre par la réponse qui lui est associée puis la réponse est présentée (renforcement) et permet au sujet de se corriger. La seconde structure associative, la chaîne a donné le jour à la technique d'apprentissage sériel, inventée plus tôt que la précédente par Ebbinghaus. Il s'agit ici d'apprendre dans l'ordre une liste de mots présentés dans le même ordre et l'un à la suite de l'autre. Cette technique eut beaucoup moins de succès lorsqu'il devint évident à la suite d'expériences que la liste n'était pas apprise comme une chaîne. Enfin, la structure de réseau a servi de modèle afin d'expliquer selon quel mode les copies verbales étaient liées entre elles en mémoire. C'est à cette exigence qu'est dû un grand nombre d'études utilisant une technique inventée (1879) par Galton, cousin de Darwin, les associations libres. A un mot donné par l'expérimentateur, le stimulus — exemple « château » — le sujet donne tous les mots qui lui viennent à l'esprit, les réponses — exemple « palais, féodal, soldat, donjon, fée, etc. ».

Le sort de l'empirisme associationniste est finalement lié aux réponses concernant ses deux problèmes de base :

1. la réduction de la mémoire à l'association;
2. la réduction de la mémoire à une copie.

Certains faits peuvent donner l'illusion que la mémoire copie le réel, les images mentales ressemblent à des photographies du réel et dans le domaine verbal les mots sont mémorisés selon leur fréquence d'emploi dans la langue. Cependant il ne s'agit, même dans les cas les plus favorables, que d'une approximation, plutôt que de copies, les informations en mémoire sont plutôt des représentations codées à partir du réel. Bien plus, cette conception néglige complètement le rôle des structures propres du sujet, rôle mis en évidence notamment par les chercheurs inspirés par la cybernétique et surtout par Piaget, par la démonstration du rôle de l'intelligence dans la mémoire. Mais c'est surtout à propos du second problème, la réduction de la mémoire à l'association, que les théories de ce courant d'idées ont été combattues. Le simplisme aigu des théoriciens associationnistes apparaît à propos de la tentative malheureuse d'identifier les « syllabes sans signification » comme matériel dépourvu de sens. Inventées par Ebbinghaus, les syllabes sans signification sont des combinaisons de lettres n'ayant des mots que l'apparence : X U J, C E J, X B J, C R M. Selon son créateur, ces pseudo-mots n'ayant jamais été appris permettraient d'étudier les apprentissages à partir de zéro.

Certes d'aucuns avaient bien remarqué que les sujets apprenaient ces pseudo-mots en les rapprochant de mots, de phrases connues et l'américain Glaze (1928) opérationnalisa ce fait en mesurant la signification des « syllabes sans signification » par le nombre de mots que les sujets y associaient en association libre. Pourtant cette signification était surtout vue comme une variable parasite et il a fallu attendre 1960 pour que l'on admette non seulement l'importance fondamentale de la signification mais surtout que lors de la mémorisation, le matériel non significatif est assimilé à du matériel significatif pour être appris et non l'inverse. A voir la vague actuelle de sigles qui revendiquent une place dans le dictionnaire, il semble que les lettres elles-mêmes aient décidé de se révolter.

Dans le chapitre suivant, l'utilité du concept d'association sera examinée de manière plus fine. Nous verrons que la quasi totalité des faits traduit une complexité difficilement réductible à l'association. Les théoriciens de ce courant ont eux-mêmes été obligés, sous la contrainte des faits de dissocier certaines structures mais qu'ils ne désespèrent pas de réduire à des associations. Cependant au fur et à mesure que gagnent du terrain d'autres conceptions, les associationnistes dévoilent la pauvreté de l'association en l'analysant avec d'autres concepts, essentiellement inspirés de la cybernétique.

Si notre critique de ce courant est sévère, ce n'est pas qu'il a été stérile. Le chapitre II démontrera quelle riche moisson de faits et d'hypothèses il a généré, mais à cause de sa « tyrannie doctrinale » comme l'a dit un gestaltiste américain, Solomon Asch, l'utilisation trop rigide d'une épistémologie trop simple a conduit à cacher la forêt par un arbre et après avoir lu des centaines d'articles de cette école de pensée, on est réduit à se demander : mais au fond qu'est-ce que la mémoire ?

2. LES MODELES CYBERNETIQUES

L'essor considérable de la cybernétique a influencé les conceptions de la mémoire et a permis de dépasser le cadre trop étroit de l'associationnisme. Le développement de l'électronique a certainement contribué davantage à cet essor que l'impulsion d'un ou plusieurs hommes, cependant on peut rattacher ce courant d'étude à Norbert Wiener qui a créé le concept et surtout en a défini l'originalité et les perspectives (Wiener, 1948).

Celui-ci chargé de résoudre le problème de la poursuite automatique des avions par les canons de la D.C.A., eut l'idée de chercher la réponse dans l'étude du contrôle moteur dans les organismes vivants (Wiener, 1948). Dans cette voie, Wiener travailla en étroite collaboration avec d'autres spécialistes et notamment des physiologistes comme Lorente de No que nous citerons à nouveau à propos des circuits réverbérants.

En effet, dans la conception de Wiener, la cybernétique n'est pas seulement une science des machines mais s'intéresse à tout système, vivant ou non, capable d'autocontrôle et de communication. En fait, les conditions économico-politiques en favorisant le développement des machines plus que celui des sciences biologiques et humaines ont contribué largement à réduire la cybernétique à une science des machines.

Plus tard, toutefois (1958), l'autre facette de la cybernétique s'est constituée en une science indépendante, la bionique, dont le nom dû à Jack Steele major de l'« U.S. air force », provient de la contraction de biologie électronique. Inversement à sa sœur la cybernétique, devenue malgré elle la science des machines, la bionique est la science des systèmes dont le fonctionnement est copié, comparable ou analogue à celui des systèmes naturels. Ainsi le sonar est un système électronique de guidage analogue à celui des chauves-souris. De même, le gyroscope à lames vibrantes qui permet d'enregistrer les changements de direction sur les avions à réaction est un système copié sur celui de certains insectes diptères (les mouches par exemple).

Avec une grande avance dans l'étude des neurones, les ingénieurs pourraient s'inspirer de leur fonctionnement pour réaliser des ordinateurs aux possibilités décuplées.

Mais, à cette heure, nous devons nous contenter des computeurs à transistors, et circuits intégrés.

Deux concepts fondamentaux sont à la base de la cybernétique : le feed-back et l'information.

Le feed-back ou contrôle en retour est la possibilité pour un système de tenir compte de ce qui vient de se passer, ou encore de corriger son action en fonction des informations sur ses actions antérieures.

Par exemple, lorsque nous prenons un objet, des informations visuelles permettent de corriger la trajectoire de la main. La notion de feed-back n'a pas eu un grand impact dans la conceptualisation des théories de la mémoire, seul Piaget l'a utilisée systématiquement, nous verrons plus loin dans quel sens. Le concept d'information a au contraire, bouleversé les hypothèses concernant la mémoire et c'est peut-être là la seule cause qui a conduit à négliger le feed-back. La théorie mathématique des communications a été élaborée plus spécialement par Claude Shannon, ingénieur à la Compagnie des téléphones Bell et reste la base de la conception moderne de l'information. Le principe de cette théorie est de dissocier entièrement l'information de son support et c'est ce qui rend nouveau le concept cybernétique. Couramment l'information lue, entendue, est ce qui apporte quelque chose de nouveau et il n'en est pas autrement ici; mais habituellement nous ne sommes pas accoutumés à dissocier l'information de son support de sorte qu'elle y paraît liée structurellement. En réalité, il n'en est pas ainsi et la même information peut être parlée, c'est-à-dire emprunter des phonèmes (les sons parlés) comme support ou peut être écrite, c'est-à-dire utiliser des signes graphiques, l'alphabet.

Des transformations plus importantes encore, peuvent être effectuées en utilisant l'alphabet gestuel des sourds-muets ou celui à base de points en relief des aveugles.

L'avènement de l'électricité et de l'électronique a ouvert de ce point de vue des horizons insoupçonnés et l'information musicale par exemple, peut être supportée par des « alphabets » aussi différents que des particules magnétiques sur la bande du magnétophone ou la gravure d'un disque. Ainsi en passant d'un alphabet à un autre, l'information se transforme, et l'opération qui consiste à la transformer d'un alphabet à un autre s'appelle le codage; plus généralement l'alphabet s'appelle le code, de sorte que la forme d'une information c'est son code. Afin de dégager les règles de codage d'un code à un autre, il est nécessaire de savoir quantifier l'information et pour cela de la définir par rapport à son utilité et non par son code. C'est la raison pour laquelle, à la suite de Shannon, l'information est quantifiée comme une fonction, la fonction logarithmique, de la probabilité des événements pour lesquels elle apporte une réponse.

En fonction de ces principes, il est devenu possible que les machines puissent réaliser des opérations sur des informations pourvu que celles-ci soient codées dans leur code, le langage binaire, 1 ou 0 (une impulsion électrique ou non). On désigne par traitement de l'information l'ensemble des opérations effectuées par la machine et l'efficacité sans cesse croissante des ordinateurs a permis d'imaginer par analogie l'homme comme un système capable de traiter de l'information.

L'ensemble de ces acquisitions a essentiellement orienté les chercheurs de la mémoire dans deux directions, l'une centrée sur l'étude des codes de la mémoire, l'autre sur la structure de la mémoire par analogie avec celle des ordinateurs. La première orientation s'appuie sur l'idée que les souvenirs, au sens large du mot, sont certaines formes codées des informations que le sujet a mémorisées. Cette perspective conduit à une perspective nouvelle de l'oubli qui peut être vu comme provoqué par l'incapacité de coder une information : il y a oubli parce qu'il n'y a pas eu codage et notamment ce cas, en soulignant la réalité matérielle du codage, conduit à examiner finement les conditions temporelles du codage. Ou encore, l'oubli peut être provoqué par une détérioration du code de même qu'un nouvel enregistrement efface la bande magnétique. Cette perspective va conduire à l'étude des différents codes mnémoniques et leurs propriétés : résistance temporelle, économie sur le plan des symboles, etc.

La seconde orientation est plus structuraliste; les chercheurs essaient d'expliquer le fonctionnement de la mémoire comme résultat du fonctionnement de plusieurs structures distinctes par analogie avec l'ordinateur. Un ordinateur est, en effet, constitué de plusieurs structures : unités de traitement, mémoires opératoires, mémoires permanentes, mémoires fichiers, mémoires tampons, etc. Toutes ces structures n'ont pas servi de modèle, mais certaines d'entre elles.

Wiener a été le premier à imaginer une distinction entre des mémoires « circulantes » et des mémoires « à long terme ». Depuis, beaucoup ont défendu cette distinction entre une mémoire à court terme qui conserverait l'information pendant quelques secondes et une mémoire à long terme qui conserverait l'information pour un temps très long sinon pour toujours.

Cette voie de recherche a d'ailleurs constitué la première attaque frontale contre l'associationnisme pour qui, l'association expliquant tout, aucune distinction structurelle n'est utile.

Une autre distinction intéressante part des modes de classification et de récupération des informations en mémoire à long terme. Dans l'ordinateur, les informations sont stockées à long terme, par exemple sur bande magnétique, munie d'une adresse qui permet de retrouver leur emplacement; ces opérations sont groupées sous le terme d'adressage.

L'oubli peut être dû à deux types de causes distinctes :

1. L'oubli peut intervenir au niveau du stockage par destruction de l'information.

2. L'oubli peut être l'échec à retrouver l'information existante avec une adresse erronée ou sans adresse. Ce dernier type d'oubli « échec dans la récupération » fournit un modèle compréhensible pour certains phénomènes considérés jusqu'alors comme mystérieux, par exemple, le phénomène du mot sur le bout de la langue.

Certains chercheurs ont exploité entièrement l'analogie homme-ordinateur et ont transposé à la mémoire toutes les structures d'un ordinateur utiles pour traiter l'information, de son entrée (input) à sa sortie (output). Cette tentative, la construction de modèle de la mémoire, s'est avérée très utile en attirant l'attention sur les aspects structurels de la mémoire, mais elle a donné lieu à une véritable prolifération de modèles vers 1970, telle qu'elle a fait dire à deux chercheurs connus : « Dans nos moments les plus pessimistes, nous avons des visions de centaines de théories de la mémoire, disons aux alentours de 1975, subissant une analyse factorielle et se discriminant les unes des autres en termes de poids dans différents facteurs principaux » (Tulving et Madigan, 1970, p. 474).

Mais une critique s'impose si l'on dévoile les postulats que le modèle cybernétique présuppose. En effet, un modèle peut arriver à bien décrire le fonctionnement de la mémoire de même qu'un ordinateur est capable de traiter l'information de l'entrée à la sortie mais qui, pour la mémoire, joue le rôle de constructeur et de programmeur.

Les défenseurs des modèles ne se sont pas encore posé ces questions. Implicitement, aucun constructeur n'est invoqué; ce qui revient à considérer les structures de la mémoire comme déterminées biologiquement par un programme héréditaire. Cette explication n'est sans doute pas totalement fausse et commence à être démontrée en ce qui concerne la distinction entre mémoire à court terme et mémoire à long terme mais ce n'est pas le cas pour nombre de « programmes » de la mémoire. Qui a fabriqué les programmes de traitement et qui joue le rôle de programmeur ? C'est principalement sur ce point que pèchent les modèles. Dans ceux-ci, la sélection et l'application des programmes est déclenchée en partie par l'environnement (les stimuli), en partie par une entité mystérieuse appelée le super-sujet, le super-ego ou simplement le sujet. Le sujet est en conséquence vu comme capable d'opérer à l'intérieur de ses propres structures et joue le rôle que Descartes faisait jouer à l'âme pour impulser les esprits animaux dans l'homme-machine. A la limite on pourrait faire l'hypothèse que le super-sujet n'est en fait qu'une fonction qui subordonne la mémoire, par exemple l'intelligence, mais à ce moment on ne peut échapper à l'obligation de chercher à expliquer les rapports entre mémoire et intelligence et leur genèse.

Mise à part la description de structures innées, limitées en ce qui concerne la mémoire humaine, les modèles ne peuvent guère rendre compte de la richesse de la mémoire qui s'est construite au cours du développement de l'individu et il est nécessaire de les dépasser dans une optique constructive faute de quoi l'explication n'échappera pas en dernière analyse à l'innéisme ou à l'idéalisme.

3. LES THEORIES DE L'ORGANISATION

S'il a fallu attendre l'influence de la cybernétique pour se réintéresser aux processus d'organisation dans la mémoire et si l'associationnisme régna en maître pendant les deux décennies d'après guerre (1940-1960), c'est sans doute dans l'échec de la théorie de la forme qu'il faut en voir les causes. Elaborée en Allemagne vers les années 1920-1930, la *Gestaltheorie* ou psychologie de la forme, s'inscrivait résolument contre le pointillisme associationniste en attirant l'attention sur les structures qui existent d'emblée dans les phénomènes physiques ou psychologiques : les gestalts ou formes. La notion de forme a son origine dans les travaux de Von Ehrenfels (1890), qui en montrant par exemple qu'une mélodie transposée en tonalités différentes, est reconnue comme identique, démontra l'importance de la totalité et sa non réductibilité à la somme de ses éléments. Afin de justifier théoriquement l'existence de telles structures et de dégager leurs lois de fonctionnement, Wertheimer et Köhler, physiciens de formation, cherchèrent à réduire les propriétés des formes à celles des champs électromagnétiques dans la théorie de Maxwell. Placées dans un champ électromagnétique des particules acquièrent un potentiel et exercent les unes sur les autres des forces qui dépendent de leurs potentiels et de leurs distances entre elles. De la sorte, chaque élément est subordonné au tout et une modification portant sur un élément affecte l'ensemble tout entier. Les champs gravitationnels ont ces mêmes propriétés et c'est à partir de l'analyse des perturbations dans la trajectoire d'Uranus que Le Verrier (1846) calcula la position de la planète Neptune. Grâce au modèle des champs, les formes ne sont pas des structures innées mais résultent de l'équilibre entre les éléments de la forme. Ainsi, les bonnes formes, celles qui seront mieux perçues, mieux mémorisées, sont celles qui correspondent à un équilibre entre les éléments, celles-ci sont des cercles, des triangles, où l'on trouve le maximum de symétrie, de régularité, etc.

En ce qui concerne la mémoire, ces conceptions impliquent une hypothèse cruciale. La mémorisation de formes imparfaites (symétrie ou régularité incomplètes) aboutit, selon les gestaltistes, à des champs électriques mal équilibrés au niveau du cerveau et ceux-ci vont se modifier vers un état d'équilibre. Les souvenirs doivent donc évoluer vers des bonnes formes. Les tests concernant ces prédictions ont été négatifs. De plus, s'il s'agit vraiment de champs, le passage d'un équilibre imparfait à un équilibre parfait devrait être quasi instantané, ce qui constitue une difficulté supplémentaire contre la Gestaltheorie. Certes, il existe souvent une déformation des souvenirs mais celle-ci est plutôt, comme l'a montré le psychologue anglais Bartlett (1932), une schématisation due aux activités d'interprétation, de réduction à des choses connues, que le sujet développe en apprenant.

De même Piaget, nous le verrons en détail, a démontré le rôle déformant des opérations intellectuelles sur les souvenirs.

Nombreuses sont par ailleurs les preuves, tant sur le plan psychologique que physiologique, qui infirment les thèses gestaltistes de sorte qu'elles furent progressivement abandonnées. La conception structuraliste est un aspect positif de la théorie de la forme, mais son aspect réductionniste physique est négatif et a limité l'apport de la théorie. Certaines analogies épistémologiques existent entre ce courant et le courant « modèles cybernétiques » que l'on peut également caractériser comme structuraliste; dans le premier cas la réduction se fait vers les champs physiques, dans l'autre vers les computers.

L'organisationnalisme apparaît épistémologiquement comme la tentative de rénover, libéraliser l'associationnisme, grâce aux apports de la cybernétique, modèle plus riche que les champs de la gestalt. La conception constructiviste élémentaire de l'associationnisme sera surtout enrichie par plusieurs notions cybernétiques : le codage, la capacité limitée de traitement et l'adressage, mais on retrouvera aussi l'influence de la notion gestaltiste de totalité notamment dans le concept de base, l'organisation. Par exemple, chez George Mandler, il y a organisation entre des mots quand « les aspects fonctionnels d'un mot, spécifiquement sa signification, dépendent au moins en partie du groupe de mots dont il est membre et de la relation des membres du groupe avec chacun des autres » (1969, p. 102).

On voit à partir de cette définition les différences entre « association » et « organisation ». L'association dans son acception stricte, est une connexion entre deux éléments, par exemple deux mots, telle que le statut de ces deux éléments reste inchangé tandis que c'est l'inverse dans l'organisation, où l'interaction qui existe entre les éléments dépend à la fois de la nature des éléments (signification des mots, etc.) et de la relation qui les unit.

Selon le type de relation et la nature des éléments en jeu, les organisations sont très variées mais on peut en définir certaines qui sont caractéristiques. L'organisation catégo-rielle est très fréquente, elle consiste à unir les éléments d'un ensemble en catégories; par exemple dans une liste de mots ceux-ci seront classés parmi des catégories usuelles : vêtements, animaux..., ou encore dans des catégories propres au sujet; c'est ce que Endel Tulving a dénommé « organi-sation subjective ». Celle-ci peut être très complexe quand elle consiste à intégrer des éléments distincts en fonction de sa connaissance antérieure, par exemple, ramener un sigle à une phrase pour ne pas l'oublier. Un autre type d'organi-sation, l'organisation hiérarchique joue un rôle considérable dans cette conception car elle est considérée, nous allons voir pourquoi, comme le prototype de la mémorisation. Le principe de cette idée a été exposé par George Miller dans un article célèbre, « Le nombre magique 7 »; Miller montre que la mémorisation contrairement à certains processus perceptifs, n'a pas pour limite une quantité donnée d'information (logarithme du nombre d'éventualités possibles) mais un nombre donné de symboles distincts. Ce nombre voisin de 7 en moyenne est la limite de la mémoire immédiate, c'est-à-dire la limite de ce que l'on peut mémoriser en une seule présentation.

En moyenne, en effet, nous retenons une séquence de 6, 7, 8, peut-être 9 chiffres, rarement plus. Cette limite est appelée, comme en cybernétique, la capacité limitée de traitement de l'information. Cependant il existe un moyen de dépasser cette limitation en opérant des groupements, entre les éléments. Ces groupements appelés par Miller « Chunks » (littéralement « morceaux ») deviennent après apprentissage de réelles unités familières pour le sujet qui peut alors les regrouper en chunks plus gros. L'auteur prend l'exemple du morse qui ne paraît à l'amateur qu'une succession de « ti » « ta » alors qu'une séquence de morse apparaît au télégraphiste entraîné comme une suite de lettres ou de mots. Nous détaillerons plus loin la démonstration expérimentale de ce point de vue mais nous pouvons déjà souligner la généralité de ce processus de « chunking » en rappelant que Miller voit dans les mots des chunks d'ordre supérieur regroupant des lettres; ces mêmes mots peuvent être groupés en phrases qui représentent des symboles d'un ordre plus élevé et Miller suggère même que les idées pourraient être des symboles correspondant à des chunks très élevés dans cette pyramide de chunks. Une représentation concrète d'une telle pyramide de chunks nous est donnée par les classifications en arbre (taxonomie) employées en botanique, zoologie, etc.

Une telle conception hiérarchique de la mémoire a également été utilisée avec profit dans la voie symétrique de l'organisation lors de l'apprentissage, c'est-à-dire pendant

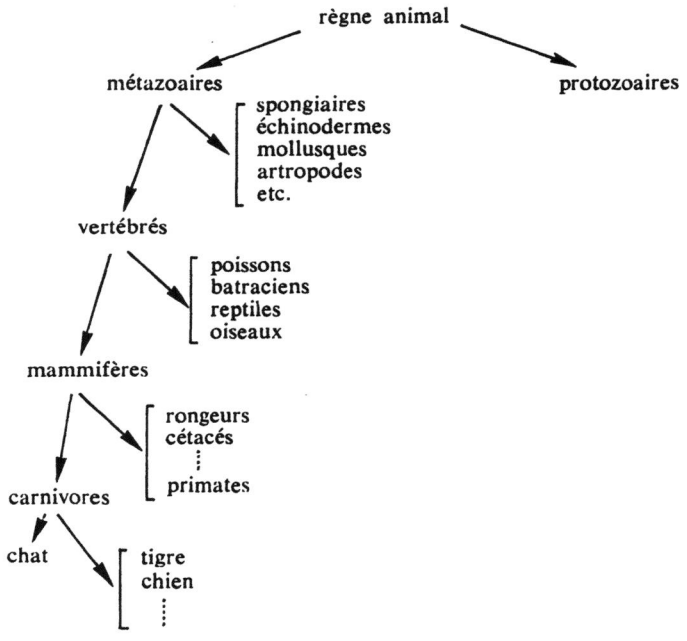

le processus de récupération des informations. Nous avons vu que ce processus est inspiré de l'adressage en cybernétique, mais une simple bibliothèque nous fournit un modèle analogue. Ainsi, à titre d'hypothèse, nous pouvons considérer notre mémoire comme une bibliothèque dont l'organisation détermine le mode d'accès aux informations. Si, par exemple, nous recherchons un livre concernant le mot « chat », dans une bibliothèque organisée par matières, il faudra aller dans la section de zoologie puis rechercher de proche en proche parmi les rayons « vertébrés » puis mammifères, puis carnivores afin de trouver l'information cherchée. Cette conception générale concernant la récupération des informations a donné lieu à des hypothèses variées que nous exposerons.

Ce courant d'idées, réhabilitant la notion d'organisation dont le courant précurseur fut la gestalt, utilise des notions cybernétiques mais dans une vue non plus structuraliste, réductionniste mais constructiviste. Grâce, en effet, au processus d'organisation dont le chunk est le prototype, on peut rendre compte de l'élaboration des connaissances mnémoniques au cours du développement de l'individu, ce qui n'était pas le cas pour le structuralisme cybernétique. L'organisation permet également de dépasser l'associationnisme qui avait certes pour avantage d'être un constructivisme mais sans structure, ce qui en limite considérablement la portée.

Néanmoins, l'organisationnalisme renferme quelques limitations qui ne sont pas dues au concept d'organisation, riche de possibilités, mais plutôt à l'origine historique de ce courant. Par son histoire, en effet, l'organisationnalisme est un courant de chercheurs américains qui pour la plupart visent à dépasser l'associationnisme grâce au renouveau cybernétique, mais ce courant reste profondément influencé par l'empirisme, position épistémologique considérant la connaissance psychologique comme copie de l'environnement. On constate cette influence en remarquant que les chercheurs de ce courant font une grande économie de structures et de relations : le seul trait structurel est la capacité limitée de la mémoire et la relation sur laquelle repose tout l'édifice mnémonique est la hiérarchie. Une telle position théorique, aussi intéressante soit-elle, conduit à laisser dans l'ombre des aspects fondamentaux de la mémoire tels que le rôle de l'intelligence ou celui des cadres sociaux.

4. EPISTEMOLOGIE GENETIQUE ET MARXISME

Jean Piaget vivant en Suisse, c'est peut-être grâce à cette circonstance géographique que nous devons d'avoir une épistémiologie très différente des précédentes, prolongement de l'empirisme-associationniste ou au contraire réaction contre lui (modèles cybernétiques).

Mais bien plus encore que la Suisse, carrefour de l'Europe, Piaget est un carrefour d'idées et d'intérêts. Dans son ouvrage autobiographique « Sagesse et illusion de la Philosophie » Piaget raconte son initiation précoce, 11 ans, à la biologie au contact d'un vieux zoologiste spécialisé dans les mollusques. Passionné par le problème de la Connaissance, il s'oriente vers la philosophie pour se familiariser avec les grands courants épistémologiques, mais c'est en scientifique qu'il abordera le problème, convaincu de la nécessité de se mettre à l'épreuve des faits. Les diverses étapes de sa formation, logique avec Arnold Reymond, psychologie de l'intelligence avec Alfred Binet, lui donnent les instruments nécessaires à l'élaboration de sa théorie de la connaissance. Enfin, circonstance déterminante pour l'extension de ses travaux, Piaget crée son centre d'épistémologie génétique dont l'orientation est résolument pluridisciplinaire.

Jusqu'à présent nous avons décrit des courants théoriques qui, malgré des spécificités importantes liées à leur histoire, se rattachent à deux grandes traditions épistémologiques. L'une d'elles, issue de l'empirisme-associationniste attribue pour l'essentiel l'origine de la connaissance à l'environnement. La perception est un instrument de copie du réel. Ces copies à leur tour laissent une trace au niveau de la mémoire et ces traces sont associées entre elles ou au mieux, organisées essentiellement en fonction des caractéristiques des stimulations. Une telle épistémologie est donc centrée sur l'objet de connaissance et minimise le rôle actif du sujet. Le pôle opposé a pour ancêtre la philosophie idéaliste qui attribue l'origine de la connaissance à la pensée et se centre donc sur le sujet connaissant et ses structures propres. L'originalité de Piaget consiste à dépasser le dilemme en situant la source de la connaissance dans l'interaction objet X - sujet. La connaissance ne provient pas du milieu ou des sens (empirisme, sensualisme) ni de l'idée (idéalisme), mais de l'action du sujet sur son environnement. Le sujet connaît son milieu en le transformant. Certes, la position de Piaget n'est pas entièrement neuve et présente certaines similitudes avec le matérialisme dialectique de Marx et Engels. Ainsi Engels dans sa « Dialectique de la nature » critiquant Hume souligne : « jusqu'ici la science de la nature, et de même la philosophie, ont absolument négligé l'influence de l'activité de l'homme sur sa pensée. Elles ne connaissent d'un côté que la nature, de l'autre que la pensée. Or, c'est précisément la transformation de la nature par l'homme et non la nature seule en tant que telle, qui est le fondement le plus essentiel et le plus direct de la pensée humaine, et l'intelligence de l'homme a grandi dans la mesure où il a appris à transformer la nature » (p. 133). L'originalité de Piaget consiste surtout à avoir dégagé les structures de la pensée par l'analyse de leur développement au cours de la micro-histoire du sujet : le développement génétique.

L'origine génétique de l'intelligence a donc pour racine l'action. Chez Piaget, l'action est d'emblée sensori-motrice, c'est-à-dire qu'elle possède de manière indifférenciée les deux fonctions biologiques fondamentales, les fonctions sensorielles et motrices. La répétition des mêmes actions aboutit à la construction de structures internes qui correspondent à la généralisation de ces actions, les schèmes. Complémentairement à leur différenciation, les schèmes de l'action se coordonnent selon des propriétés qui deviennent les éléments de la logique de l'individu. Au début du développement du nourrisson, cette logique de l'action est élémentaire et consiste simplement en une coordination de certains réflexes ou même de certains rythmes pour aboutir vers les derniers stades de développement de l'enfant à une coordination d'actions intériorisées et réversibles, les opérations, véritable logique propositionnelle. Mais une telle métamorphose sous-tend une longue série de transformations de schèmes. Le moteur de chaque transformation est l'action sur le milieu qui réciproquement conduit à une assimilation de la situation en schème de l'action, cette assimilation enrichit le schème jusqu'à le transformer en une structure supérieure. Chez le tout jeune nourrisson, par exemple, le réflexe de succion a pour objet le sein ou la tétine du biberon et va aboutir par exercice fonctionnel à la constitution d'un schème de mieux en mieux différencié, distinction du sein parmi d'autres objets; mais à un certain niveau de développement (un ou deux mois), le schème de succion va s'appliquer à des situations nouvelles comme celle de sucer son pouce, puis sucer des objets pour les connaître, etc. Néanmoins la description si fine soit-elle d'une transformation n'explique pas celle-ci. Aussi Piaget fait-il appel au concept cybernétique d'autorégulation et de feed-back. En s'appliquant sur une nouvelle situation, le schème reçoit, en retour, des informations (feed-back) qui provoquent un nouvel équilibre du schème : l'accommodation. De quelle nature est cette autorégulation; la question reste posée aux physiologistes qui savent seulement qu'il ne s'agit pas simplement du jeu de champs électriques comme le supposaient les gestaltistes (cf. chap. VI).

Dès la fin du niveau sensori-moteur — approximativement vers 18 mois — apparaît une différenciation importante dans les comportements. Déjà les actions sensorimotrices apparaissent sous un double aspect : l'aspect cognitif qui concerne la structuration des actions et l'aspect affectif qui concerne leur énergétique (motivations, émotions). Mais il apparaît cette fois une triple spécialisation des formes de cognition, les aspects figuratifs, opératifs et sémiotiques. Pour Piaget, l'aspect figuratif concerne des formes de cognition qui apparaissent au sujet comme des « copies » du réel. Trois grandes variétés de connaissances figuratives peuvent être distinguées : 1) la perception qui fonctionne en présence de l'objet; 2) l'imitation qui fonctionne en présence de l'objet ou non (imitation différée); 3) l'image mentale (imitation intériorisée) qui fonctionne en l'absence de l'objet.

A l'inverse, l'aspect opératif concerne les formes de connaissance qui visent à « connaître » l'objet au travers de ses modifications. Ici se distinguent les actions sensori-motrices (excepté l'imitation), les actions intériorisées et les opérations qui sont des actions intériorisées, réversibles et coordonnées en structures d'ensemble (à partir de 7 ans). Enfin ces actions comportent toute une signification, l'aspect sémiotique (sémio = signe), c'est-à-dire le lien entre un signifié et un signifiant. Piaget propose de distinguer trois types de signifiants : 1) les indices (ou signaux) qui sont une partie (donc indifférenciée) de l'objet ou de l'événement qu'ils signifient, par exemple la couleur d'un objet; 2) les signes dont le lien avec l'objet est arbitraire (les mots); et enfin 3) les symboles qui comme les signes sont différenciés du signifié mais sont motivés par une similitude (dessins, imitation gestuelle ...). Les aspects opératifs sont des signifiés et ce sont les aspects figuratifs (issus de la perception ou de l'imitation) qui leur confèrent une certaine signification, leur contenu ou notion.

Ce n'est qu'à l'aide de tous ces instruments théoriques que nous sommes en mesure d'apprécier ce que la conception de Piaget sur la mémoire apporte de nouveau par rapport aux théories précédentes. En premier lieu, Piaget dissocie une mémoire « au sens large » qui groupe les structures qui se conservent par elles-mêmes sans qu'il y ait référence au passé. Ainsi la mémoire des schèmes n'est autre que les schèmes eux-mêmes. A l'opposé, la mémoire au sens « strict » (nous dirons désormais « mémoire » dans ce cas) a rapport avec la référence au passé. La conservation des schèmes pose cependant un problème intéressant : peuvent-ils être oubliés ? L'oubli dans ce cas n'est pas lié à un schème en tant que tel mais dépend du rôle de ce schème dans la coordination générale de la totalité des schèmes. Un schème non répété peut être oublié s'il ne sert pas à l'édifice tout entier, tel par exemple le schème de succion (qui peut seulement être imité) mais un schème qui est intégré dans d'autres schèmes ne sera pas oublié même s'il n'est pas répété en tant que tel, comme par exemple le schème de l'objet permanent (avant ce stade, 5-7 mois, l'enfant réagit devant un objet caché comme s'il n'existait plus). Quant à la mémoire, plusieurs niveaux sont à considérer : 1) la recognition qui débute dès le niveau sensorimoteur et qui a lieu chaque fois que des indices perceptifs sont assimilés dans un schème ancien; 2) la reconstitution qui nécessite la présence de l'objet à restituer et qui dérive de l'imitation; 3) l'évocation qui est le stade le plus élaboré de la mémoire et qui n'apparaît qu'avec les images mentales et le langage. Au total, la mémoire paraît correspondre à l'ensemble des signifiants des schèmes : pour certains les signifiants sont leurs aspects figuratifs — des indices perceptifs aux souvenirs images — et ne sont donc que des indices ou des symboles, tandis que le langage représente sans doute l'ensemble des signifiants correspondant au système des schèmes supérieurs, conceptuels et opératoires. Une telle interprétation indique immédiatement que la mémoire est entièrement subordonnée aux schèmes et c'est effectivement une des découvertes les plus intéressantes de Piaget que d'avoir démontré que la déformation des souvenirs dépendait étroitement de l'évolution des schèmes ou de leurs propriétés (cf. chap. V).

En conclusion, il s'avère que parmi les courants épistémologiques que nous avons décrits, l'épistémologie génétique est plus capable que les autres de rendre compte avec finesse de l'ensemble des problèmes que pose la mémoire, son articulation avec l'ensemble des autres fonctions psychologiques, sa genèse, etc. De même, si à l'étape actuelle des recherches, beaucoup reste à dire, le cadre d'ensemble est situé et permet de mieux poser les problèmes. A cet égard, l'apport d'autres courants de recherches pourra être considérable si un effort est tenté pour relier entre eux les différents résultats. Car en effet, nous avons critiqué les autres courants en raison de leurs limites mais aucun de ces courants n'a été stérile. Cela est dû, au premier chef, au caractère scientifique des recherches — mise à l'épreuve des faits par la méthode expérimentale — ce qui oblige le chercheur, quelle que soit son orientation, à garder le « contact » avec les faits réels.

Cela est dû, ensuite, au fait que chaque courant correspond à une part de réalité : l'empirisme associationniste explique bien l'aspect figuratif des schèmes, « les copies », l'organisationnalisme se fait une spécialité de certains schèmes conceptuels du langage, quant au super-sujet programmeur du structuralisme cybernétique, il pourrait s'agir du rôle de commande opéré par des schèmes opératifs. Pourtant il manque encore selon nous une dimension, la dimension sociale de la mémoire. Dans un ouvrage épistémologique récent (Logique et Connaissance scientifique, 1967), Piaget caractérise l'épistémologie génétique comme une dialectique centrée sur l'interaction sujet X objet. Rappelons que la dialectique — principalement

élaborée par les philosophes idéalistes Kant et Hegel, puis
utilisée comme méthode scientifique par Marx et Engels
— est un courant épistémologique qui insiste : 1) sur
l'évolution des phénomènes; 2) sur l'analyse des éléments
non séparés de leur totalité d'ensemble; 3) sur le rôle des
antagonismes comme moteur des transformations. Ces trois
traits fondamentaux se retrouvent clairement chez Piaget
comme nous l'avons vu : 1) évolution des structures du
sujet, notamment les schèmes de l'intelligence; 2) analyse
de la mémoire comme élément de la totalité des comportements et 3) transformation des schèmes par l'autorégulation résultant de l'antagonisme entre assimilation et
accommodation. Quant au matérialisme dialectique de
Marx et Engels, il est caractérisé par Piaget comme centré
« plutôt » sur l'objet et dénomme ce courant « dialectique
de la nature ». Or nous caractériserions différemment ces
deux types de dialectique. Par définition, la dialectique
porte sur les phénomènes en évolution et non par sur des
états comme l'objet ou le sujet, donc les dialectiques ne
peuvent être différenciées nettement que du point de vue
de leur origine matérialiste ou idéaliste. En ce sens, la
dialectique est idéaliste si l'évolution a pour point de
départ l'idée, matérialiste si le point de départ est la
matière : des deux points de vue, seul le dernier est
scientifique comme Darwin l'a démontré. Néanmoins si
nous acceptons avec Piaget de nuancer les dialectiques nous
dirions que celle de Marx-Engels est centrée sur les interactions « nature sociale X sujet social », tandis que celle de
Piaget serait centrée sur les interactions « nature X sujet
biologique ». Une telle réflexion nous conduit à rechercher
la possibilité d'une dimension sociale de la mémoire. Car
si l'apport de Piaget est irremplaçable, sa conception, en
insistant sur l'origine biologique des structures mentales
conduit à laisser dans l'ombre l'origine historique de celles-

ci. L'exemple des enfants sauvages nous montre à quel point les seules actions biologiques ne suffisent pas.

Ainsi le langage est quasiment entièrement communiqué à l'enfant. De même un grand nombre de ses actions sont en fait induites grâce à l'imitation suscitée par l'environnement social. Même les structures logico-mathématiques sont le produit complexe d'interactions entre les structures du sujet et celles acquises au cours de siècles de transformation sociale. Bien que potentiellement permises par les caractéristiques psycho-biologiques de l'homme, la géométrie et l'arithmétique ne sont apparues qu'avec le développement de l'agriculture; de même l'essor des mathématiques a été déterminé par le développement du commerce, de la navigation, etc. Le « bon sens », c'est-à-dire l'idéologie dominante — souvent idéaliste — nous masque ces faits : ainsi puisque la mémoire a pour caractéristique la référence au passé, les repères temporels doivent avoir une importance fondamentale. Or la mesure du temps a essentiellement une origine historique et le calendrier (si important pour la localisation de nos souvenirs) n'est apparu que tardivement dans l'histoire. Or, bien que de tels problèmes n'aient pas donné lieu à des recherches contemporaines systématiques, à cause des limitations déterminées par les courants épistémologiques actuels, ils ont donné lieu notamment en France, il y a un demi-siècle, à des tentatives dignes d'intérêt. Ces tentatives naissent de deux courants d'idées. L'un proprement évolutionniste vient de Ribot dont le premier ouvrage « La psychologie anglaise contemporaine » témoigne de l'influence des idées évolutionnistes de Darwin et de Spencer. Ribot envisage ainsi la constitution d'une « éthologie des peuples et des races (qui) puiserait ses matériaux dans la linguistique et l'histoire ». Une seconde idée de Ribot concerne l'aspect de reconstruction de la mémoire à partir de repères temporels. On retrouve ces deux traits :

origine historique de la mémoire et reconstruction, chez son successeur Pierre Janet. Pour lui la mémoire dérive de l'action et on a vu que Piaget qui l'a eu comme professeur, continua en partie dans cette voie bien que la perspective historique se restreigne chez lui à la micro-histoire du développement de l'enfant. Cependant cette limitation s'explique par les plus grandes possibilités d'expérimentation chez l'enfant que sur les différences sociales que seule l'ethnologie permet. La perspective historique a cependant été continuée par Meyerson, élève de Janet mais n'a pas donné lieu à un développement spécial sur la mémoire. Au contraire, les recherches sur celle-ci se sont trouvées enrichies par un second point de vue, développé par le psychologue Halbwachs dans « les cadres sociaux de la mémoire », point de vue qui se trouve au confluent des idées de Ribot-Janet sur la reconstruction et surtout des idées du sociologue Durkheim sur l'influence des cadres sociaux, traditions familiales, religieuses, professionnelles, de classes ou couches sociales, etc., qui donne, selon nous, la dernière touche nécessaire pour un tableau complet de la mémoire.

Voici achevé le panorama des grands courants épistémologiques qui sous-tendent ou ont sous-tendu récemment les recherches sur la mémoire.

Nous allons maintenant consacrer la suite de ce livre aux résultats de ces recherches en les regroupant autour de 4 thèmes importants :

— Associations et interférences (Chap. II).
— Les structures de la mémoire (Chap. III).
— Organisation et récupération des informations en mémoire (Chap. IV).
— Les aspects cognitifs, affectifs et sociaux de la mémoire (Chap. V).

Ces thèmes correspondent largement aux courants d'idées évoqués jusque-là mais, ceux-ci connus, nous pourrons confronter certains problèmes ou résultats avec plusieurs cadres théoriques. De plus, les travaux que nous allons exposer sont les faits de chercheurs qui, pour être influencés consciemment ou inconsciemment par les épistémologies dominantes, n'y sont pas fixés une fois pour toutes, ou peuvent subir des influences diverses. C'est la raison pour laquelle il est préférable de regrouper les résultats par thème plutôt que par école de pensée. Enfin, à la suite de quatre chapitres qui correspondent approximativement aux quatre épistémologies précédentes, nous traiterons des bases biologiques de la mémoire (Chap. VI).

CHAPITRE II

ACQUISITION, TRANSFERT ET INTERFERENCES

Sous l'impulsion de l'empirisme-associationniste améri-cain, un nombre considérable de travaux a été publié concernant la Mémoire. Les travaux concernent presque exclusivement la mémoire verbale et portent principalement sur les mots, les chiffres et même sur des syllabes sans signification pour des raisons à la fois préthéoriques — les éléments discontinus se prêtent mieux à l'analyse en terme d'associations — et aussi à cause de contraintes matérielles — des informations complexes, textes, photographies, etc., étant difficilement analysables. Bien que dans l'ensemble ce courant conduise selon nous à une impasse, il a permis de dégager un grand nombre de lois, et de phénomènes importants qui sont des acquis de la science dans ce domaine.

L'ensemble de ces résultats se groupe en trois rubriques classiques : l'acquisition, le transfert et les interférences.

1. ASSOCIATION ET ACQUISITION

L'homme apprend sans cesse de nouvelles pratiques, de nouvelles informations. Ces apprentissages sont en fait extrêmement variés non seulement à cause de la variété des informations ou des situations mais encore en fonction des niveaux de performance.

L'apprentissage d'un cours ne mobilise pas l'individu de la même manière que la lecture dans une situation de repos. De même le mode d'apprentissage peut varier, de l'apprentissage par cœur, c'est-à-dire avec la répétition, à la mémorisation en une fois comme lors de la projection d'un film. Les associationnistes ont eu l'ambition de ne voir dans ces différentes variétés d'apprentissage que des différences quantitatives et lorsqu'ils centrent leurs études sur l'apprentissage par cœur, il ne s'agit pas pour eux d'une situation artificielle, d'un jouet de laboratoire mais d'un apprentissage représentatif dont l'avantage est de permettre l'observation du développement de la performance au cours des répétitions. De plus nous avons vu que, pour les associationnistes, l'ensemble des acquisitions se ramène à l'établissement d'associations, ce qui conduit ces chercheurs à considérer comme particulièrement adéquates des techniques d'apprentissage calquées sur deux structures associatives « clés » : le couple et la chaîne (ou série). Lorsque les apprentissages portent sur des matériels ayant des points communs, il s'établit également des connexions entre eux de sorte que la mémoire se décrirait comme un réseau associatif.

a) *L'établissement des associations*

Si l'association est bien le mécanisme de base de la mémoire, alors il devrait être aisé de démontrer sa réalité dans la structure associative la plus simple, puisque mettant en jeu une seule association, le couple. Plusieurs techniques ont été calquées sur le couple mais la plus utilisée a été la technique d'anticipation. Soit une liste de couples (par exemple des noms) A-B, C-D, E-F, etc. A chaque essai, seul le premier membre du couple est présenté (stimulus) A, C, E,... et le sujet doit répondre par la réponse appropriée, c'est-à-dire par le second membre du couple. Nous verrons à propos de l'étude du transfert et des interférences que loin de ne mettre en jeu qu'une simple association stimulus-réponse l'acquisition des couples repose sur des activités complexes. De même les gestaltistes ont beaucoup critiqué cette conception. Ainsi Wolfgang Köhler pense que si un sujet doit apprendre la liste de couples : *lac-sucre, chaussure-assiette, fille-kangourou, crayon-benzine, palace-vélo, train-éléphant, livre-dentifrice,* il est vraisemblable qu'il le fera en imaginant une série de tableaux bizarres comme un sucre se dissolvant dans un lac, une chaussure dans une assiette, une fille nourrissant un kangourou, etc. (1964, p. 266). De fait comme nous le verrons, des travaux récents démontrent l'efficacité de l'organisation imagée. L'activité organisatrice peut porter sur une grande variété de matériel et même de syllabes sans significations dans lesquelles le sujet essaie de trouver une unité significatrice. Bugelski (1962), par exemple, montre, par interview des sujets, que le couple de syllabes DUP-TEZ devient DEPUTIZE (député), CEZ-MUN devient SAYS MAN (dit à l'homme), etc.

Lorsque le matériel se présente comme une liste, la structure associative la plus simple, permettant son acquisition, devrait être une chaîne. Là encore les association-nistes ont élaboré une technique calquée sur la structure associative correspondante, l'apprentissage sériel qui consiste à apprendre une liste (par exemple de noms) A-B-C-D-E-F... dans l'ordre et le plus souvent par anticipation :

l'expérimentateur donne A et le sujet doit répondre B, puis l'expérimentateur donne la bonne réponse B à laquelle le sujet doit donner le troisième élément C...

Apparemment « A » sert de stimulus pour la réponse « B » qui à son tour sert de stimulus pour la réponse « C » et ainsi de suite. Dans cette conception selon laquelle l'apprentissage sériel est l'apprentissage d'une suite de couples A-B, B-C, C-D, D-E... chaque élément, mis à part le premier et le dernier, a une double fonction, celle de stimulus et celle de réponse. Cette hypothèse de la chaîne ou de la « double fonction » implique la quasi identité entre une liste de couples A-B, B-C, C-D, D-E, E-F, etc., et la liste A-B-C-D-E-F de sorte que si l'on apprend l'une, on devrait savoir l'autre. Or cette hypothèse ne se vérifie pas, loin de là, et il n'existe qu'une faible amélioration (transfert) de l'apprentissage sériel après avoir appris la même liste découpée en couples. Enfin d'autres difficultés contredisent cette hypothèse. D'abord, la première réponse « A » n'a pas de stimulus identifiable et ensuite l'hypothèse de la chaîne ne permet pas d'expliquer la forme de la courbe typique de cet apprentissage. En effet, dans cette situation les éléments extrêmes sont plus vite appris que ceux du milieu avec un avantage parmi les extrêmes des premiers sur les derniers, de sorte que la courbe de pourcentage de réponses apprises a la forme d'un U dont la branche droite est raccourcie (fig. 1).

Face aux difficultés rencontrées par l'hypothèse de « double fonction » une autre hypothèse importante a été proposée supposant que lors de l'acquisition, les éléments sont associés à leur position dans la liste, et non entre eux. Bien que certains résultats aient été favorables à cette hypothèse, une expérience de Shiryon (1965, citée par Young, 1968) montre qu'elle ne suffit pas non plus. Trois groupes de sujets apprennent successivement trois listes

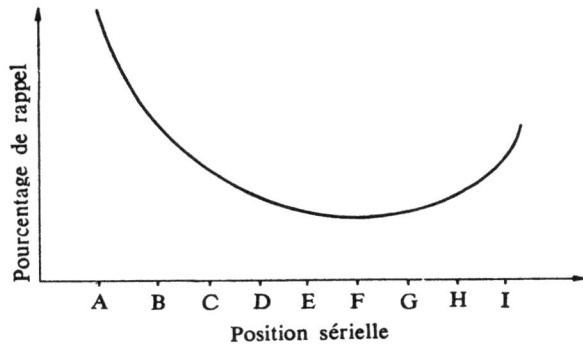

Fig. 1. - Courbe en U de l'apprentissage d'une série.

de huit images. Le premier groupe, E_1 (experimental 1) apprend d'abord une liste A-B-C-D-1-2-3-4 puis une liste 5-6-7-8-E-F-G-H et enfin la liste test A-B-C-D-E-F-G-H; E_2 (experimental 2) apprend la liste 1-2-3-4-A-B-C-D puis E-F-G-H-5-6-7-8 et enfin la liste test; un groupe contrôle C apprend la même liste test après deux listes neutres. Si l'apprentissage sériel se fait en fonction de la position ordinale des éléments, le groupe E_1 devrait être supérieur aux deux autres, puisque toutes les images de la liste test auront été apprises par moitié, mais les images dans leur position test. Au contraire dans l'hypothèse de la chaîne il ne devrait pas y avoir de différence entre E_1 et E_2 tous deux supérieurs à C. C'est en fait ce dernier cas qui se trouve vérifié, infirmant l'hypothèse de position sérielle. Ainsi pour chacun de ces deux grands types d'hypothèses, certains résultats sont favorables mais la plupart montrent que si de tels mécanismes sont en jeu ils ne forment qu'une partie d'un ensemble de mécanismes sans doute plus complexes.

Rappelons par exemple, que ni l'une ni l'autre n'explique l'asymétrie de la courbe d'apprentissage sériel.

Dans le cadre d'une modification de l'hypothèse de la chaîne, Ribback et Underwood (1950) expliquent l'asymétrie de la courbe par un double mécanisme associatif, acquisition d'associations « en avant » à partir du début de la liste, et acquisition d'associations « en arrière » à partir de la fin de la liste : la plus grande rapidité de l'acquisition « en avant », expliquerait ainsi l'asymétrie. Mais outre que cette explication postule les associations en chaîne indémontrées, il y a addition d'un autre mécanisme associatif encore plus difficilement vérifiable. D'autres auteurs ont cherché des explications non associatives et nous citerons seulement l'expérience démonstrative de Deese et Kresse (1952). Ceux-ci ont analysé les non-bonnes réponses du sujet en : 1) erreurs de position, et 2) échec à répondre, et trouvent que leur courbe de répartition en fonction de la position sérielle (fig. 2) est très différente. L'échec à répondre n'est nullement symétrique mais augmente progressivement à partir du début pour atteindre un plateau.

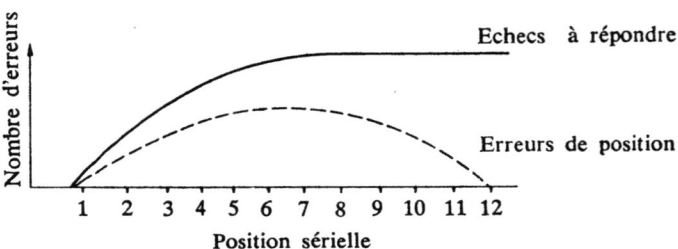

Fig. 2. - Explication de l'asymétrie de la courbe sérielle par l'analyse en deux composantes. (Adapté de Deese et Kresse, 1952.)

Au contraire lorsque les réponses sont données, celles-ci peuvent être correctes et néanmoins placées à une position sérielle incorrecte; ces erreurs de position se distribuent symétriquement avec une augmentation progressive des extrémités vers le milieu. L'addition de ces deux sources d'erreurs donnent une courbe en U asymétrique. L'apprentissage sériel recouvre donc des mécanismes différents qui ont peu, sinon rien à voir avec des mécanismes associatifs. Le premier mécanisme est responsable de la mémorisation des éléments isolés ou en groupe et sans qu'il y ait nécessité de faire intervenir de stimulus. Jensen qui a beaucoup travaillé (1962) sur cette question explique cela en prenant l'analogie du disque sur un électrophone : lorsque l'on pose la pointe de la cellule sur le disque, la séquence musicale est donnée comme un tout sans que cela implique aucun stimulus. Le deuxième mécanisme pourrait correspondre à un apprentissage relationnel afin de placer la bonne réponse à sa place. Ce mécanisme lui-même peut être complexe et peut être à la fois un apprentissage de l'ordre des réponses, apprendre que D est après C, et un apprentissage de la position, apprendre que A est en premier, X en dernier. Le premier cas expliquerait ainsi que certaines expériences confirment en partie une structure en chaîne et le second cas expliquerait les expériences confirmant en partie une structure ordinale. Mais dans l'un comme dans l'autre cas, il s'agit de mises en relation et non d'associations mécaniques. De même Florés, qui a tenté de réinterpréter ces faits dans le cadre théorique de Piaget (1972) y voit l'utilisation de schèmes et notamment d'un schème d'ordination. Signalons enfin, que ces effets sériels ne sont pas généralisables à tout matériel car dès qu'une « liste » est composée de relations syntaxiques, sémantiques, logiques, entre éléments, les effets sériels sont détruits; c'est ce qui se passe lors de la lecture d'un livre, ou de la vue d'un film et plus que le début et la fin, on retient les épisodes clés, émouvants, etc.

A la suite d'Ebbinghaus (1885) et pendant de nombreuses décennies, on a cru aux associations à distance.

Le pionnier de la mémoire supposait que lors de l'apprentissage d'une série, des associations se formaient entre chaque élément et non seulement les éléments adjacents mais aussi ceux de proche en proche. Conformément au principe de contiguïté des empiristes-associationnistes, moins les éléments sont contigus et moins l'association est forte. Ebbinghaus pensait avoir prouvé ces assertions par la méthode des listes dérivées. Il apprenait par cœur une liste de syllabes non significatives, 1-2-3-4-5-6-7-8 puis construisait une liste dérivée en enlevant un élément sur deux, ce qui donne une liste qui doit correspondre à des associations à distance d'ordre 1 : 1-3-5-7-2-4-6-8. En enlevant deux éléments, on obtient une liste dérivée d'ordre 2 : 1-4-7-2-5-8-3-6. Théoriquement les listes devraient s'apprendre plus facilement qu'une liste entièrement nouvelle et d'autant plus facilement que la distance associative est plus courte (principe de contiguïté) ce qu'il trouva effectivement. Or en s'appuyant sur des analyses et des expériences fines, un auteur américain Slamecka (1964) a pu montrer que ces faits étaient entièrement des arte-facts dus à la technique. Slamecka a démontré que la facilité à apprendre des listes dérivées était permise par la compréhension de la combinatoire qui transforme la liste originale; plus la combinatoire est compliquée moins la facilitation est grande. En mélangeant des listes dérivées de façon à rendre difficilement perceptible la combinatoire, Slamecka montre que l'on n'obtient plus les faits observés par Ebbinghaus et qu'on les observe à nouveau pour des listes dérivées dont la combinatoire est aisément perçue. D'autres techniques ont été classiquement admises comme preuve des associations à distance, mais Slamecka a pu démontrer qu'elles sont également des sources d'arte-facts, de sorte que comme les associations en chaîne, ou les associations avec la position, les associations à distance relèvent plus de la spéculation que des faits.

b) *Le réseau associatif*

Dans la conception associationniste, l'établissement des associations donne lieu à un ensemble d'interconnexions qui constitue le réseau associatif, base de la mémoire. Pour prouver l'existence de ce réseau et mettre en évidence ses propriétés, on a recours à la technique ancienne des associations libres qui consiste à émettre tous les mots associés (ou réponses) qui « viennent à l'esprit » en fonction d'un mot associant (ou mot inducteur, stimulus, etc.). Pour les premiers chercheurs en ce domaine, les associations libres constituaient un révélateur direct des mécanismes mentaux supposés être de nature associative; ces associations « mettent en lumière avec une curieuse précision les fondements de la pensée de l'homme et exhibent son anatomie mentale avec plus de crudité qu'il ne souhaiterait lui-même la faire voir » (Galton, 1879 cité par Jodelet, 1965).

En règle générale on effectue ces épreuves d'association sur un échantillon important de sujets, ce qui permet en dénombrant les mots associés d'établir une hiérarchie d'associés. Par exemple, d'après les normes de G. Oléron et Legall (1961-1962), l'associant « homme » donne la hiérarchie d'associés suivants avec leur fréquence d'association :

Homme :

1.	Femme	36,5 %
2.	Adam	3,9 %
3.	Etre, humain, moi	1,7 %
4.	Père, citoyen, enfant, fort, grand, grandeur, force, individu, mal, mariage	1,3 %
5.	Peuple, travail	0,8 %

Dans la conception associationniste, ces réponses reflètent des associations qui sont des copies du langage tel qu'il est utilisé. Le mécanisme de l'association est essentiellement la contiguïté, c'est-à-dire que chaque fois que deux mots sont proches dans un discours : « château féodal », « lion féroce », etc., ils sont associés et la force de la liaison est fonction de la fréquence d'occurrence du couple dans la langue. Un certain nombre de faits vont dans le sens de cette interprétation de type « copie » et il est confirmé qu'en partie la mémoire fonctionne comme un enregistreur statistique (voir le chapitre sur l'organisation de la mémoire), mais ceci n'implique pas nécessairement que cette propriété statistique de la mémoire soit due à des associations. L'examen qualitatif et non seulement quantitatif montre que les apparentes liaisons entre associants et associés relèvent vraisemblablement de mécanismes plus structurés. Plusieurs classifications ont été proposées afin de différencier les relations associants-associés. A partir de plusieurs classifications, on peut retenir les rubriques suivantes :

1. oppositions (contrastes, etc.), ex. : chaud-froid, homme-femme;
2. similitudes (analogies), ex. : lion-tigre, grand-fort;
3. superordination, ex. : chou-légume, homme-humain;
4. subordination (inclusion), ex. : animal-lion, homme-moi;
5. cooccurrence (relation fonctionnelle, etc.), ex. : visage-barbe, montagne-ski.

Avec une catégorie « relations subjectives » qui concernent des relations propres au répertoire particulier du sujet, on pourrait peut-être trouver d'autres catégories, mais les cinq proposées permettent de classer la plupart des réponses. Les quatre premières concernent des relations logiques et même la cinquième qu'on pourrait apparemment réduire aux associations par contiguïté regroupe également des relations syntaxiques nom-adjectif, nom-verbe qui ne sont pas acquises à n'importe quel âge. Mais surtout, les quatre premières catégories supposent des structures plus complexes que de simples associations, telles que des structures d'inclusion, des opérations de négation impliquant au minimum une structure hiérarchique (fig. 3).

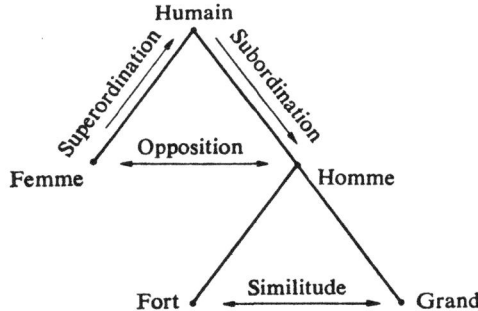

Fig. 3. - Schématisation d'une structure hiérarchique rendant compte de quatre types de relations : opposition, similitude, superordination, subordination.

Dans une expérience basée sur une classification regroupant nos catégories (2) et (3), on mesure la rapidité d'émission des associés (Karwoski et Schachter, 1948). Les auteurs trouvent que les plus rapides sont ceux qui entrent dans la catégorie « opposition » ensuite superordination et enfin cooccurrence et subordination qui ne diffèrent pas. D'autres expériences basées sur d'autres classifications montrent également que la vitesse d'émission est fonction de la catégorie de relations ce qui laisse supposer qu'il n'y a pas là un seul type de mécanisme en jeu. L'opposition est toujours une relation plus dominante que les autres et ceci est une difficulté supplémentaire pour l'associationnisme.

Certes, l'opposition ou le contraste ne sont pas exclus dans la conception associationniste et peuvent, soit être un mécanisme de base au même titre que la contiguïté (cfr L'empirisme associationnisme du XIXᵉ), soit être des habitudes linguistiques. Mais dans l'un et l'autre cas les associations par oppositions devraient être une constante pour une langue donnée. Or, il n'en est rien, et l'on constate que si les oppositions sont dominantes dans les réponses des adultes, elles sont peu fréquentes chez les enfants (Woodworth, 1949).

TABLEAU 1

Comparaison de réponses associatives d'enfants et d'adultes.
(Extrait de Woodworth, 1949, cité par Jodelet, 1965)

Associant	Associés	1.000 enfants (9 à 12 ans)	1.000 adultes
Table	manger chaise	358 24	63 274
Sombre	nuit lumière	421 38	221 427
Homme	travail femme	168 8	17 394
Profond	trou plat	257 6	32 180
Doux	coussin dur	138 27	53 365
Montagne	haute colline	300 91	246 184

Ainsi dans l'exemple donné (tableau 1), la proportion d'oppositions est de 0,6 à 9,1 % chez les enfants, tandis qu'elle est de 18 à 42,7 % chez les adultes. Chez les

enfants paraissent dominer les liaisons de cooccurrence
(table-manger, montagne-haute), ce qui laisserait supposer
que chez les enfants la mémoire semble fonctionner comme
le décrivent les associationnistes. Copies en fonction de la
contiguïté, mais que au cours du développement génétique
ces copies sont subordonnées aux structures logiques qui se
développent : opposition, superordination, etc. On trouve
la même évolution génétique pour les classes grammaticales,
les enfants donnant peu de couples associant-associés
homogènes grammaticalement (nom-nom, adjectif-adjectif,
verbe-verbe), alors que les adultes le font.

Une autre technique témoigne de la structuration logique
des mots, l'association libre en chaîne. Dans une telle
expérience (Jodelet, 1960) les sujets doivent se servir de
l'associé précédemment émis comme associant : lion-roi-
château-féodal-antique. L'auteur classe ensuite les couples
en fonction de quatre catégories sémantiques (lieux, choses,
êtres vivants, notions abstraites) et constate que les couples
issus de la même classe sémantique sont plus nombreux, ce
qui montre l'existence de familles catégorielles.

En conclusion, et nous apporterons de nouvelles précisions en parlant de l'organisation de la mémoire, deux types
de rapports associatifs se dégagent. Les rapports de cooccurrence qui présentent des extraits de séquences verbales
de la langue : château-féodal, lion-féroce, ou des condensa-
tions faisant abstraction de certains mots de coordination ou
de la conjugaison : chien-niche, eau-boire; à la suite des linguistes nous pouvons appeler de tels rapports *syntagmatiques*. Les autres rapports sont logiques et concernent des
mots qui peuvent se substituer l'un à l'autre dans une
même séquence verbale : homme-femme, homme-humain,
etc., et nous pouvons les caractériser de *paradigmatiques*.
Les seconds, nous l'avons montré, sont logiques mais les
rapports syntagmatiques apparaissent comme étant de

nature associative. Cependant, il s'agit peut-être d'une apparence comme nous le montre le fait qu'un verbe associé syntagmatiquement est émis à l'infinitif alors qu'il devrait être donné avec sa conjugaison originale : « eau-bue » au lieu de « eau-boire », s'il s'agissait d'une copie de la langue parlée.

Au total il est difficile de réduire le répertoire verbal à un simple réseau associatif.

2. TRANSFERT ET MEDIATION

Lorsque deux apprentissages se succèdent, a fortiori plusieurs, il se produit de nombreuses interactions. Au niveau de l'acquisition, car le plus simple, le premier apprentissage peut améliorer ou diminuer l'efficacité de l'acquisition d'un second apprentissage : ces effets sont dénommés transfert positif ou transfert négatif. Afin de mesurer ces effets de transfert on a toujours soin de comparer l'acquisition du deuxième apprentissage dans un groupe qui n'effectue que ce dernier apprentissage :

	1re phase	2e phase
Groupe E (expérimental)	acquisition I	acquisition II
Groupe C (contrôle)	—	acquisition II

Ainsi, conduire une voiture d'une marque permet un transfert sur une voiture d'une autre marque par rapport à une personne apprenant à conduire celle-ci. Par contre, apprendre à dactylographier avec deux doigts produit un transfert négatif pour qui désire utiliser tous les doigts.

De tels effets interviennent également dans le domaine verbal et, par suite de facilité de manipulation, c'est sur l'apprentissage de listes de mots (ou syllabes) que les chercheurs ont essayé de dégager les lois du transfert et d'élaborer des théories explicatives. Ces travaux et ces théories sont essentiellement l'œuvre des associationnistes, c'est-à-dire que les apprentissages étudiés portent surtout sur des listes de couples car les couples ont, dans cette conception, valeur de prototype. Il est nécessaire de le rappeler au lecteur qui ne pourrait pas comprendre par quelle « déformation professionnelle » on en est venu à faire des théories complexes sur des listes de couples.

a) *Le transfert*

La technique utilisée est constante dans la plupart des travaux : apprentissage par cœur (anticipation correcte de toutes les réponses) d'une liste 1, puis apprentissage par cœur d'une liste 2. En comparant le nombre d'essais nécessaires pour apprendre cette liste 2 dans le groupe expérimental et dans le groupe contrôle, on mesure le transfert :

Liste 1		Liste 2	
Stimulus	*- Réponse*	*Stimulus*	*- Réponse*
tendu	- arrondi	tendu	- anguleux
habile	- assoupi	habile	- éveillé
pâle	- rustre	pâle	- gracieux
net	- lourd	net	- aérien
délicat	- exalté	délicat	- déprimé
robuste	- distinct	robuste	- barbouillé
sucré	- bruyant	sucré	- silencieux

Dans cet exemple les stimuli sont identiques (S_i, ex. : pâle). Ils pourraient être similaires (S_s : maladif), neutres

(S_N : curieux), etc.; les réponses sont des antonymes (R_A : bruyant-silencieux). Le degré de ressemblance entre les listes est vite apparu comme facteur important dans la détermination du transfert : si les stimuli sont identiques, moins les réponses se ressemblent et moins le transfert est positif, devenant négatif si les réponses sont nouvelles. Si les réponses sont identiques, le transfert passe de positif à négatif lorsque la similitude entre les stimuli décroît. Osgood (1949) élabora une théorie prédisant la direction et l'amplitude des effets de transfert en fonction de la similitude entre les réponses. En s'inspirant vraisemblablement des « surfaces caractéristiques » où les physiciens représentent l'état des fluides en fonction de trois dimensions (pression, volume, température), Osgood propose une « surface de transfert » qui permet de représenter dans l'espace trois dimensions : le transfert, la similitude entre stimuli, la similitude entre réponses (fig. 4).

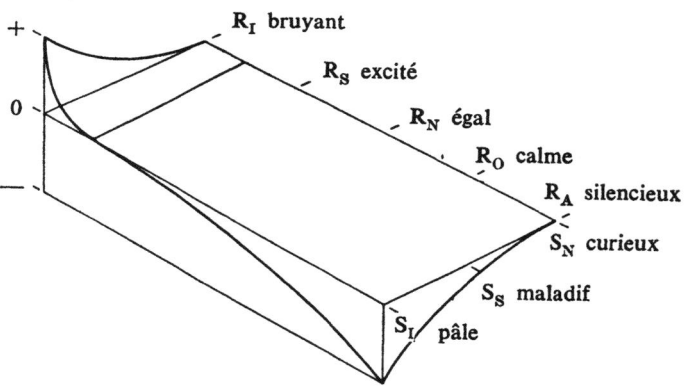

Fig. 4. - La surface de transfert d'Osgood. (Adapté d'Osgood, 1949.)

Cette théorie, première tentative de synthèse dans ce domaine, suscita beaucoup de recherches qui mirent en évidence un grand nombre de faiblesse ou même de fausses prédictions. C'est le cas pour les réponses opposées et antonymes qui, associées aux stimuli identiques, devraient provoquer un transfert négatif maximum (fig. 4). Or, c'est le contraire qui se produit et une telle liste bénéficie d'un transfert positif aussi important qu'une liste de stimuli identiques et réponses similaires (Wimer, 1964). Nous retrouvons à nouveau ce problème des oppositions et antonymes qui constitue un paradoxe dans la conception associationniste alors que dans une conception opératoire, l'antonyme est très proche sémantiquement de l'identique puisqu'une seule opération « inversion » ou « négation » permet de passer de l'un à l'autre. Par ailleurs d'autres faits s'accumulèrent pour montrer que la similitude n'était pas le seul facteur déterminant, mais aussi la nature intégrée (mot) ou non (syllabe sans signification) de la réponse, la direction des associations, etc. La théorie qui s'imposa sur cette nouvelle base fut celle d'Underwood et ses collègues : l'analyse en deux stades (1959, 1960). Cette théorie a longtemps été considérée, et l'est encore, par certains, comme une référence mais comme nous allons le voir, elle est entièrement calquée sur l'apprentissage de couples par anticipation. Ceci lui confère une certaine utilité et même une valeur de modèle pour des situations proches mais elle reste très limitée en regard des possibilités très variées de la mémoire humaine.

La caractéristique de cette théorie est d'analyser l'acquisition en deux stades : l'intégration de la réponse et l'établissement de l'association stimulus-réponse. Plus précisément, la théorie postule l'établissement de deux associations, en avant, du stimulus vers la réponse et en arrière, de la réponse vers le stimulus. Il y a intégration de la réponse lorsque la réponse est donnée par le sujet indépendamment de son appariement avec le stimulus. Il y a association lorsque la réponse est anticipée pour son stimulus spécifique. La force de l'association « en avant » est mesurée par la probabilité d'évoquer la réponse à partir du stimulus tandis que la force de l'association « en arrière » est mesurée par la probabilité d'évoquer le stimulus quand on donne la réponse. Cette procédure est un peu particulière dans la mesure où le sujet ne s'y attend pas car dans la technique d'anticipation le stimulus est toujours donné ce qui permet au sujet d'en apprendre qu'une partie : soit par exemple le couple KXM - rugueux, le sujet peut très bien n'apprendre que KX... rugueux, de sorte qu'il sera dans l'impossibilité d'évoquer KXM. A cause de cette asymétrie fonctionnelle, on mesure que l'association « en avant » est plus forte que l'association « en arrière ». Cette théorie est économique car elle permet à l'aide de trois facteurs : intégration de la réponse, association en avant, association en arrière, d'évaluer les effets de transfert pour une grande variété de relations entre listes. Comme les types d'inter-relations ont une valeur de modèle, on les appelle des paradigmes et on symbolise les couples par des lettres. Les couples de la liste 1 sont symbolisés par le couple A-B qui sert de référence pour le symbolisme des couples de la liste 2 (tableau 2).

TABLEAU 2

Les principaux paradigmes de transfert

	Liste 1 (A-B)	Liste 2
A-B, C-D	tendu - arrondi	curieux - long
A-B, A-B'	net - lourd	net - pesant
A-B, C-B	pâle - rustre	quotidien - rustre
A-B, A-C	habile - assoupi	habile - chanceux
A-B, A-B$_p$	délicat - exalté robuste - distinct	délicat - distinct robuste - exalté

La liste C-D est composée de couples entièrement nouveaux; la liste A-B' contient les mêmes stimuli associés à des réponses similaires; la liste C-B contient des stimuli nouveaux associés aux anciennes réponses (de la liste 1); la liste A-C représente la combinaison inverse : stimuli anciens, nouvelles réponses. Enfin la liste A-B$_p$ (« p » = permutation) consiste en de nouvelles associations entre les anciens stimuli et les anciennes réponses. Appliquons maintenant l'analyse en deux stades pour l'acquisition de la réponse (tableau 3).

TABLEAU 3

Analyse des effets de transfert d'après la théorie des deux stades

		Intégration réponse	Association en avant	Association en arrière	Total
Signification de la réponse	forte (mot) A-B'	+	0	0	+
	C-B	+	0	— —	—
	A-C	0	— — —	0	— — —
	A-Bp	+	— — —	— —	— — — —
	C-D	0	0	0	0
	faible (syllabes sans signification) A-B'	+ +	0	0	+ +
	C-B	+ + +	0	— —	+
	A-C	0	— — —	0	— — —
	A-Bp	+ + +	— — —	— —	— —

1. Intégration de la réponse : lorsque les réponses de la liste 2 sont identiques (B) ou similaires (B') à celles de la

liste 1, il y a transfert positif (+) — et ceci d'autant plus que la réponse est complexe (+ + + pour B et + + pour B') — par rapport au groupe contrôle (C-D) qui doit apprendre des réponses entièrement nouvelles.

2. Associations en avant : lorsque les stimuli de la liste 2 sont identiques à ceux de la liste 1 (A-C, A-Bp), ils continuent à évoquer les anciennes réponses, ce qui retarde (cfr les interférences) l'association des nouvelles.

L'association en avant étant la plus forte, le transfert est fortement négatif (— — —).

3. Associations en arrière : lorsque les réponses sont anciennes (C-B, A-Bp) les réponses B continuent à évoquer les anciens stimuli ce qui retarde l'acquisition des nouveaux stimuli. L'association en arrière est plus faible ce qui détermine un transfert moyennement négatif (— —).

La somme algébrique des effets de transfert pour ces trois facteurs permet de prédire avec une bonne approximation les effets globaux. L'intérêt principal de la théorie est de rendre compte des effets contraires que produit le paradigme C-B (la surface de transfert d'Osgood prévoyait un transfert nul) selon la complexité de la réponse. Sur le plan pratique la théorie peut s'appliquer à des situations qui ressemblent formellement à la situation d'apprentissage de couples par anticipation : le stimulus et la réponse sont distincts, le stimulus est donné au sujet. Essayons d'analyser quelques exemples, en fonction des quatre paradigmes « clés » :

La situation la plus courante est peut-être celle qui correspond au paradigme A-B, A-B' (ou avec peu de différence A-B, A'-B') ou les stimuli sont communs et les réponses similaires. Ce paradigme produit un transfert positif d'autant plus important que la similitude B-B' est grande et que les réponses sont complexes. A ce modèle peuvent se ramener l'apprentissage de nouveaux mouvements de natation, crawl après brasse par exemple car les stimuli sont les mêmes et proviennent de l'immersion dans l'eau, de même que la similitude entre les mouvements est qu'ils permettent de flotter et d'avancer. Le modèle nous paraît également applicable aux changements de voitures dans la conduite automobile, à la résolution de problèmes similaires, etc.

Le paradigme A-B, A-Bp s'applique théoriquement à toutes les situations ou stimuli et réponses sont identiques mais recombinés, c'est-à-dire qu'il pourrait s'appliquer à toutes les acquisitions verbales nouvelles qui mettent en jeu l'alphabet et les chiffres comme stimuli et réponses. On devine qu'il est difficile de trouver des exemples réels qui correspondent au cas élémentaire des couples mais prenons un exemple fictif. Soit dix personnes possédant un téléphone personnel, imaginons que ces dix personnes permutent entre elles leurs dix appartements. Chacune d'entre elles éprouverait sans doute des difficultés à réapprendre la nouvelle liste de numéros en fonction des nouveaux correspondants. Il s'agit là de transfert négatif.

Le paradigme A-B, C-B est peut-être le moins généralisable, mais peut s'appliquer à quelques cas particuliers, par exemple celui des faux amis dans une langue étrangère; la réponse « furniture » est quasi identique à « fourniture » mais correspond à deux concepts différents « fourniture » (A) en français et « meuble » en anglais (C).

Le paradigme A-B, A-C a sans doute une plus grande valeur générale mais les effets qu'il détermine se constatent plus facilement au niveau de l'oubli (cf. interférences) que de l'acquisition. Le paradigme pourrait expliquer l'oubli de romans du même auteur si l'on suppose que « A » représente l'ensemble des traits communs qui se trouvent d'un roman à l'autre : présentation identique, genre littéraire identique, style identique, etc., et si l'on désigne comme

« réponses » les traits spécifiques de chaque roman, le thème, les protagonistes, etc. On peut appliquer le même modèle aux événements qui se sont déroulés au même endroit, par exemple le même lieu de vacances.

Somme toute, la théorie des deux stades n'est pas sans intérêt mais elle reste néanmoins étroitement limitée car elle est finalement, plus qu'une véritable explication, une description analytique de la technique des couples. Il n'est pas possible dans ce cadre de rendre compte des activités complexes qui caractérisent la mémoire.

b) *L'apprentissage par médiation*

Afin de décrire avec plus d'acuité les situations de transfert plus complexes, une phase de médiation a été ajoutée aux paradigmes classiques. Le paradigme médiationnel le plus simple est de la forme A-B, B-C, A-C (trois listes successives) mais on peut créer des situations où les phases intermédiaires sont plus nombreuses : A-B, B-C, C-D, A-D, etc. La facilité à apprendre A-C dans le plan A-B, B-C, A-C (ou A-D dans le second plan) serait due à l'établissement d'associations inconscientes A-C durant l'acquisition de B-C ce qui facilite l'apprentissage conscient de A-C. Les associations B-C médiatrices entre A-B et A-C peuvent être apprises en laboratoire mais peuvent être déjà acquises par le sujet comme c'est le cas pour des associations naturelles du langage dues à la similitude sémantique (fleur-vase) ou à la similitude phonétique (bureau-sureau). Prenons l'exemple d'un couple A-B « train-fleur » et du couple A-C « train-vase ». Ce plan n'est qu'apparemment du type A-B, A-C car il existe dans la mémoire des « associations » que l'expérimentateur n'a pas eu besoin de faire apprendre : « fleur-vase » (B-C). Ce cas est mieux décrit par un paradigme médiationnel A-B (train-fleur), B-C (fleur-vase), A-C (train-vase). La phase B-C (fleur-vase) reste implicite et si l'on désire la supprimer il faut exprimer la situation par le plan A-B (train-fleur), A-B' (train-vase) ou B-B' exprime la similitude entre les mots. Le plan de transfert A-B, A-B' peut donc être traité comme un paradigme médiationnel où la deuxième phase est implicite. Le même raisonnement s'applique pour un cas où la médiation serait de type phonétique « cheval-bureau » (A-B), « cheval-sureau » (A-B'). La médiation peut se faire grâce à d'autres dimensions et notamment les images. Ceci nous permet de décrire certains procédés mnémotechniques usuels et par exemple le procédé de « double-chaîne » basé sur une double médiation, sémantique et phonétique. Ce procédé consiste à apprendre une nouvelle association par exemple le terme anglais « wife » et son équivalent français « épouse » en accrochant le terme anglais à un terme phonétiquement similaire (wife-knife) dont l'équivalent français est connu [couteau sera accroché à l'équivalent français à apprendre (épouse)].

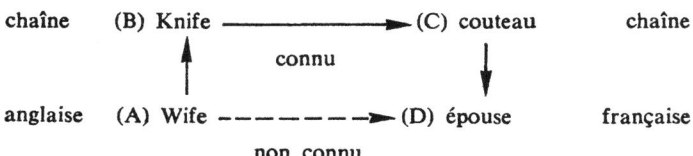

Ce procédé peut être décrit par le plan A-B, B-C, C-D, A-D, (wife-knife, knife-couteau, couteau-épouse, wife-épouse). Ce type de procédé n'est efficace que si les associations sont bien différenciées sinon il est source d'interférences et le sujet risque de ne plus savoir si wife désigne « couteau » ou « épouse ».

Le concept de médiation élargit un peu la portée du concept d'association mais il reste également très descriptif n'expliquant en rien les mécanismes qui sont à la source de cette médiation.

3. LES INTERFERENCES

Les effets de transfert sont dus aux interactions entre deux apprentissages ou plusieurs, mais ils ne représentent qu'une catégorie d'interactions parmi d'autres : l'amélioration (transfert positif) ou le ralentissement (transfert négatif) de l'acquisition de l'apprentissage II. Ces effets sont unilatéraux (apprentissage I → apprentissage II) car il est impossible que l'apprentissage II influe sur l'acquisition de l'apprentissage I qui est terminé. Par contre l'apprentissage II peut interagir sur la « mémoire » de l'apprentissage I comme l'apprentissage I peut interagir sur la « mémoire » de l'acquisition II. Ces interactions se mesurent au moment de la rétention c'est-à-dire après qu'un délai (ex. : un jour, une heure, etc.) se soit écoulé à la fin de l'apprentissage. Ce type d'interactions est presque toujours négatif, ce sont les interférences. Lorsque ces interactions sont favorables à la rétention on parle de facilitation : les effets de facilitation sont rares et reflètent des effets de médiation. Les différentes interactions sont résumées dans le tableau suivant :

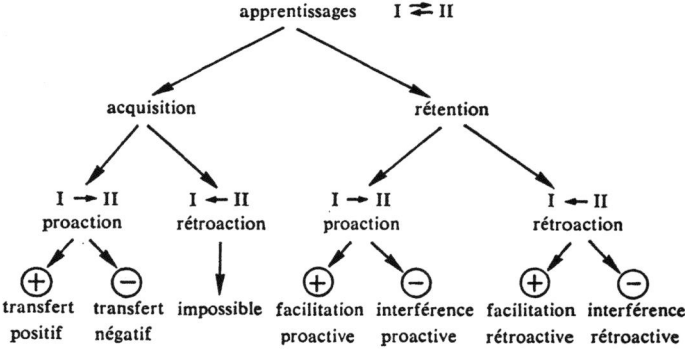

Les différences entre transfert et interférence sont nombreuses.

— Les effets de transfert sont mesurés au moment de l'acquisition tandis que les interférences le sont au moment de la rétention.

— Le transfert est toujours proactif (apparente exception, le réapprentissage est en fait une mesure de la rétention) tandis que les interférences sont proactives ou rétroactives.

— Le transfert peut être positif ou négatif; les interférences sont des effets négatifs par définition.

— Les interférences interviennent dans la quasi totalité des cas, donc lorsque le transfert est négatif, mais souvent aussi quand il est positif.

a) *L'interférence rétroactive*

L'interférence rétroactive a été la première source d'oubli découverte. Auparavant, l'oubli était plutôt considéré comme provoqué par la dégradation au cours du temps des « traces » nerveuses de l'information en mémoire. S'appuyant sur des faits expérimentaux, l'américain Mc Geogh (1932) montra que l'oubli était fonction de la nature des activités qui intervenaient entre l'acquisition et la rétention : « l'inhibition rétroactive, ou l'interférence due aux activités interpolées, est une des conditions nécessaires, majeure de l'oubli. Sans la présence d'événéments interpolés inhibiteurs, l'oubli n'intervient pas dans la plupart des cas. L'oubli est donc, non une chose passive, mais le résultat d'une interférence active due aux éléments interpolés ». La mesure de cette interférence s'effectue grâce au plan expérimental suivant :

	1re phase	2e phase	3e phase
Groupe expériment.	acquisition I	acquisition II	rétention de I
Groupe contrôle	acquisition I	tâche neutre	rétention de I

Le groupe expérimental apprend une seconde liste entre l'acquisition de la première liste et sa rétention.

Le groupe contrôle effectue comme tâche interpolée, une tâche neutre (puzzle, calcul, etc.). Si la rétention de la liste I est inférieure dans le groupe expérimental on dit qu'il y a interférence. L'interférence est ici rétroactive car elle est due à l'action d'une tâche ultérieure sur la mémoire de la première tâche. Ce type d'oubli est très fréquent et explique l'oubli habituel par les nombreuses acquisitions réalisées postérieurement : l'oubli d'un nom, numéro, film, etc., est provoqué par les nombreuses acquisitions ultérieures d'autres noms, numéros, films, etc. L'interférence rétroactive rend compte notamment pour une part de l'oubli des connaissances scolaires : pour un bachelier, par exemple, l'oubli portant sur le programme de chimie de seconde est dû aux apprentissages ultérieurs, programmes de première et terminale, qui interfèrent sur la mémoire du programme le plus ancien. Les expériences de laboratoire ont permis d'apporter de nombreuses précisions sur la nature des tâches les plus interférentes ainsi que sur les mécanismes responsables de l'interférence. L'ensemble de ces expériences, qui portent souvent sur des listes de couples, montrent que les caractéristiques de l'interférence rétroactive sont parallèles à celles du transfert. Ainsi les deux paradigmes les moins interférents sont A-B, C-D et A-B, C-B tandis que les plus interférents sont les paradigmes A-B, A-C et A-B, A-Bp. De même que le transfert, l'interférence rétroactive est modulée par le degré de signification de la réponse (cf. tableau 3) de sorte que les divers mécanismes explicatifs proposés depuis Mc Geogh ont été intégrés à la théorie d'analyse en deux stades (Underwood 1959, 1960). Dans son expression la plus achevée, l'analyse en deux stades repose sur deux types d'associations; le stade d'intégration de la réponse est supposé être l'association de la réponse avec des stimuli contextuels, le local d'expérience, le type de matériel, etc. (Mc Govern, 1964). Le stade d'association est constitué par l'association entre la réponse et le stimulus (dans les listes de couples). Cette théorie permet donc d'expliquer les interférences par des processus associatifs. Pour Mc Geogh, l'interférence a pour mécanisme la compétition entre réponses. Par exemple, dans le paradigme le plus interférent (A-B, A-C), A-B est très mal rappelé après l'acquisition de A-C car le stimulus « A » évoque deux réponses « B » et « C » qui entrent en compétition; la plus forte sera évoquée par le sujet. Un tel mécanisme a été effectivement démontré par Underwood et d'autres, grâce à une technique de rappel libre avec compétition qui consiste (dans le paradigme A-B, A-C) à demander au sujet de donner en fonction du stimulus « A » la première réponse qui lui vient à l'esprit. Grâce à ce moyen l'expérimentateur peut mesurer la dominance relative des réponses de la première (« B ») ou de la deuxième liste (« C »). L'expérience de Briggs (1954, fig. 5) illustre parfaitement le développement et l'évolution de cette dominance. Lors de l'acquisition d'une liste A-B de couples d'adjectifs (ex. : soyeux-pâle), les sujets donnent comme première réponse venue à l'esprit des réponses « R_0 » naturellement associées au stimulus (soyeux-doux) puis apprennent à donner les réponses « R1 » de la liste 1, « pâle ». De même lors de l'acquisition de la liste 2 (ex. : soyeux-sucré) les sujets ont tendance à donner R1 (pâle) mais aprennent progressivement à donner R2 (sucré). Cette dominance relative de R2 due à l'acquisition de la liste 2 se conserve pendant quelque temps (6 heures environ) même si ce sont les réponses de la liste 1 qui sont demandées. Tel est le mécanisme de la compétition.

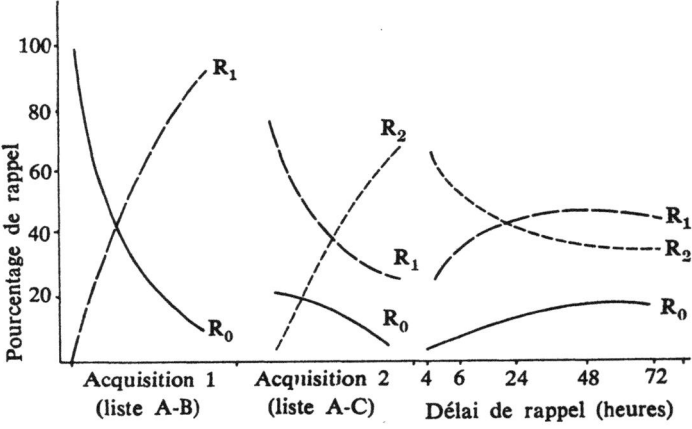

Fig. 5. - Dominance relative des réponses " B " (R₁) et " C " (R₂) au cours de l'acquisition et de la rétention (R₀ sont les réponses naturelles au stimulus A). (Adapté à partir de Briggs, 1954.)

Cependant, le mécanisme de compétition n'intervient pas seul car si tel était le cas, l'absence d'une réponse s'accompagnerait d'une réponse erronée, intrusion, plus compétitive. Or peu d'intrusions sont observées en général, mise à part la situation de rappel libre avec compétition, où l'on suscite les réponses compétitives. Dès 1940, Melton et Mc Irwin avaient fait l'hypothèse de l'intervention d'un second facteur, l'inhibition, afin d'expliquer les interférences sans compétition apparente. Ce mécanisme d'inhibition est inspiré de l'inhibition découverte à propos du conditionnement animal (cf. chap. I). L'idée des deux auteurs est que lors de l'acquisition 2, le stimulus A évoque de façon erronée la réponse « B » qui est alors inhibée afin d'associer la nouvelle réponse « C » au même stimulus « A ». Les associations A-C s'acquièrent donc grâce à l'inhibition des associations A-B de sorte que si l'on demande le rappel de ces dernières, il y a oubli. Pour mettre en évidence cet oubli par inhibition, il fallait une situation de rappel sans compétition. Afin de satisfaire cette exigence, Barnes et Underwood (1959) ont utilisé dans une expérience une technique de rappel libre sans compétition où le sujet doit fournir les deux réponses « B » et « C » au même stimulus « A ». Dans ces conditions, il y a un important oubli des réponses « B » ce qui prouve leur inhibition.

La théorie des deux facteurs, compétition et inhibition est donc plus complète que l'explication en termes de compétition seule. Toutefois, de nombreux résultats montrent que contrairement à l'idée de Melton et Irwin, l'inhibition dans l'interférence n'a rien à voir avec l'inhibition dans le conditionnement. Ainsi d'après Melton et Irwin, il y a inhibition des réponses « B » pendant l'acquisition de la liste II donc il ne devrait pas y avoir d'oubli de cette liste II lors d'un rappel libre sans compétition, or il y a oubli également de la liste II : l'interférence proactive.

b) *L'interférence proactive*

L'oubli de la liste II, provoqué par l'acquisition d'une liste antérieure est appelé interférence proactive. La découverte de cette seconde, et plus puissante source d'interférence, est due à Underwood (1957). Celui-ci part des observations suivantes : si l'oubli est seulement provoqué par l'interférence rétroactive, l'oubli d'une liste sera seulement provoqué par l'apprentissage postérieur de plusieurs listes similaires. Or, beaucoup d'auteurs trouvent après 24 heures un oubli d'environ 75 % (en moyenne) d'une liste. Comme à cette époque, les listes étaient composées de syllabes sans signification, il est difficile de supposer que les activités habituelles d'une journée puissent interférer avec des syllabes sans signification, « même si nous sommes d'accord avec certains éducateurs que beaucoup de ce que nous enseignons à nos étudiants au collège est sans signification, il ne semble pas que ce soit le type d'apprentissage qui interfère avec les syllabes sans signification ». A l'inverse, Underwood démontre que cet oubli énorme de 75 % ou plus n'intervient que pour des sujets ayant participé auparavant à plusieurs expériences portant sur des syllabes sans signification. Par exemple Ebbinghaus expérimentant sur lui-même trouvait 65 % d'oubli après 24 heures tandis qu'un sujet naïf ne montre que 10 à 20 % d'oubli dans les mêmes conditions. Underwood établit, à partir de plusieurs expériences, que l'oubli était bien fonction du nombre de listes apprises précédemment. La démonstration de ce type d'interférence se fait donc à partir d'un plan du type suivant :

	1re phase	2e phase	3e phase
Groupe expériment.	acquisition I	acquisition II	rétention de II
Groupe contrôle	tâche neutre	acquisition II	rétention de II

L'interférence proactive est démontrée par une rétention plus faible, dans le groupe expérimental, de la liste la plus récente (II). Plus le nombre de listes apprises auparavant est grand et plus l'oubli est fort et ceci même si aucun autre apprentissage (interférence rétroactive) n'intervient pendant le délai de rappel. L'importance de cette source d'oubli apparaît dans une expérience de Keppel, Postman et Zavortink (1968) où les auteurs ont eu l'occasion d'expérimenter sur les mêmes sujets qui devaient rester trois mois en laboratoire, pour une étude sur la nutrition. L'expérience comporte 36 cycles identiques — acquisition d'une liste (une récitation parfaite), rétention après 48 heures de cette liste. Après la rétention de cette liste commence l'acquisition d'une autre liste, jusqu'à la récitation parfaite, qui sera rappelée 48 heures plus tard, etc.

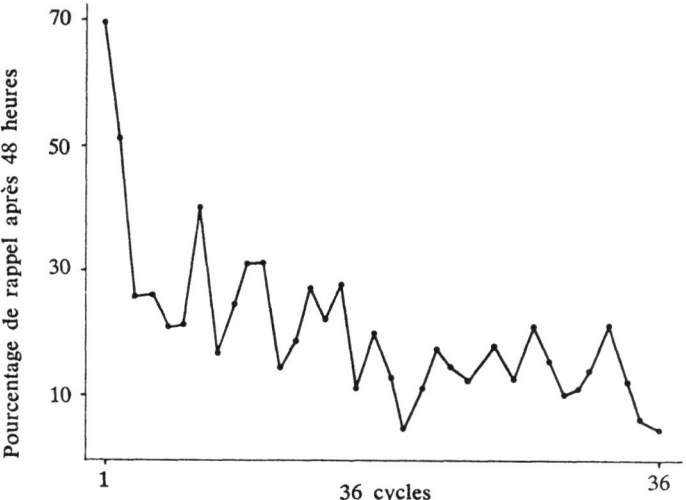

Fig. 6. - Oubli dû à l'interférence proactive. (D'après Keppel, Postman et Zavortink, 1968.)

La première (il s'agit de 10 couples de noms) est rappelée à 70 % après 48 heures, tandis que la dernière liste, composée également de 10 couples de noms, et également testée après 48 heures, est rappelée à 10 %, soit 90 %

d'oubli. Voilà ce qu'est l'interférence proactive. Signalons un élément intéressant de cette expérience : c'est que les sujets au cours des cycles apprennent de plus en plus vite chaque liste jusqu'au critère d'une récitation parfaite. Il s'agit là de transfert positif, et nous constatons que transfert positif et interférence cohabitent parfaitement bien. Non seulement, plus on apprend plus on oublie, mais mieux on apprend, mieux on oublie.

Dans le cadre de la théorie des deux facteurs l'interférence proactive est due à l'augmentation au cours du temps de la compétitivité des réponses de la liste la plus ancienne, phénomène appelé récupération spontanée. Lors de l'acquisition de la liste II, il y a selon Melton et Irwin, inhibition de la liste I (cf. fig. 5). Cette inhibition est considérée comme ayant les mêmes caractéristiques que celle du « conditionnement » en particulier de diminuer en fonction du temps. En fonction du temps donc, les réponses de moins en moins inhibées redeviennent compétitives et interfèrent avec la liste la plus récente (fig. 5). L'intérêt théorique de prendre le conditionnement comme modèle réside dans l'économie des concepts, l'inhibition permet à la fois d'expliquer l'interférence rétroactive et l'interférence proactive par sa diminution au cours du temps (récupération spontanée) mais l'analogie s'arrête ici car dans le conditionnement la récupération spontanée décroît à nouveau très vite jusqu'à s'éteindre complètement en l'absence du renforcement, tandis qu'au niveau de la mémoire, la rétention diminue très lentement.

L'interférence proactive entre listes est une source d'oubli fort importante, mais ne suffit pas à expliquer d'où vient l'oubli pour la première liste, qui peut aller jusqu'à 30 % environ. Afin d'expliquer cette proportion d'oubli, Underwood, d'une part, et Postman, d'autre part, suggèrent l'idée d'une interférence proactive extra-expérimentale dont la source principale serait le langage. L'acquisition par exemple d'un couple tel que « poulain-château » nécessite l'exclusion de couples erronés issus de la pratique linguistique tels que « poulain-cheval » ou « palais-château ». Dans l'expérience de Briggs (fig. 5) nous avons observé que l'acquisition des réponses R1 de la liste 1 se faisait de façon concomitante avec la diminution de réponses naturelles Ro. La même expérience montre qu'au cours de la phase de rétention (fig. 5) la dominance relative de ces réponses naturelles augmente de même que les réponses de la première liste (R1). La récupération spontanée porte donc aussi sur les réponses naturelles Ro. Une telle source d'interférence se rencontre dans l'apprentissage des langues étrangères. En anglais, par exemple, le mot « address » prend deux « d » alors que son équivalent français « adresse » n'en prend qu'un, d'où une interférence qui se fera en moyenne au détriment de l'acquisition la plus récente jusqu'à la différenciation des deux vocabulaires, français et anglais. Mais la source d'interférence proactive la plus importante provient certainement des acquisitions antérieures similaires, notamment encore une fois, les connaissances scolaires, mais aussi l'oubli d'un numéro à cause des nombreux numéros acquis, numéros de téléphone, d'immatriculation, de dates, de code postal, etc. De plus dans la réalité, hors du laboratoire comme dans le laboratoire, les deux sources d'interférences, rétroactive et proactive interviennent simultanément ce qui explique l'oubli massif qui intervient sur beaucoup de nos souvenirs.

c) *Transfert et interférence non spécifiques*

La caractéristique de la théorie de l'analyse en deux stades qui explique le transfert et de la théorie des deux facteurs qui la complète pour les interférences est d'expliquer les effets de transfert et d'interférence en termes d'associations : utilisation d'anciennes associations, transfert positif et facilitation ou conflits entre associations, transfert négatif et interférence. Mais si une telle théorie est utile, grâce à sa relative simplicité, son domaine d'application apparaît comme de plus en plus limité et elle apparaît de plus en plus inexacte même dans son domaine d'application privilégié : l'acquisition de couples.

Nous étudierons dans le paragraphe suivant certaines inexactitudes importantes, rappelons seulement pour l'instant le problème que pose les deux concepts « clés » explicatifs de l'interférence, compétition et inhibition. La compétition si elle est compatible avec le phénomène de dominance relative des listes (cfr expériences de Briggs, fig. 5) ne s'observe jamais directement étant donné la très faible proportion d'intrusions. Quant à l'inhibition elle n'expliquerait logiquement que l'oubli de la liste ancienne, or le test qui mesure cette inhibition, le rappel libre sans compétition montre également qu'il y a inhibition de la liste récente (interférence proactive) contrairement à la théorie des deux facteurs. De plus, des études récentes montrent que l'oubli mesuré par ce test de l'inhibition est très souvent aussi important que l'oubli dans des tests où interviendrait la compétition. Certains auteurs en concluent que compétition et inhibition ne sont pas indépendants et pourraient même être le reflet du même phénomène à travers des tests de rappel différents.

En dehors de ces inexactitudes, la théorie d'analyse en deux stades et la théorie des deux facteurs voient leur champ d'application se restreindre sans cesse au fur et à mesure que de nouvelles techniques de mesure de la mémoire se développent. Dès que l'on s'intéresse à la mémorisation d'information autre que des couples (listes de mots simples, phrases, textes, etc.), l'application des paradigmes est difficile, sinon impossible. Il existe même dans la situation de couples, la plus privilégiée, des phénomènes de transfert et d'interférence difficilement explicables en termes spécifiques d'associations. Tels sont les effets d'« échauffement » et d'« entraînement ». Les effets d'échauffement correspondent aux meilleures performances dans l'acquisition, de sujets ayant exercé une tâche perceptivo-motrice quelconque avant la tâche d'apprentissage. On pense qu'une telle tâche préliminaire rend le sujet plus attentif et rend plus efficace la perception de la liste, etc. Les effets d'entraînement correspondent au transfert d'une tâche de même type, ici d'apprentissage, mais portant sur des informations les plus neutres possibles et permettant d'élaborer une stratégie d'apprentissage, un procédé mnémotechnique, etc. De tels effets, dénommés transferts non spécifiques, ne sont pas analysables en termes d'associations identifiées. Postman qui a beaucoup étudié ces phénomènes (1969) y voit le transfert de compétences (skills) qui seraient selon lui des familles d'associations, mais ces associations restent à ce jour non identifiées. En ce qui concerne les effets de transfert et d'interférence spécifique, un paradigme pose problème, le paradigme A-B, C-D qui, d'après les théories évoquées, doit produire un transfert et des interférences nulles. Or tel n'est pas le cas si l'on choisit comme contrôle un groupe qui effectue une tâche non verbale (puzzle, calcul), pendant le temps d'acquisition de la liste C-D dans le groupe expérimental. Cette difficulté a été tournée théoriquement par l'hypothèse que la phase d'intégration de la réponse consistait en une association entre la réponse et le contexte, ameublement du local d'expérience, etc. (Mc Govern, 1964). De la sorte, si les listes sont différentes, A-B, C-D, mais le local d'expérience identique, il se forme avec les stimuli contextuels un plan A-B, A-D où « A » désigne les stimuli contextuels, d'où oubli en partie des réponses « B », selon le paradigme classique A-B, A-C. Mais aucune expérience décisive n'a confirmé une telle hypothèse. Ces difficultés et d'autres que nous ne pouvons développer dans ce cadre, ont conduit Postman et ses collègues (Postman, Stark, Fraser, 1968) à modifier notablement la théorie des deux facteurs tout en continuant à admettre, pour leur part, le cadre que constitue la théorie de l'analyse en deux stades. Postman remet essentiellement en cause la distinction de base entre compétition et inhibition. Pour lui, l'inhibition serait également due à la compétition, mais une compétition non spécifique qui interviendrait à un niveau non conscient pour le sujet. Par contre, Postman suggère une nouvelle distinction entre une catégorie de mécanismes spécifiques qui opérerait sur les associations stimuli-réponses et une autre catégorie, non spécifique, qui opérerait sur des systèmes globaux de réponses; si l'on teste l'interférence spécifique par un rappel où, les stimuli et les réponses étant donnés, le sujet doit reconstituer les couples, seul le paradigme A-B, A-Bp subit de l'oubli; l'oubli dans les autres paradigmes, notamment A-B, C-D et A-B, A-C serait essentiellement provoqué par de l'interférence non spécifique. Sur ce point, la théorie de Postman est centrée sur les caractéristiques d'un mécanisme sélecteur, primitivement inventé par Underwood et Schulz (1960) afin d'expliquer la « censure » des intrusions. Le mécanisme sélecteur a pour fonction de régulariser l'émission des réponses en référence à un critère qui définit la classe des réponses d'une liste (ex. : les réponses « B ») d'après des informations sémantiques, de fréquence, de récence, etc. Le mécanisme sélecteur effectue un balayage sur toutes réponses disponibles en mémoire qui permet une comparaison avec le critère de sélection. Si la réponse ne correspond pas au critère, elle est exclue, c'est l'inhibition; si la réponse correspond au critère elle est « éditée » et ce sera soit une bonne réponse soit une intrusion si le critère reste imprécis. En somme, l'interférence entre deux listes est produite par la compétition entre deux systèmes de réponses; plus le critère de sélection est précis à cause de la ressemblance des deux listes et plus l'inhibition est grande, ce qui explique l'interférence plus importante pour A-B, A-C que pour A-B, C-D. Une des grandes caractéristiques du mécanisme sélecteur est son inertie. Cette inertie permet d'interpréter la dominance relative du répertoire le plus récent (cf. exp. de Briggs, fig. 5) et explique que l'interférence rétroactive soit plus forte au début de la phase de rétention. Au cours du temps, quelques minutes à quelques heures selon les situations, cette dominance relative disparaît et le critère de sélection favorable à la liste 1 est moins dominé, ce qui provoque l'exclusion des réponses de la liste 2, c'est l'interférence proactive, et la réapparition des réponses de la liste 1, c'est la récupération spontanée.

La théorie de Postman est fort intéressante à plusieurs points de vue, elle permet notamment, tout en rendant compte plus finement encore des traits essentiels des effets de transfert et d'interférence, d'élargir l'explication à des situations ne portant pas exclusivement sur des couples. Sur le plan théorique on notera que ce type d'interprétation n'est pratiquement plus en termes d'associations, mais suggère une fonction plus complexe, mécanisme sélecteur, dont certaines opérations sont inspirées de la cybernétique : « balayage » « comparaison » « édition » (scanning, matching, ediding). Postman ne fait pas d'hypothèse sur la nature du mécanisme sélecteur, mais sa description pourrait fort bien convenir à ce que nous appellerons, plus loin, plan de récupération. D'après des tests récents de la théorie de Postman, la part d'interférence non spécifique y serait peut-être surestimée, mais il apparaît que même cette faible part d'interférence spécifique ne soit interprétable dans les termes de la théorie des deux facteurs.

d) *Transfert et interférence : association ou codage ?*

D'après la théorie des deux facteurs, l'inhibition est considérée comme analogue à l'extinction expérimentale dans le conditionnement. Ainsi dans le paradigme A-B, A-C, chaque association A-C se formerait au fur et à mesure que l'association correspondante A-B est inhibée. Si cette hypothèse est vraie, nous devrions trouver dans un test de rappel sans compétition (le sujet peut donner B et C au stimulus A) que lorsque « B » est rappelé (pour un stimulus « A » donné), la fréquence de rappel de « C » est inférieure à la fréquence de rappel de « C » lorsque « B » n'est pas rappelé. Le même raisonnement s'applique pour le rappel de « B » quand « C » est rappelé. Or à la suite d'analyses portant sur de telles probabilités de dépendance, Da Polito (1966) puis d'autres chercheurs ont sérieusement mis en doute cette dépendance. Il a montré que si « B » était rappelé, « C » avait autant de chance d'être rappelé que de ne pas l'être; de même pour « B » lorsque « C » est rappelé. Un tel résultat démontre l'indépendance complète entre chaque association A-B et l'association homologue A-C, ce qui va à l'encontre de la théorie des deux facteurs. Ce résultat peut être expliqué par les travaux de Postman montrant qu'une grande part de l'interférence est non spécifique et ne porte pas sur les associations homologues, car le résultat de Da Polito est basé sur des analyses statistiques globales et n'exclut pas qu'il puisse y avoir une part d'interférence spécifique. Mais deux théoriciens, Martin et Greeno, vont plus loin que Postman en mettant en cause à la fois la théorie des deux facteurs et la théorie d'analyse en deux stades.

Afin d'interpréter l'effet Da Polito, Edwin Martin suggère la possibilité que l'indépendance entre les associations A-B d'une part et A-C d'autre part serait due à un encodage variable du stimulus A dans la liste A-B et dans la liste A-C. Prenons comme exemple de stimulus A la syllabe XMJ : B serait associé à une portion du stimulus « X...J » tandis que dans la liste 2, C serait associé à d'autres caractéristiques du stimulus, « XM... », de sorte qu'au rappel le stimulus XMJ est unique du point de vue de l'expérimentateur, mais donne lieu à deux stimuli « codés » pour le sujet « X...J » et « XM... », de sorte que B et C restent toujours indépendants l'un de l'autre. Similairement à Postman, Martin explique, dans ce cas, le transfert négatif et l'interférence par une inertie du système analyseur du stimulus, ce qui détermine la dominance relative de l'un ou l'autre stimulus codé, et par voie de conséquence celle de la réponse correspondante.

Cette théorie de la variabilité de l'encodage (ou codage) du stimulus est malheureusement fortement mise en doute d'après les expériences. Certes, notamment quand le stimulus est composite (syllabe sans signification, etc.), on montre qu'un codage variable peut être effectué, mais dans les situations normales le codage du stimulus est plutôt stable. Cela est net dans plusieurs expériences et notamment démonstratif dans une expérience de Martin lui-même et Judith Goggin. Les auteurs utilisent un stimulus complexe à deux dimensions, figure géométrique + couleur, que l'on peut symboliser A-C; les réponses sont différentes dans l'une et l'autre liste B et D.

Dans une situation les auteurs obligent les sujets à utiliser une seule dimension en faisant varier l'autre au hasard. Dans une sous-situation, il n'y a pas de changement dans ce codage forcé pour les sujets ce qui revient à un paradigme A-B, A-D et dans l'autre sous-situation on oblige les sujets à utiliser l'autre dimension ce qui revient à un paradigme A-B, C-D. Le pourcentage d'interférence rétroactive est de 44 % (en moyenne) dans le cas A-B, A-D et 23 % dans le cas A-B, C-D ce qui semble aller dans le sens de la théorie de Martin, mais notons qu'il a fallu manipuler le stimulus pour forcer le sujet. Que se passe-t-il si l'on ne force pas le sujet, c'est-à-dire lorsqu'on ne manipule pas le stimulus « AC » et qu'on laisse au sujet la possibilité d'utiliser la dimension qu'il veut ? Le pourcentage d'inter-férence rétroactive est de 47 % analogue au paradigme A-B, A-C, ce qui démontre que le sujet encode de manière stable le stimulus même s'il est composite. La théorie de Martin, si elle a le mérite de réhabiliter le rôle du stimulus, ne peut donc être retenue comme théorie générale du trans-fert et de l'interférence.

A l'inverse, la théorie de Greeno et de ses collègues (Greeno, James et Da Polito, 1971) se base sur la persis-tance de l'encodage du stimulus pour expliquer les mêmes faits. La théorie se place dans le cadre d'une analyse en deux stades, mais très différente de celle d'Underwood. Le premier stade consiste en l'encodage du couple stimulus-réponse tout entier tandis que le deuxième stade est le stade de récupération de la réponse en fonction du stimulus adéquat. Pour ces auteurs, le transfert négatif est provoqué par les interférences. Celles-ci interviennent au moment de l'encodage en fonction de la similitude des éléments et au moment de la phase de récupération par un mécanisme inspiré de Postman.

La phase de récupération est permise par l'élaboration d'un plan de récupération (cf. chap. IV). Lorsque le plan de récupération correspond à deux systèmes différents de réponses (A-B, A-C), il y a suppression temporaire du répertoire le plus ancien pendant l'acquisition du plus récent. Lorsque le même plan de récupération correspond

au même système de réponse (A-B, A-Bp), l'acquisition
de la liste 2 nécessite la désorganisation des associations
spécifiques de la liste 1. La théorie, explique donc bien les
résultats de Postman montrant que l'interférence est surtout
non spécifique sauf dans le paradigme A-B, A-Bp, mais
comme ces résultats étaient connus, la théorie de Greeno
est plutôt a posteriori et n'explique rien de plus que celle
de Postman qui a fourni un grand nombre d'expériences
comme base à sa théorie. Quant à la nouvelle analyse en
deux stades, les auteurs essaient de la démontrer à l'aide de
paramètres statistiques, mais une telle méthode n'est jamais
décisive, car la validité de tels indices est inconnue. Il paraît
donc prématuré sur cette seule base de remettre en cause
l'analyse classique en deux stades : intégration de la réponse
et association stimulus-réponse. Par contre, la tentative de
Greeno et de ses collègues est importante sur la base de
nombreux faits dont nous avons essayé de montrer les
principaux et d'autres que nous verrons ultérieurement;
l'association n'est qu'une description superficielle et non
un mécanisme qui permet de rappeler la réponse en
fonction du stimulus. Selon nous, ces mécanismes sont des
mécanismes de récupération, mais encore faut-il le démontrer expérimentalement.

Chez Greeno, l'explication en termes d'encodage et de
récupération est abstraite et n'« épouse » pas avec précision
les faits. Par exemple, la phase d'intégration de la réponse
n'est pas un obstacle a une explication en terme de récupération, car nous le verrons (cf. chap. IV), les indices de
récupération de la réponse peuvent être inclus dans celle-ci
(1re lettre, rime, etc.). De même, dans la phase d'association,
les associations en « avant » et en « arrière » peuvent être
considérées comme le résultat d'un mécanisme de récupération et le mécanisme sélecteur de Postman peut être vu
comme un plan de récupération. Il n'y a donc pas de néces-

sité théorique à remettre en cause l'analyse en deux stades et notamment la phase d'intégration de la réponse dont l'efficacité a été amplement démontrée par rapport à la théorie d'Osgood, etc.

*
* *

En conclusion de ce chapitre, il est utile de faire un bref bilan de ce courant théorique qu'on appelle l'associationnisme. D'après ce courant, historiquement inspiré de l'empirisme-associationniste, la mémoire est essentiellement caractérisée selon trois principes : 1) les représentations mnémoniques sont des copies des stimuli; 2) ces copies sont associées entre elles; 3) la condition qui détermine ces associations est la contiguïté entre stimuli. Mais le principe essentiel reste l'association.

Que la mémoire soit une copie du réel peut être suggéré à partir de faits particuliers, mémoire imagée qui semble aussi fidèle qu'une photographie, associations verbales, notamment chez l'enfant, dont la mémoire paraît être un « magnétophone » tant certaines expressions sont imitées de l'adulte.

A la suite de Piaget, nous pouvons considérer l'ensemble de ces faits comme relevant d'une mémoire figurative dont la fonction est de représenter aussi fidèlement que possible, c'est-à-dire passivement, le réel. Mais dans l'ensemble, la représentation mnémonique est une déformation, une élaboration, une abstraction des stimulations extérieures. Une liste de couples est apprise comme une réponse puis comme un couple, les informations verbales du langage sont recombinées au niveau de la mémoire, etc. La mémoire est donc organisée selon des représentations qui ne sont pas des copies du monde extérieur.

Un bilan analogue peut être fait pour le principe de contiguïté qui est effectivement une condition de l'acquisition dans certaines situations, mais qui apparaît comme mineur. Si la contiguïté était une condition nécessaire, une liste serait entièrement rappelée dans l'ordre de sa présentation. Or, dans une liste comme nous l'étudierons plus loin, le rappel dépend plutôt de la récence des informations (les dernières de la liste) et de la facilité à les organiser dans les connaissances antérieures.

Mais le principe qui a surtout dominé les recherches notamment américaines, jusque vers l'année 1960, c'est l'association. En fait, bien que très répandu, ou parce que très répandu, le concept d'association est extrêmement confus, et recouvre des définitions très différentes allant du mécanisme causal à la description simple. Dans son acception descriptive, le concept d'association ne peut guère être critiqué, mais il nous paraît plus heureux d'employer des termes réservés à une telle définition tel que le mot « relation », car le concept d'association évoque à cause de son passé un mécanisme causal. Par exemple, l'acquisition d'une liste de couples nécessite par construction la mémorisation de relations stimuli-réponses, ce qui ne préjuge pas de la nature des mécanismes en cause. Si l'association était un mécanisme de base de la mémorisation, nous avons vu qu'elle aboutirait à l'élaboration de trois grands types de structures au niveau de la mémoire : le couple, la chaîne, le réseau : ces structures mnémoniques apparaissent-elles ? Nous avons déjà apporté une conclusion en ce qui concerne la chaîne et le réseau. L'apprentissage sériel qui constitue pourtant la condition la plus privilégiée pour l'élaboration d'une chaîne de mots ne peut s'analyser ainsi, mais est le résultat de mécanismes variés allant de l'intégration des réponses individuelles par groupes, à la mise en relation avec un schème d'ordination sans exclure la possibilité d'autres mécanismes. L'analyse du réseau associatif nous a amené à faire la même conclusion.

Les tests d'association verbale, loin de refléter des mécanismes associatifs montrent le jeu de mécanismes de récupération subordonnés à des opérations de catégorisation syntaxique, sémantique ou même à des opérations logiques. Il en est de même en ce qui concerne la technique des couples qui a, parmi toutes les autres situations, le plus apporté de crédibilité à l'interprétation en termes d'associations. Les travaux d'Underwood et ses collaborateurs ont tout d'abord montré la nécessité d'analyser l'acquisition des couples en deux composantes. L'intégration de la réponse n'a rien d'un mécanisme associatif bien que certains auteurs aient essayé de l'y réduire, en l'interprétant comme une association avec le contexte (Mc Govern). Outre qu'elle n'a jamais été démontrée expérimentalement, cette possibilité n'est pas en accord avec les caractéristiques des associations telles qu'elles apparaîtraient dans la phase d'association stimulus-réponse. Postman a en effet montré que la capacité qu'ont les sujets d'apparier correctement stimulus et réponse est extrêmement résistante à l'interférence alors que les réponses sont très fragiles dans une situation interférente.

Or, comme les réponses sont acquises avant même leur relation avec le stimulus, les associations supposées contexte-réponses devraient être plus solides et plus résistantes, ce qui est l'inverse. D'autre part, les travaux les plus récents portant sur l'interférence montrent qu'une grande part d'interférence sinon la quasi totalité — sauf pour A-B, A-Bp — est non spécifique, c'est-à-dire porte sur la suppression des systèmes entiers de réponses. Quant au « résidu » associatif, rien ne prouve qu'il s'agisse d'association entre stimulus-réponse stockée en mémoire en tant que telle; un nombre croissant d'études (cf. chap. IV) permet de faire l'hypothèse qu'il s'agit là de mise en relation permise par des mécanismes de récupération.

Au total, il nous apparaît possible d'effectuer un bilan simple de l'associationnisme. Sur le plan théorique, l'association nous apparaît comme un concept caduque ne rendant plus compte de la complexité des faits; seul son emploi dans un sens exclusivement descriptif nous paraît défendable et encore préférons-nous le terme plus adéquat de relation. A l'inverse, ce cadre théorique a contribué sous l'impulsion des chercheurs behaviouristes, essentiellement pragmatiques, à découvrir et analyser des phénomènes fondamentaux tels le transfert, l'interférence, les associations verbales qui sont des acquis incontestablement positifs qu'il importe à présent d'interpréter en fonction de leur complexité réelle.

CHAPITRE III

LES STRUCTURES DE LA MEMOIRE

1. LA MEMOIRE A COURT TERME :
ARTE-FACT OU REALITE ?

La cybernétique par l'influence décisive qu'elle a eue sur les théoriciens de la mémoire a permis de s'échapper du cadre étroit de l'associationnisme. La recherche, sous son impact, s'est dirigée autour de deux lignes de force essentielles, l'une analysant la mémoire en structures à l'image de l'ordinateur, l'autre insistant sur le rôle de l'organisation et dont nous parlerons plus tard (chap. IV). Les recherches réalisées dans la première perspective ont apporté des éléments de solution au problème de savoir si la mémoire est homogène et régie par un même groupe de lois ou hétérogène c'est-à-dire divisée en structures dont chacune possède un fonctionnement caractéristique. La première thèse est défendue naturellement par les associationnistes puisqu'ils n'invoquent qu'un système de lois, celles de l'association. La seconde thèse a été soutenue avec succès par les « cybernéticiens ». Le conflit entre les deux thèses fut assez important lorsqu'une série d'expériences montra que des situations existent où un oubli massif, parfois 100 %, intervient dans un délai très court, de quelques secondes. Les chercheurs influencés par les découvertes cybernétiques, notamment les anglais Broadbent et Brown, expliquaient ces faits à l'aide d'une théorie dualiste de la mémoire. Essentiellement, il existerait deux structures mnémoniques, une mémoire à court terme et une mémoire à long terme communiquant par un canal à capacité limitée. Si l'information reçue excède la capacité limitée, par exemple X éléments par seconde, une partie de l'information « attend » en mémoire à court terme avant d'être traitée.

Mais si de nouvelles informations arrivent, elles effacent au fur et à mesure le contenu de la mémoire à court terme, produisant un oubli caractéristique. Pour les associationnistes, partisans de la thèse moniste, c'est-à-dire de l'homogénéité de la mémoire, ces faits pourraient s'expliquer en termes d'interférence. Leur principal effort critique s'appuya sur une expérience de Lloyd et Margaret Peterson (1959) qui, à la lumière des travaux récents, apparaît comme un test pratique, mais ambigu, de la mémoire à court terme. La technique était très originale pour cette époque : un trigramme de trois consonnes (ex. : CHJ, KBX, etc.) est dicté au sujet de l'expérience puis immédiatement suivi d'un nombre à partir duquel le sujet doit compter à rebours de 3 en 3 (ex. : 356, 353, 350 ...) toutes les secondes au rythme d'un métronome. Le temps de ce calcul à voix haute, 3, 6, 9, 12 ou 18 secondes selon les tests, détermine le délai pendant lequel le sujet ne peut répéter pour lui-même le trigramme. Au bout de ce délai, le sujet rappelle le trigramme s'il s'en souvient. S'il s'en souvient, en effet, car dans cette situation l'oubli intervient extraordinairement rapidement. Après quatre secondes environ, les sujets ne sont plus capables de rappeler en moyenne que 50 % des trigrammes. L'oubli est quasi total au bout de 18 secondes seulement. Cette expérience spectaculaire paraissait prouver l'existence d'une mémoire à court terme où l'information ne résisterait pas au-delà de 20 secondes. En fait, cette expérience est ambiguë et a donné lieu à des recherches contradictoires. Par exemple, Keppel et Underwood (1962) ont montré que l'oubli était lié à l'interférence proactive qu'engendrait dans la mémoire du sujet, la succession de nombreux tests avec des trigrammes différents.

Or, pour les associationnistes, l'interférence proactive est une des causes fondamentales de l'oubli à long terme, donc il n'est pas nécessaire de postuler une dichotomie de la mémoire, puisque l'on retrouve les mêmes lois en court terme et en long terme. Cette thèse fut notamment défendue par un professeur influent à cette époque, Arthur Melton, dans son discours de président à l'« American Association for the Advancement of Science ». Toutefois, ce type d'argument n'est pas décisif. Ainsi Baddeley, du laboratoire de psychologie expérimentale de l'Université de Sussex, et Elizabeth Warrington, d'un hôpital de Londres, ont montré plus récemment (1970) que l'expérience des Peterson paraissait effectivement liée au fonctionnement de la mémoire à court terme. L'expérience utilisant la technique décrite plus haut est appliquée sur deux groupes de sujets. Un des groupes est constitué de six amnésiques, alors que l'autre groupe, utilisé comme contrôle, est constitué de patients atteints de lésions nerveuses périphériques (n'atteignant pas le cerveau) comparables au point de vue quotient intellectuel, âge, etc. De cette façon, les deux groupes ne peuvent différer pour des raisons liées à leur maladie, ou à leur présence en hôpital mais seulement sur le plan mnésique. Les amnésiques, souvent atteints du syndrome de Korsakoff, se caractérisent essentiellement par l'incapacité d'apprendre durablement. La mémoire à court terme peut ne pas être amoindrie et les informations apprises avant la maladie ne sont pas oubliées; c'est en quelque sorte les mécanismes responsables du passage des informations de la mémoire à court terme en mémoire à long terme qui sont perturbés. Ainsi un « Korsakoff » aura des souvenirs anciens normaux, souvenirs d'enfance, scolaires, familiaux, professionnels, etc.; de même il retiendra une séquence de chiffres, des images pendant quelques secondes, mais pas plus.

Par exemple, les visiteurs sont oubliés dès qu'ils disparaissent et le malade ne se rappellera pas qui lui a apporté les cigarettes ou les fruits qui sont sur sa table, même s'il s'agit d'un proche parent. Le malade revoit son médecin habituel comme s'il s'agissait d'un nouvel arrivant, il ne vit plus désormais que dans un présent de quelques secondes. Or, Baddeley et Warrington montrent que les amnésiques atteignent les mêmes performances que les non-amnésiques, c'est-à-dire un oubli très rapide atteignant 50 % en vingt à trente secondes. Cette expérience, dont la technique n'est pas identique dans le détail à celle des Peterson montre comme d'autres expériences que l'oubli n'est pas toujours si spectaculaire — 100 % en 20 secondes — et que les mécanismes de l'oubli ne sont pas simples, mais elle démontre de façon irréfutable que la technique Peterson provoque bien l'oubli en mémoire à court terme et que l'interférence proactive à court terme ne doit pas être assimilée hâtivement à celle qui intervient à long terme. Une autre expérience des mêmes auteurs le montre d'ailleurs directement en testant sur les mêmes sujets, amnésiques ou non, la situation de Keppel et Underwood. Le taux d'interférence proactive est le même pour les amnésiques et les non-amnésiques, ce qui démontre donc que ce type d'interférence proactive est spécifique de la mémoire à court terme.

Néanmoins, la polémique sur la mémoire à court terme n'a pas été vaine, car elle a stimulé de nombreuses recherches, très ingénieuses pour la plupart, qui de plus en plus démontrent qu'il existe non plus seulement une mémoire à court terme, mais des mémoires à court terme.

2. LA MEMOIRE A COURT TERME AUDITIVE

Comme pour tous les processus psychologiques nous n'avons pas prise directe sur la mémoire à court terme; aussi faut-il, pour la mettre en évidence et élucider ses mécanismes, trouver des situations expérimentales qui la révèlent. Nous venons de décrire une de ces techniques, celle de Peterson qui, en provoquant un oubli très rapide d'informations simples, révèle un aspect de la mémoire à court terme. Peu avant Peterson, d'autres chercheurs avaient mis en évidence ce même aspect ou d'autres mais, comme nous l'avons dit, c'est surtout la polémique autour de l'expérience Peterson qui fit le succès de la mémoire à court terme. Parmi ces autres aspects, le premier connu fut peut-être ce qu'on appelait alors le champ de la mémoire immédiate ou encore champ d'appréhension. Ces expressions désignent l'incapacité de retenir, lors d'une seule présentation d'une séquence d'éléments, plus de sept éléments environ. Par exemple, d'une séquence continue de chiffres au hasard, nous ne sommes capables d'en retenir qu'un nombre limité, voisin de sept. L'étude de ce phénomène a été théorisée, par exemple, par l'américain George Miller dans un célèbre article « le nombre magique 7 plus ou moins 2 » (cf. chap. IV) mais souvent, pour expliquer le passage de l'information en mémoire à long terme. C'est à plusieurs chercheurs anglais que l'on doit les premières recherches systématiques sur la mémoire à court terme en tant que telle. Par opposition aux américains qui, avant Peterson, en étaient adversaires, on a regroupé ces chercheurs sous le générique d'« école anglaise » et parmi ces derniers on trouve derrière leur chef de file Broadbent de Cambridge, Brown, Conrad et Baddeley dont nous venons de décrire une expérience.

a) *L'école anglaise et l'« ECHO-BOX »*

Brown publia en 1958, c'est-à-dire un an avant Peterson (1959), une technique d'oubli rapide très similaire, mais son travail, publié dans une revue anglaise et non américaine, ne fut connu que beaucoup plus tard. Afin de « réhabiliter » son travail trop méconnu, les chercheurs actuels nomment fréquemment technique Brown-Peterson la situation où l'oubli rapide est provoqué par un calcul mental ou une tâche de distraction analogue. Cet oubli rapide, première des manifestations de la mémoire à court terme, fut également démontré de façon spectaculaire par Broadbent (1958) grâce à une technique fort ingénieuse. Le sujet est muni d'écouteurs branchés chacun sur un canal indépendant. Une séquence au hasard de trois (quatre ou cinq, etc.) chiffres est envoyée à l'oreille gauche et parallèlement une séquence entièrement différente est envoyée à l'oreille droite. Immédiatement ensuite, un signal lumineux conventionnel indique au sujet s'il doit rappeler la séquence gauche en premier ou inversement celle de droite. On constate alors un oubli très grand pour la séquence reproduite en dernier, donc le seul fait de différer de quelques secondes un message simple suffit à provoquer un oubli important. Par ailleurs les chercheurs, et notamment ceux de l'école anglaise, remarquèrent que les situations à court terme, les sujets auto- répètent spontanément les informations à voix basse ou intérieurement. C'est ce qu'on appelle l'autorépétition subvocale ou ce que Conrad dénomme de manière imagée l'« ECHO-BOX » (boîte à écho), ce qui évoque bien l'activité du sujet, répétition infinie de la même information. Cette activité est usuelle et non une stratégie des sujets de laboratoire; c'est ainsi que nous procédons, par exemple, pour ne pas oublier un numéro de téléphone au moment de le composer sur le cadran.

De plus, Conrad par le concept d'écho-box insiste sur une particularité essentielle, à savoir que la mémoire à court terme conserve les informations sous forme auditive. L'expérience où il met ceci en évidence (1964) consiste à montrer que les erreurs en mémoire à court terme sont en grande partie les mêmes qu'en perception auditive. L'expérience se déroule en deux phases. La première phase est une mesure en mémoire à court terme pour des séquences de 6 lettres. Chaque séquence est présentée visuellement et le sujet doit donner immédiatement les 6 lettres dans le bon ordre. Au total 120 séquences sont données à 400 sujets pour permettre une analyse statistique des erreurs. Ces séquences sont construites à partir de 10 consonnes seulement, B, C, P, T, V, M, N, F, S, X et Conrad analyse les erreurs faites par tous les sujets et pour toutes les séquences : il compte le nombre de fois où chacune des neuf lettres restantes a été donnée par erreur à la place de la lettre originale et ceci donc sur plusieurs milliers de lettres. Conrad obtient ainsi un tableau qui indique dans quelle proportion telle lettre est donnée par erreur à la place de telle autre lettre. La deuxième phase consiste en une étude similaire des erreurs mais en perception auditive. Une lettre est prononcée dans un haut-parleur qui diffuse en tout temps un bruit de fond d'intensité calculée pour provoquer des erreurs. Conrad fait alors la même analyse que précédemment. Par exemple lorsque la lettre « B » est diffusée par le haut-parleur, elle est confondue avec la lettre P dans 162 cas; elle est confondue avec la lettre T 143 fois alors qu'elle ne l'est avec la lettre X qu'une seule fois. Les principales confusions auditives sont P (350 erreurs) et T (232 erreurs) à la place de C, P (505 erreurs) à la place de T, S (488 erreurs) et X (245 erreurs) à la place de F, N (512 erreurs) à la place de M. Ces effets de perception erronée se retrouvent d'ailleurs en communication téléphonique, ce qui oblige lorsque l'on épelle un nom inconnu du correspondant à employer un procédé de contrôle : « P » comme papa, « S » comme Sylvie, etc. Conrad a d'ailleurs effectué son expérience en liaison avec des services de télécommunications, ce qui lui a permis d'y puiser ses nombreux sujets. En comparant à l'aide de techniques statistiques appropriées les deux tableaux de confusions, en mémoire et en perception auditive, Conrad trouve une grande corrélation entre les deux. Or, les séquences de lettres dans la phase « mémoire à court terme » ont été présentées visuellement, donc le fait que le sujet fasse les mêmes erreurs qu'en perception auditive démontre que l'information visuelle a été transformée, codée — au moins en partie — sous forme auditive. Une explication très plausible revient à interpréter ces faits en supposant que l'information visuelle est « lue » au niveau de l'écho-box, ce qui produit de nouvelles informations cette fois auditives. Nous verrons plus loin, non seulement de nouvelles preuves de cette « transmutation », mais aussi sa finalité. Baddeley (1966) a également vérifié ce phénomène sur des mots en montrant que des séquences de mots rappelés immédiatement sont plus mal rappelés (dans l'ordre) s'ils sont similaires auditivement — COL - BOL - SOL- VOL, etc. — que s'ils sont différents. Cet effet disparaît lorsque les mots ne sont plus en mémoire à court terme mais en mémoire à long terme, c'est-à-dire quand les mots sont rappelés après un calcul mental de plusieurs minutes. Au contraire dans ce cas, il se trouve beaucoup d'erreurs dans les réponses si les séquences de mots sont similaires sémantiquement; par exemple : gros, long, large, haut, grand, etc. Toutefois, en ce qui concerne la mémoire à long terme, il s'agit surtout de dominance, car d'autres expériences ont montré que la dimension phonétique était utilisée en mémoire à long terme, mais cela n'est révélé que dans des situations où les informations sémantiques ne sont pas possibles ou utiles. Quoi qu'il en soit cette spécialisation confirme la distinction entre la mémoire à court terme et la mémoire à long terme.

b) *L'effet de récence et l'effet de modalité*

Mais cette distinction apparaît mieux encore dans une situation privilégiée : le rappel libre. Cette technique est très simple : une liste est présentée, mot à mot, à une cadence régulière (1 mot par seconde par exemple); à la fin du dernier mot, le sujet rappelle tous les mots dont il se souvient dans l'ordre qu'il désire. L'expérimentateur compte pour tous les sujets le pourcentage de rappel en fonction de la position du mot dans la liste présentée. On obtient une courbe caractéristique en U dont la branche gauche est incomplète; celle-ci résulte de la bonne rétention des tout premiers mots et pour cette raison on l'appelle l'effet de primauté. La branche droite du U résulte de la très bonne rétention des derniers mots présentés, phénomène dénommé « effet de récence ». Or cet effet de récence a pour caractéristique d'être extrêmement fragile et de disparaître complètement après un temps court. Une expérience de Fergus Craik (1970) de l'Université de Londres est représentative à cet égard. Chaque sujet participe à dix tests successifs composés chacun du rappel libre d'une liste différente de 15 mots présentés toutes les deux secondes. A la fin de chaque liste, le sujet dispose d'une minute pour rappeler les mots librement. A la fin de ce rappel d'une minute, un autre test commence avec la présentation d'une autre liste, etc. A la fin du dixième test, le sujet est averti qu'il doit rappeler la totalité des mots appartenant aux dix listes précédentes. Il dispose de cinq minutes pour ce rappel final. Les résultats (fig. 1) indiquent clairement la présence

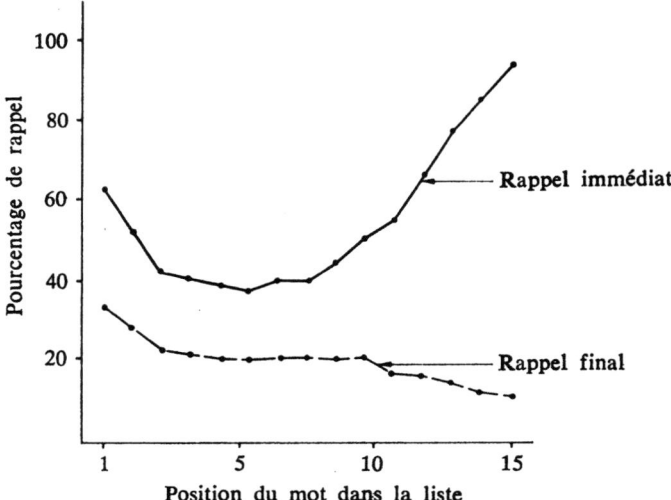

Fig. 1. - Effets sériels en fonction du rappel immédiat ou à long terme. (Craik, 1970.)

en rappel immédiat d'effets sériels, c'est-à-dire de primauté et de récence avec un plateau au milieu. L'effet de récence est très important puisque le dernier mot est rappelé dans presque 100 % des cas, et l'avant-dernier mot dans 90 % des cas. Pourtant après quelques minutes, le souvenir de ces mêmes mots ne porte plus que sur 10 % de ceux-ci.

Cet oubli étonnant — de 90 et 80 % pour les deux derniers mots par exemple — démontre que l'effet de récence reflète un mécanisme spécial, très fragile en fonction du temps, la mémoire à court terme. En fait, la durée de cette mémoire n'est même pas de quelques minutes mais de quelques secondes. La mesure assez précise de cette durée est possible grâce à l'étude d'un autre phénomène qui a beaucoup été exploré en liaison avec l'effet de récence, l'effet de modalité.

Sa description est simple : lorsque dans une expérience en rappel libre, les mots sont présentés soit auditivement (au moyen d'un magnétophone), soit visuellement (au moyen d'un projecteur), l'effet de récence est supérieur dans la situation auditive. Nous retrouvons à nouveau notre « écho-box » grâce à une technique indépendante, ce qui nous rassure encore sur son existence. Mais l'effet de modalité a pour intérêt supplémentaire d'en permettre l'analyse de la durée. Comme nous l'avons dit, cette analyse se fait souvent à partir de l'effet de récence, mais la technique de Brown-Peterson est peut-être plus fine encore pour ce cas précis, ainsi que nous allons le constater avec une expérience (1971) de Lloyd Peterson — un des inventeurs de la technique — et Suzanne Johnson de l'Indiana University. Le principe de base de cette expérience est de présenter une séquence de trois consonnes (ex. : CXP), soit visuellement, soit auditivement, pendant que le sujet répète obligatoirement, à voix haute et à grande vitesse, les chiffres de 1 à 9 continuellement (1, 2, 3 ... 9, 1, 2 ... 9, 1 ..., etc.). Comme le sujet répète sans interruption ces sons divers, il ne peut pas autorépéter subvocalement le message, donc toute différence constatée dans le rappel entre les messages présentés auditivement et visuellement indiquera une différence d'efficacité entre la rétention des informations auditives et celle des informations visuelles sans intervention de sensations articulatoires. D'après les recherches que nous avons vues précédemment nous savons que la rétention auditive sera plus efficace, mais grâce à l'emploi de plusieurs délais de rappel (0, 3 et 11 s) nous pourrons voir la durée de cette efficacité. Ces délais sont occupés comme c'est classique dans cette technique par du calcul mental (comptage à rebours de 3 en 3 sur une feuille de papier) mais en plus nous l'avons signalé, le sujet répète jusqu'au rappel les chiffres de 1 à 9, à la vitesse de 9 chiffres toutes les deux secondes. Les sujets sont fortement entraînés et ceux qui n'y parviennent pas sont éliminés.

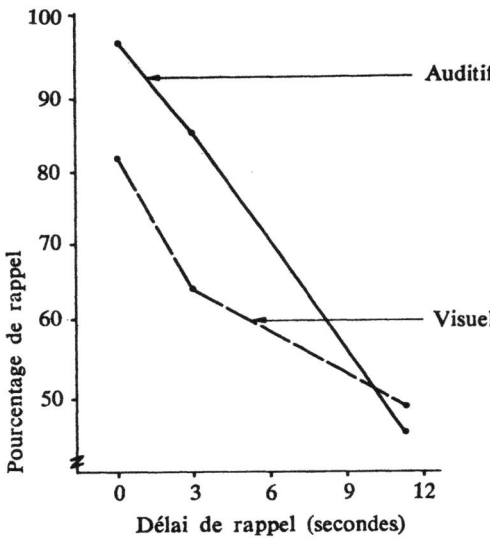

Fig. 2. - Supériorité de la « mémoire » auditive dans les intervalles inférieurs à dix secondes. (D'après Peterson et Johnson, 1971.)

Comme cela était prévu, le rappel est meilleur lorsque le mode de présentation est auditif (fig. 2), ce qui confirme l'efficacité de la « mémoire » auditive. Mais cette supériorité disparaît complètement au bout d'un délai de 11 secondes, ce qui nous conduit à penser que le surplus d'information d'environ 20 % présent en mémoire à court terme sous forme auditive, se détériore très vite entre trois et onze secondes. Mis à part, le surplus d'information qui probablement ne persiste guère au-delà de six à huit secondes, le sujet est capable de conserver une certaine partie de l'information puisqu'après un délai de rappel de 11 secondes, il y a encore 50 % de rappel correct, ce qui correspond à l'information transmise en mémoire à long terme.

Mais à la lumière de cette expérience très précise, une autre question se pose : puisque la mémoire à court terme paraît être « spécialisée » dans les informations auditives, où sont stockées les informations visuelles qui sont tout de même rappelées à 80 % lorsqu'il n'y a pas de délai de rappel ? On pourrait déduire de ces résultats qu'il existe une mémoire « visuelle » qui serait capable de stocker un surplus d'information de 30 % environ (80 % au total moins 50 % qui est transmis en mémoire à long terme) pendant un temps très court puisque ce surplus d'information stocké visuellement n'est plus que de 10 % environ après un intervalle de 3 secondes seulement. Cette déduction converge, comme nous le verrons, avec des travaux réalisés en perception visuelle; mais avant d'aborder ce point, nous allons disséquer l'écho-box avec un nouveau bistouri, la technique du suffix-effect (effet de suffixe) de Robert Crowder et John Morton.

c) *La mémoire auditive « précatégorielle »*

Dans leurs expériences initiales Crowder et Morton donnent verbalement une séquence des chiffres 1 à 9 selon un certain ordre et le sujet l'écrit immédiatement. On retrouve les effets sériels décrits plus haut à savoir que les erreurs sont les moins nombreuses pour les éléments les plus récents (effet de récence). Mais l'expérimentateur ajoute après le dernier élément un élément additionnel non à rappeler, le suffixe, comme « zéro », et l'effet de récence est nettement amoindri. Pratiquement, la présence d'un suffixe supprime la supériorité de la présentation auditive par rapport à une présentation visuelle, ce qui conduit les auteurs à interpréter cet effet comme une « surcharge » de la mémoire à court terme qui, nous l'avons déjà vu, semble être essentiellement auditive. Dans une première série de travaux, les auteurs confirment que la mémoire à court terme ne paraît pas être sensible à l'aspect sémantique de l'information : ainsi un suffixe sémantiquement simi-laire (chat pour une liste d'animaux) ne provoque pas plus d'erreurs qu'un suffixe différent (chat pour une liste d'ustensiles de cuisine). Par contre la mémoire à court terme est très sensible à des aspects purement auditifs, par exem-ple le timbre de la voix : si la liste est dictée par une voix féminine, l'effet de récence sera le plus amoindri lorsque le suffixe sera prononcé par la même voix, moins par une autre voix féminine et moins encore si la voix est mascu-line. Ce sont ces résultats qui conduisirent les auteurs à identifier la mémoire à court terme à un stockage auditif précatégoriel. En réalité, les recherches ultérieures de Crowder allaient montrer qu'il existe néanmoins une cer-taine catégorisation au niveau de cette mémoire car elle « reconnaît » les voyelles et non les consonnes. Le point de départ de cette découverte inattendue fut une série d'expériences avec des listes de syllabes ne différant que par les consonnes (séquence au hasard construite à partir des trois syllabes « BA, DA, GA ») sur lesquelles le suffixe ne produisait pas d'effet. Crowder réalisa donc l'expérience inverse avec des listes de syllabes ne différant que par des voyelles, où l'effet de suffixe caractéristique fut constaté.

Ce phénomène voyelle-consonne est-il réellement lié au fonctionnement de la mémoire à court terme ou spécifiquement dû à l'effet de suffixe ? Pour établir la valeur générale de ce phénomène curieux, Crowder le teste à partir de l'effet de modalité. Cet effet, nous l'avons décrit, se caractérise par l'amélioration de l'effet de récence d'une liste présentée auditivement par rapport à la même liste présentée visuellement. L'auteur compare donc ces deux modalités (dans la condition auditive, c'est le sujet qui lit à voix haute la liste) pour trois types de listes : 1) une liste de syllabes ne différant que par les voyelles (BOU, BI, BA); 2) une liste de syllabes ne différant que par les consonnes (BA, DA, GA) et enfin 3) une liste de simples lettres (C, G, H, J, K, L, M, Q, R, S, T, X).

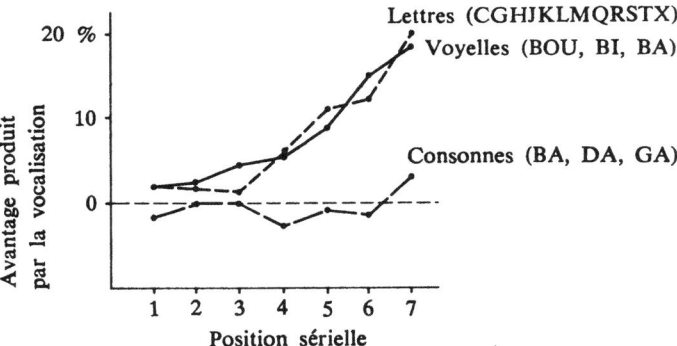

Fig. 3. - La vocalisation ne produit un avantage sur les éléments récents que s'ils diffèrent par les voyelles. (D'après Crowder, 1971.)

Les résultats sont très concluants (fig. 3). Si l'on opère pour chaque type de liste, la soustraction entre les modalités auditive et visuelle, on vérifie que la modalité auditive produit un avantage de 10 à 20 % sur la partie récente de

la liste à condition que celle-ci soit construite avec des
éléments différant par les voyelles. Mais, objectera-t-on,
comment expliquer que la liste composée de lettres bénéficie du même avantage ? La réponse à cette question est
que ces lettres (C, H, Q, X, etc.) que nous dénommons
consonnes sont, en fait, sur le plan phonologique, des
réalités complexes composées de voyelles et de sons consonnantiques; ainsi « C » se prononce « Cé », « H » et « X » se
prononcent « ACHE » et « IXE ». Cette expérience très
raffinée nous dévoile donc des aspects de la mémoire à
court terme ou de l'écho-box plus subtils qu'il n'y paraissait,
même d'après les expériences fines de Conrad. En effet,
lorsque ce dernier trouve que les confusions en mémoire à
court terme (ou ce qu'il nomme écho-box) sont plus importantes entre B, P et T et quasiment inexistantes avec X par
exemple, c'est parce que l'écho-box, étant spécialisée dans
les voyelles, ne différencie pas « Bé » de « Pé » et « Té »,
mais les différencie bien de « IXE ». La mémoire auditive
paraît agir comme un filtre électronique en opérant une
catégorisation sur la base des différences entre voyelles,
mais elle est incapable d'analyser des différences entre
sons consonnantiques. Comment expliquer cette distinction
voyelle-consonne ? C'est difficile encore à ce jour car nous
ne connaissons pas parfaitement sur le plan phonologique
ce que sont ces réalités complexes appelées voyelles et
consonnes. Sur le plan articulatoire, les voyelles se caractérisent essentiellement par des sons laryngés qui ne sont
pas transformés par des obstacles (essentiellement les positions de la langue), au contraire des sons consonnantiques.
Ceci confère aux voyelles, sur le plan acoustique (vibrations
sonores), des caractéristiques stables tandis que les consonnes semblent se caractériser comme des transitions d'un
pattern acoustique vers un autre. Peut-être ces transitions
requièrent-elles des structures nerveuses plus complexes

pour permettre leur analyse ? Des recherches électrophysiologiques récentes justifient une interprétation dans cette voie. En effet, celles-ci montrent que la différenciation entre voyelles et consonnes est liée à la spécialisation entre les hémisphères cérébraux.

On sait que le langage est localisé dans l'hémisphère dominant, l'hémisphère gauche (il y a inversion entre hémisphère et membres dominants), et des lésions dans ces parties de l'hémisphère gauche entraînent divers troubles du langage : les aphasies (cf. chap. VI). L'analyse des consonnes se ferait en fait au niveau de cet hémisphère dominant, tandis que l'analyse des voyelles, comme celle des sons de la musique, se ferait au niveau de l'hémisphère non-dominant (droit). Est-ce à dire que la mémoire à court terme est due à l'activité de l'hémisphère non-dominant ? C'est du moins comme une hypothèse séduisante que Crowder le suggère. Le prolongement naturel de cette hypothèse serait de localiser la mémoire à long terme au niveau de l'hémisphère dominant. Ceci expliquerait notamment que l'analyse sémantique se réalise seulement en mémoire à long terme. Mais là encore, de nouvelles recherches sont nécessaires car il est possible aussi que ce qu'on appelle « mémoire à long terme » regroupe des structures plus spécialisées.

d) *Codes auditifs et codes articulatoires*

Le code auditif apparaît donc un code essentiel de la mémoire à court terme, mais ce code auditif est, nous l'avons vu, limité aux sons des voyelles. Il existe en fait d'autres codes, mais il est difficile encore de préciser dans le détail leurs qualités respectives et le niveau où ils opèrent. Une information produite par la voix humaine ou par le haut-parleur d'un magnétophone n'existe primitivement que sous forme d'ondes sonores, c'est-à-dire de variations périodiques de la pression de l'air. Ces variations de pression font vibrer le tympan de l'oreille et à la suite une chaîne d'osselets (marteau, enclume, étrier) et enfin, le liquide du limaçon qui excite (par l'intermédiaire d'une membrane) les cils des récepteurs nerveux auditifs. A la suite de Liberman, il est préférable de réserver le terme de code acoustique pour les informations à support mécanique, du tympan aux cils de la paroi interne du limaçon. Les informations, ensuite, sont codées par des cellules nerveuses et nous pouvons qualifier d'auditif ce code. Nous voici donc en présence de trois codes : sonore, acoustique, auditif et, nous l'avons vu, le code auditif recouvre des réalités différentes puisqu'il y a au moins un code pour les voyelles et un code pour les consonnes. Mais il existe encore un autre code qui, bien que de nature spécifique, est lié au précédent puisqu'il concerne les sons parlés, le code articulatoire. Nous avons vu qu'en situation de mémorisation à court terme il y a autorépétition subvocale, et l'on peut supposer, comme l'a défendu l'américain Hintzman (1967), que cette autorépétition produit des sensations articulatoires, base d'un code. On peut déceler en effet, à l'aide d'électrodes, une activité musculaire au niveau du larynx, même dans les cas où l'autorépétition n'est pas audible et paraît être un langage « intérieur ». Tout comme le mouvement des bras produit des informations sensorielles de tension, de direction ..., de la part des récepteurs nerveux des muscles et tendons, l'articulation de telle syllabe ou de telle autre produit des informations différentes en fonction des différents mouvements des éléments de l'appareil phonatoire (larynx, gorge, langue, lèvres, etc.). Afin de dissocier le rôle du code articulatoire du code auditif, Hintzman utilise des phonèmes (sons parlés) que l'on peut classer différemment sur le plan auditif et sur le plan articulatoire.

Les séquences données aux sujets sont des syllabes qui ne diffèrent que par la première consonne (PAF, KAF, DAF, etc.). Six consonnes sont choisies d'après leurs caractéristiques sonores : (PTK et BDG) P, T et K appartiennent au groupe des « sourdes » et B, D, G au groupe des « sonores ». Si le code employé lors de la mémorisation est exclusivement auditif, on s'attendra donc à des confusions à l'intérieur de chaque groupe et moins entre eux. Mais ces consonnes se groupent différemment en fonction du point d'articulation du bout de la langue sur le palais. Le point d'articulation est en avant pour P et B, au milieu pour T et D, en arrière pour K et G. Si le code est exclusivement articulatoire, on s'attendra donc à des confusions à l'intérieur de chacun des trois groupes et peu entre chaque, par exemple PAF à la place de BAF, ou à l'inverse KAF à la place de GAF. Chaque lettre étant classée selon les deux types de caractéristiques, sonores ou articulatoires, il est possible également de comparer l'importance relative des deux codes si, comme on le suppose, les deux codes sont utilisés. C'est en effet ce que les résultats de Hintzman indiquent. Conformément aux travaux de Conrad, Baddeley, Crowder, Hintzman trouve des erreurs à l'intérieur de chaque groupe sonore mais il trouve également des confusions à l'intérieur des groupes articulatoires, ce qui atteste l'utilisation d'un code articulatoire. Toutefois ce dernier est moins important relativement au code auditif car il y a plus d'erreurs entre les lettres de même sonorité qu'entre les lettres de même point d'articulation.

Quels sont les rapports entre code auditif et code articulatoire et aussi entre ces deux derniers et le code visuel ?

Existe-t-il trois mémoires à court terme correspondant à ces codes ou existe-t-il une seule mémoire à court terme compatible pour les trois codes ? L'hypothèse la plus vraisemblable à l'heure actuelle se situe entre ces deux extrêmes. Bien qu'avancée auparavant par Conrad et Sperling cette hypothèse a été précisée plus récemment par Betty Ann Levy (1971), à la suite de l'expérience suivante. Des listes de lettres à mémoriser sont présentées à la vitesse d'une lettre toutes les demi-secondes. Dans une condition, la présentation est simultanément visuelle, auditive et articulatoire, dans deux autres conditions, la présentation est soit visuelle et auditive, soit visuelle et articulatoire, et enfin dans une quatrième condition, la présentation est seulement visuelle. La présentation visuelle est réalisée à l'aide d'un film; celle, auditive, réalisée à l'aide d'un magnétophone est aisément supprimée; quant à la présentation articulatoire elle provient de l'articulation par le sujet lui-même de la lettre. Afin qu'il y ait articulation sans sons (ce qui produirait une présentation auditive), le sujet articule « en silence » en remuant seulement lèvres et langue. Afin de supprimer toute possibilité d'articulation dans la condition « visuelle », l'expérimentatrice reprend une technique due à Murray, consistant pour le sujet à articuler « hi - ya » pour chaque lettre qui apparaît sur l'écran. Dans ces conditions les résultats sont clairs : dans la condition « informations visuelles seules », le rappel est très réduit, 20 %. Par contre dans toutes les autres conditions, le rappel est deux fois plus efficace, 40 %. Aucune différence entre ces trois conditions n'apparaît, ce qui signifie deux choses. L'égale efficacité des présentations « visuelle-auditive » et « visuelle-articulatoire » montre que les codes auditif et articulatoire compensent efficacement et également la fragilité du code visuel.

De plus, l'absence d'infériorité entre ces deux conditions par rapport à la condition triple « visuelle - auditive - articulatoire » indique que les deux codes, auditif et articulatoire, n'additionnent pas leurs effets bénéfiques, mais qu'il y a disjonction, sans que nous sachions à ce stade lequel est prioritaire. De plus, à moins de supposer que les codes auditif et articulatoire aient exactement les mêmes caractéristiques, notamment temporelles, ce qui paraît improbable, il est plausible de supposer l'existence d'une même mémoire à court terme compatible pour les deux codes auditif et articulatoire. L'incompatibilité entre la mémoire à court terme et le code visuel oblige donc un recodage de l'information soit en auditif, par répétition à voix haute, soit en particulier par l'articulation à voix basse, ce dernier point expliquant la plus grande difficulté éprouvée à lire en mangeant.

Mais si les codes auditifs et articulatoires opèrent en mémoire à court terme, où le code visuel opère-t-il ? D'autres techniques, tachistoscopiques, ont permis de préciser ce point.

3. LE REGISTRE SENSORIEL VISUEL

Ces travaux sont dus à Sperling et Averbach des laboratoires de la compagnie des téléphones Bell (où Claude Shannon mit au point la théorie de l'information). Ces recherches ont pour point de départ une étude de Sperling sur les limites du champ d'appréhension immédiat (ou mémoire immédiate ..., etc.). Nous avons déjà rencontré cette technique avec Conrad; l'expérimentateur présente visuellement à un sujet plusieurs éléments, par exemple des lettres, pendant un temps très court et lui demande de reporter ce qu'il a vu.

Lorsque le nombre de lettres est 2, 3, 4 parfois 5 ou 6, le sujet les reporte sans difficulté, mais quand ce nombre augmente, le sujet n'est pas capable d'en reporter plus, c'est la limite de la « mémoire immédiate ». Pour présenter ces lettres pendant un temps très court mais contrôlé, on utilise un tachistoscope. Cet appareil est constitué d'une boîte entièrement close à l'exception de trois ouvertures pratiquées chacune sur une face. L'intérieur de la boîte est séparé en deux par une cloison diagonale obscure à l'exception d'un miroir semi-transparent qui en constitue le milieu. L'une des ouvertures est un hublot par lequel le sujet peut voir à travers le miroir semi-transparent le stimulus (les lettres) fixé contre l'ouverture opposée appelée « plage d'exposition ». La troisième ouverture appelée « plage de fixation » est perpendiculaire à l'axe hublot-exposition. Chaque moitié de l'appareil peut être éclairée indépendamment. Au repos, la lampe E (du côté de la plage d'exposition) est éteinte tandis que la lampe F (côté « fixation ») est allumée. Le miroir semi-transparent fonctionne alors comme un véritable miroir et renvoie l'image de la plage de fixation vers le hublot. Pendant le temps de travail, la lampe E s'allume exactement dans le temps où la lampe F s'éteint. Le miroir semi-transparent fonctionne alors comme une vitre et le sujet voit au travers le stimulus de la plage d'exposition. La lumière est très intense de sorte que la visibilité est parfaite et les lampes employées sont spécialement conçues pour que l'allumage ou l'extinction s'effectuent presque instantanément (avec une précision d'un dix-millième de seconde). Le temps de travail est commandé par une minuterie électronique et les temps d'exposition peuvent être de quelques millisecondes (millièmes de secondes). Ce temps très court explique l'existence de la plage de fixation munie, par exemple, d'une croix qui indique au sujet l'endroit où apparaîtra très rapidement le stimulus; si le sujet regardait ailleurs, il ne verrait rien et n'aurait pas le temps de modifier la direction de son regard. Les premières expériences de Sperling consistent simplement à mesurer les limites de la mémoire immédiate pour des lettres; celles-ci sont présentées sur une ou plusieurs lignes de trois ou quatre lettres. Seuls quelques sujets très entraînés sont utilisés afin d'éviter des variations dues à un mauvais contrôle des mouvements des yeux, etc. En moyenne, même ces sujets très entraînés ne sont pas capables de reporter plus de quatre ou cinq lettres, cette performance étant la même que le temps de présentation, soit très court, 15 millisecondes, ou assez long, une demi-seconde. Cette limite de 4, 5 lettres est donc bien une caractéristique stable de notre capacité à utiliser de l'information en temps limité. Mais Sperling avait noté que les sujets prétendaient avoir vu plus de lettres qu'ils ne pouvaient en reporter. C'est pour le vérifier que Sperling mit au point la technique dite de « report partiel ». Dans cette série d'expériences le stimulus comporte trois lignes de quatre lettres. Juste après la disparition du stimulus, le sujet entend un son de hauteur différente : un son aigu indique qu'il doit reporter uniquement la ligne du haut, un son médium la ligne du milieu et un son grave la ligne du bas. Comme le sujet ne connaît pas à l'avance le signal, il est obligé de mémoriser les trois lignes. Ce report partiel permet par reconstitution de constater que les sujets mémorisent visuellement 75 % des lettres (9 lettres) alors qu'en report total, ils n'en rappellent que 35 % (4, 5 lettres en moyenne). Quelle est donc la nature de cette rétention et sa durée ?

Pour en mesurer la durée, il suffit de faire varier l'intervalle temporel entre la fin du stimulus et le début du signal de report partiel. Lorsque ce signal arrivera à la fin de la rétention en question, le rappel par report partiel ne sera pas supérieur au rappel par report total. Quant à la nature de ce processus, il est très probablement visuel car les sujets ont l'impression, en l'absence du stimulus, de voir une image qu'ils peuvent lire. Pour le démontrer, Sperling fait varier l'intensité lumineuse qui précède et qui succède au stimulus, dans un cas elle sera très forte (post-champ clair), dans l'autre faible (post-champ sombre). Si cette rétention a pour support des mécanismes nerveux spécialisés dans les sensations visuelles, un post-champ clair remplacera l'image des lettres par des sensations « unies », de même que la lumière aveuglante du soleil efface toute image visuelle. Les résultats (fig. 4) confirment bien ce type d'explication.

Lorsque le champ d'exposition est sombre avant et après le stimulus, le total disponible, évalué par le report partiel, est important lorsque le rappel est immédiat

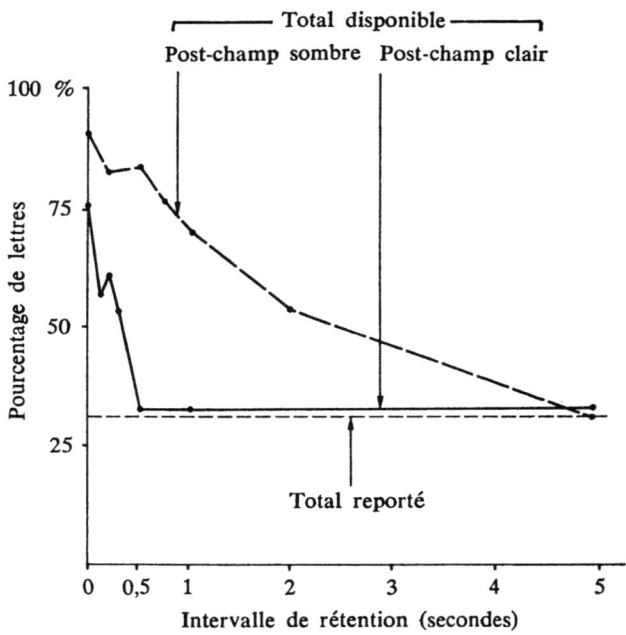

Fig. 4. - Le déclin plus ou moins rapide en fonction de l'éclairement démontre que cette mémoire à très court terme est visuelle. (D'après Sperling, 1961.)

(environ 85 %) et décroît régulièrement pour rejoindre la limite de la mémoire immédiate avant cinq secondes. Au contraire, lorsque le champ est très éclairé avant et après le stimulus, le rappel immédiat est légèrement inférieur (75 %), mais surtout rejoint la limite de la mémoire immédiate en une demi-seconde. Cette limite de la mémoire immédiate (mesurée par le report total), elle, est indépendante de la luminosité, ce qui indique qu'elle n'est pas visuelle. Voici donc mise en évidence une « nouvelle » mémoire. Celle-ci ne paraît limitée que par le champ visuel — en dehors de la fovéa nous voyons flou — mais ce surplus d'information est éphémère et ne dure que quelques dixièmes de seconde dans de mauvaises conditions et pour une certaine efficacité (80-90 %) moins d'une seconde dans les conditions les plus favorables.

La mise en évidence de ces structures rend nécessaire l'élaboration d'un système planifiant toutes ces données nouvelles. Dans ce domaine où l'épistémologie sous-jacente est la cybernétique, les théories qui ont eu le plus de succès, à notre avis, simplement parce qu'elles explicitent cette épistémologie sous-jacente, sont calquées sur les structures et le fonctionnement des ordinateurs qui sont utilisés en somme comme modèle.

4. LES MODELES DE LA MEMOIRE

Norbert Wiener (1948, 1949) fut le premier à voir en quoi l'ordinateur pouvait fournir un modèle utile à la description du traitement de l'information chez l'homme.

Mais le premier modèle adapté aux résultats expérimentaux fut proposé par Broadbent (1958). A sa suite un grand nombre de chercheurs construisirent d'autres modèles, différant par le nombre de structures en jeu, leur fonctionnement et leurs rapports mutuels, certains répondant à un problème particulier — par exemple, les rapports entre le registre sensoriel visuel et la mémoire auditive à court terme — d'autres ayant comme ambition une interprétation générale de la mémoire. Nous nous contenterons ici de décrire un seul de ceux-ci, le modèle d'Atkinson et Shiffrin (1968-1969) qui nous paraît le plus complet et surtout le plus représentatif en ce sens qu'il exploite entièrement et explicitement l'analogie ordinateur-homme.

Le modèle (fig. 5) est fondé sur la distinction entre caractéristiques structurales et processus de contrôle. Les caractéristiques structurales incluent à la fois le substrat matériel du système et les processus de fonctionnement qui sont inhérents à ce système, qui ne varient pas quand la situation est la même. Au contraire, les processus de con-

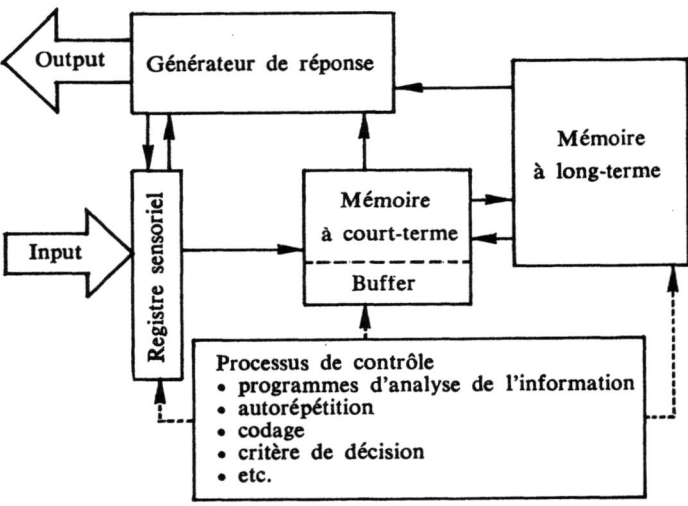

Fig. 5. - Modèle d'Atkinson et Shiffrin, 1969.
Les flèches pleines indiquent le trajet de l'information.
Les flèches en pointillé indiquent les signaux de commande.

trôle sont sous la dépendance du sujet qui les choisit en fonction des instructions expérimentales, de son histoire personnelle, etc.

Pour reprendre l'analogie des auteurs, les caractéristiques structurales sont vues comme tout ce qui dans l'ordinateur n'est pas sous la dépendance du programmeur (hardware plus programmes permanents); par opposition, les processus de contrôle sont vus comme l'ensemble des programmes et des instructions introduits par le programmeur.

a) *Les structures de la mémoire*

Les caractéristiques structurales comprennent trois composantes : le ou les registres sensoriels, la mémoire à court terme et la mémoire à long terme.

1. Le registre sensoriel

Lorsque l'information est reçue par l'homme, elle subit un certain nombre de transformations complexes et nombreuses. Nous avons décrit quelques étapes du codage des ondes sonores et il en est de même de toutes les informations pour lesquelles l'homme possède des récepteurs sensoriels. Ces récepteurs permettent ainsi de coder les mouvements des muscles, des pressions cutanées ou sous-cutanées, des variations de température, des fonctions chimiques (acide, sucre), des molécules (odeur), etc. Parmi toutes ces variations de l'environnement physique, les ondes lumineuses, à savoir une gamme très limitée d'ondes électro-magnétiques, sont codées grâce à un système fort complexe de récepteurs — les cônes et bâtonnets de la rétine — d'analyseurs — certaines cellules de la rétine ou de centres nerveux. Ce système de réception visuel, pour approfondir cet exemple, ne code pas instantanément l'information et la durée de ce codage dépend de multiples facteurs, telle la vitesse de décomposition du pourpre rétinien, la vitesse d'excitation des neurones ou de transmission de l'influx nerveux. Cette durée globale pendant laquelle l'information est codée correspond à un temps pendant lequel l'information est présente, on décrit cela par le terme cybernétique de rémanence. Le stockage éphémère de l'information visuelle mis en évidence par Sperling et Averbach peut être vu comme la rémanence du système de codage visuel, de la même manière que les chiffres inscrits sur l'écran cathodique (tube de télévision) de l'ordinateur ont une rémanence. Atkinson et Shiffrin proposent, afin de spécifier ces caractéristiques, de nommer ce système de codage, registre sensoriel. A ce jour, seul le registre sensoriel visuel a été mis en évidence, mais surtout du fait que le recodage du visuel en auditif-articulatoire permettait d'établir une frontière claire. Existe-t-il d'autres registres sensoriels : tactile, gustatif ... et surtout auditif et articulatoire ? Rien ne permet de l'affirmer à moins que ce que nous avons appelé mémoire auditive (et articulatoire) ne soit ces registres sensoriels. Mais cette dernière hypothèse est moins plausible d'abord parce que la durée de stockage y est beaucoup plus longue, dix fois plus (environ 1/2 seconde et 5 secondes), ensuite parce que, selon les résultats de Levy, la mémoire à court terme « accepte » l'un et l'autre code, donc est distincte des structures où sont élaborés ces codes, dont les récepteurs et analyseurs sont physiologiquement différents et distants.

2. La mémoire à court terme

La mémoire à court terme a pour fonction le stockage de l'information pendant quelques secondes, peut-être trois à cinq secondes, temps qui paraît trop grand pour être simplement une rémanence sensorielle. Atkinson et Shiffrin on fait l'hypothèse d'une division comme le registre sensoriel, en plusieurs mémoires ou sous-mémoires à court terme, visuelle, auditive, articulatoire, etc. En ce qui concerne les mémoires auditives et articulatoires, il est plutôt concevable, comme nous l'avons vu, qu'il y ait une seule mémoire à court terme compatible pour les deux codes; d'après certaines recherches électrophysiologiques qui montrent que l'hémisphère non dominant est spécialisé dans l'analyse des sons, des sons musicaux et des voyelles, on peut penser que la mémoire à court terme auditive-articulatoire serait due à l'activité de cet hémisphère.

En ce qui concerne l'hypothèse d'une mémoire à court terme visuelle, certains résultats sont positifs. La difficulté dans ce cas réside dans le codage spontané de l'information visuelle en verbale sous forme auditive (et articulatoire, les deux sont liées nous l'avons vu), par exemple si l'image « cheval » est stockée à court terme, on ne sait pas si c'est l'image en elle-même qui a été stockée ou l'information auditive ou même sémantique du mot cheval. Après d'autres travaux — Posner par exemple — Murray et Francès Newman (1973) ont tenté de dissocier ces codes visuel et verbal en imposant deux types de tâche interférente avec une technique Brown-Peterson. L'information à apprendre consiste en trois formes visuelles : carré, cercle, triangle, placées dans une grille de douze cases. Les sujets doivent se rappeler de la forme et de sa position après un délai, variant de 0 à 20 secondes, occupé soit à compter (cf. expériences de Peterson et Peterson), soit à copier des flèches orientées dans différentes directions. Si le stockage à court terme est verbal, alors l'oubli doit être important dans la condition « comptage » et si le stockage à court terme est visuel, l'oubli interviendra surtout dans la condition « copie ». Les résultats sont très favorables à ce dernier cas, l'oubli est nettement plus important quand il y a copie de flèches; le rôle interférent du comptage est nul pour la rétention de la position et faible, mais existant, pour l'identification de la forme.

Ceci montre qu'il y a en partie codage verbal mais surtout codage visuel. Comme ce stockage visuel résiste quelques secondes, le registre sensoriel visuel n'est pas ici en cause et donc met en cause une mémoire à court terme visuelle. Par ailleurs, Posner a étudié la rétention de mouvements pendant quelques secondes, et les résultats sont favorables à l'intervention d'une mémoire à court terme kinesthésique. Mais le problème le plus préoccupant reste celui de l'existence ou non d'une mémoire à court terme sémantique. La plupart des résultats, notamment Baddeley, Crowder, etc., sont négatifs, mais certains, notamment Shulman, ont montré que les sujets étaient capables d'identifier des synonymes de mots stockés à court terme, mais ces mots sont-ils stockés vraiment en mémoire à court terme ? Ce n'est pas évident. Afin de rendre compte d'un certain nombre de situations de ce type, où le délai de rappel est de quelques secondes mais où le code n'est plus seulement auditif, Geneviève Oleron, en France, a fait l'hypothèse d'une mémoire à moyen terme qui représenterait l'activation d'informations de la mémoire à long terme pendant un temps limité. Cette idée n'est pas absente du modèle d'Atkinson et Shiffrin puisque, dans leurs versions plus récentes (1969-1971), la mémoire à court terme est une « activation temporaire d'une certaine portion de la mémoire à long terme », et doit être considérée comme une mémoire temporaire de travail, qui subjectivement correspondrait à la conscience que le sujet a du souvenir. Rappelons que cette conception rejoint celle de Wiener, pour qui il existait deux types de mémoires : l'une correspondant aux circuits, l'autre à l'activité de ces circuits. Par ailleurs, si nous acceptons comme plausible l'hypothèse que la mémoire auditive correspond à l'activité de l'hémisphère non-dominant, alors l'hypothèse symétrique est qu'il existe une mémoire à court terme qui correspondrait à l'activité de l'hémisphère dominant, spécialisé on le sait dans l'analyse des consonnes, de l'information sémantique, etc. Cette mémoire temporaire de travail aurait pour double rôle l'intégration des codes multiples, le code sémantique représentant le plus complexe, et aussi, nous l'étudierons ultérieurement, le stockage momentané des informations récupérées en mémoire à long terme.

3. La mémoire à long terme

Bien que fonctionnellement dépendante des autres structures, la mémoire à long terme est la plus riche, la plus complexe. C'est en mémoire à long terme qu'est stockée l'immense quantité de souvenirs acquis au cours d'une vie humaine, souvenirs conscients ou non. Comment cette foule d'informations est-elle organisée et comment récupère-t-on telle ou telle information ? Ces questions feront l'objet d'un chapitre entier (chap. IV). A la suite d'observations nombreuses, on pense en règle générale que les informations stockées en mémoire à long terme y résident définitivement; mis à part certains cas d'oubli pathologique (lésions cérébrales), l'oubli s'expliquerait, comme nous l'étudierons en détail, par l'incapacité de retrouver l'information en mémoire à long terme.

b) *Les processus de contrôle*

Les processus de contrôle permettent d'utiliser selon des « dosages » différents toutes ces structures, ils sont donc conçus comme des programmes, mais sous le contrôle du sujet. Ils sont extrêmement variés et vont des programmes d'analyse des informations aux procédés mnémotechniques, en passant par des programmes de décision, etc.

Comme nous en étudierons systématiquement dans le prochain chapitre les deux catégories les plus essentielles, les processus de codage ou d'organisation, d'une part, et de recherche ou récupération, d'autre part, nous terminerons l'étude du modèle d'Atkinson et Shiffrin en l'appliquant à deux situations types : la technique Brown-Peterson et les effets sériels.

Dans la technique Brown-Peterson, on donne à mémoriser visuellement, par exemple, une information simple (telle une séquence de trois consonnes), mais le sujet doit aussitôt faire du calcul mental pendant un certain délai avant le rappel. D'après le modèle, l'information visuelle concernant les consonnes est codée puis stockée respectivement au niveau du registre sensoriel puis de la mémoire à court terme. Le calcul mental intervenant immédiatement après la disparition des consonnes, le transfert en mémoire à long terme ne se produit qu'avec une très faible probabilité. L'information reste donc en mémoire à court terme. Et plus le rappel intervient tard, moins la probabilité que l'information y soit conservée est grande. Pratiquement, cette probabilité avoisine zéro au bout de cinq secondes. Cette situation est très courante : c'est celle où, lisant un numéro de téléphone, nous l'oublions le temps de le composer ou à cause d'une distraction. Un des moyens permettant de compenser la labilité de la mémoire à court terme est d'autorépéter l'information, consonnes ou numéro de téléphone. Dans le modèle, l'autorépétition est la lecture à voix haute ou silencieuse de l'information visuelle, ce qui la recode en auditif ou articulatoire. L'autorépétition présente en effet deux avantages. Le premier est que la mémoire auditive stocke sans doute l'information quelques secondes de plus que la mémoire visuelle comme le démontre l'effet de modalité.

Le deuxième avantage, plus important, est la possibilité de répéter indéfiniment ce procédé. Ce mécanisme, qualifié par Conrad du nom évocatif d'écho-box, est selon Atkinson et Shiffrin un processus de contrôle fondamental de la mémoire à court terme et est appelé « *rehearsal buffer* » : *rehearsal* signifie « autorépétition » et *buffer* peut être traduit par mémoire tampon, dont le rôle dans un ordinateur est de stocker les éléments d'un registre à sortie trop rapide par rapport à la rapidité d'entrée d'une autre mémoire. Le buffer « éponge », en quelque sorte, les différences de débit entre mémoires. Comme le temps de stockage en mémoire à court terme est très court sans autorépétition, le temps pendant lequel l'information est reprise par le buffer est prépondérant. Notamment, selon les auteurs, ce sont les caractéristiques du buffer qui déterminent la capacité limitée de la mémoire immédiate (limite du nombre d'éléments mémorisés en une seule fois) : admettons qu'un élément met 1,1 seconde à s'effacer et peut être repris par autorépétition avant la fin de son effacement; si chaque autorépétition prend 0,25 seconde, alors le sujet peut répéter quatre autres éléments — 1 seconde au total — avant de reprendre le premier, ce qui permet de répéter indéfiniment cinq éléments, mais seulement cinq. Selon Atkinson et Shiffrin, le nombre de copies en long terme est proportionnel au temps de stockage à court terme, de sorte que plus l'autorépétition est grande, plus la probabilité de rappel devrait être grande. En fait, cette affirmation n'est qu'approximative; Craik et Watkins (1973) ont montré l'utilité de distinguer des autorépétitions passives et des autorépétitions actives, celles-ci conservant l'information pendant que des processus de codage interviennent. En effet, si l'on dénombre les autorépétitions (à voix haute) en rappel libre, l'effet de primauté et l'effet de récence bénéficient de nombreuses autorépétitions, mais l'effet de récence ne résistant pas au temps, on voit qu'il ne s'agissait que d'autorépétitions passives sans transfert simultané en long terme.

Une des meilleures validations du modèle a été sa capacité à rendre compte des effets sériels en rappel libre (fig. 1). Rappelons que dans cette situation les mots, par exemple quinze, sont donnés un par un à la cadence d'un mot par seconde. Le premier a une assez bonne probabilité de rester dans le buffer, en mémoire à court terme, le temps d'être suffisamment codé en long terme pour être rappelé (la probabilité est d'environ 60 % pour 15 mots à la vitesse de 1 mot par seconde); le codage n'est pas optimum car une seconde plus tard arrive dans le buffer le deuxième mot, puis le troisième, etc., les nouveaux arrivants éjectant les premiers. Un mot étant ou non autorépété, seuls deux modes se présentent pour les éléments « être ou ne pas être » dans le buffer. Au hasard, mais plus probablement les premiers, seuls quelques mots, trois ou quatre, sont codés en long terme : c'est l'effet de primauté. Les autres mots sont éjectés l'un à la suite de l'autre sauf les tout derniers mots qui sont moins menacés. Là encore, le hasard préside à cette « bousculade », mais plus le mot est en queue de liste et plus il est improbable qu'il soit éjecté, le dernier mot ayant une probabilité de 0,90 à 1 d'être dans le buffer au moment du rappel immédiat. C'est l'effet de récence. Mais les derniers mots ne sont qu'en court terme et si une tâche de distraction intervient ils sont définitivement effacés.

Néanmoins ce modèle, approximativement exact, paraît trop mécanique, tout se passe comme si après qu'ils aient été codés par le registre sensoriel, les éléments étaient comme des pions dans une boîte, indépendants les uns des autres.

Dans une expérience réalisée avec P. Duris, nous avons montré qu'il n'en était probablement pas ainsi. Avant de faire mémoriser une liste de quinze mots en rappel libre, nous avons imposé une tâche de désorganisation phonémique maximale ou minimale.

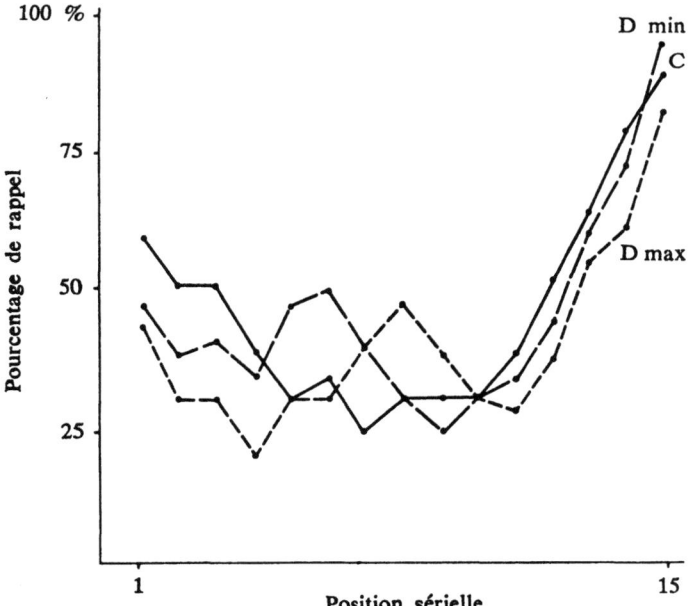

Fig. 6. - Décalage de l'effet de centralité en fonction du minimum ou du maximum de désorganisation phonétique antérieure ($D_{MIN.}$ et $D_{MAX.}$ = Désorganisation minimum et maximum; C = contrôle). (Duris et Lieury.)

Cette tâche de désorganisation est présentée aux sujets comme un exercice articulatoire et ils doivent articuler à voix haute des pseudo-mots projetés sur un écran à la cadence d'un mot par seconde. Ces pseudo-mots sont des combinaisons purement phonétiques entre deux syllabes. Dans la condition de désorganisation maximum, les syllabes composant les pseudo-mots sont différentes de celles des mots (ex. : DELBON alors que des mots tel que VOLCAN seront présentés). Dans la condition « désorganisation minimum », les pseudo-mots sont construits pour moitié avec les premières syllabes des mots qui seront à mémoriser (ex. : VOLBON alors qu'un des mots est VOLCAN). Les résultats de ce type d'expérience (que nous avons vérifiés dans une autre situation du même genre) sont assez intrigants car ils montrent une distorsion inhabituelle des effets sériels. Par rapport aux effets sériels de contrôle, la désorganisation diminue l'effet de primauté et fait apparaître un nouvel effet, le meilleur rappel d'éléments placés au milieu de la liste, habituellement zone d'oubli maximum. Tout se passe comme si l'effet de centralité représentait en fait le décalage de l'effet de primauté car, plus ce dernier est diminué et plus l'effet de centralité est décalé (désorganisation maximum). Peut-on interpréter, ces effets en terme d'éléments éjectés du buffer ? Il semble que non. D'après le modèle d'Atkinson et Shiffrin on pourrait encore supposer que les mots sont codés grâce à la formation d'un programme de codage phonémique. Mais il faudrait alors ajouter comme supposition que le programme a une certaine inertie et qu'il faut du temps pour le modifier, ceci est plausible mais alors une question importante subsiste. Y a-t-il indépendance structurale entre une mémoire et son programme ? Deux extrêmes sont possibles : une mémoire est une structure « vide » qui stocke des éléments codés ou une mémoire n'existe pas en réalité et ne représente que le temps pendant lequel l'information est codée, programmée par un ensemble de circuits. Cette seconde conception paraît plus réelle et montre la mémoire comme un ensemble de structures « pleines » plus ou moins individualisées et dont la déformation — tel un réseau d'aiguillages — représente le code, le programme.

Ceci nous amène au dernier problème important que nous traiterons ici à propos du modèle d'Atkinson et Shiffrin. De même qu'il s'en dégage une conception de mémoires « pures » maniées extérieurement par des programmes, les processus de contrôle en tant que « sélectionnés, construits et utilisés selon l'option du sujet » appellent une clarification. Qu'un ordinateur soit contrôlé par le programmeur et l'ingénieur, cela est clair. Mais que le sujet contrôle le sujet, cela l'est moins. En effet, dès lors que sont dissociés registres et mémoires, nous avons disséqué le sujet, nous sommes à l'intérieur de celui-ci et il ne peut resurgir telle l'âme de Descartes pour commander l'homme-machine par les processus de contrôle à l'instar des esprits animaux. Certains auteurs arrivent ainsi à parler dans le cadre des modèles cybernétiques de super-sujet, super-ego, homunculus ou simplement sujet. Cette ambiguïté n'est pas due, à notre avis, à une facilité d'expression technique, mais à une limite de l'épistémologie employée. L'analogie point par point homme-ordinateur oblige à trouver l'équivalent d'un ingérieur et d'un programmeur à l'intérieur du sujet. Or l'homme est le produit d'une longue évolution biologique et historique au cours de laquelle se sont construits les rouages du comportement. C'est donc dans l'organisation de la mémoire qu'il faut chercher la clé de son fonctionnement. Avant d'entamer cette étude, disons simplement que les processus de contrôle seront alors conçus comme des plans d'organisation ou des opérations intellectuelles construits non seulement au cours de la vie du sujet mais de l'espèce humaine (langage, intelligence), elle-même terme d'une évolution générale.

CHAPITRE IV

ORGANISATION ET RECUPERATION DES INFORMATIONS EN MEMOIRE

L'information — en dehors des situations où elle n'est stockée qu'à court terme — est codée à long terme, c'est-à-dire très probablement stockée de façon permanente. Il est donc difficile de penser que la quantité, incalculable à l'heure actuelle, d'informations stockées par le sujet tout au long de sa vie est gardée sans ordre dans la mémoire, sans organisation; la récupération d'informations particulières : tel nom, tel numéro, telle image, serait vouée à l'échec, c'est-à-dire à l'oubli.

A. ORGANISATION ET MEMOIRE

1. CODAGE ET ORGANISATION

Pour les associationnistes, la mémoire n'était pas sans ordre, mais son rôle — ainsi que dans les autres fonctions du comportement — était réduit au minimum. Lors de l'audition ou de la vision, les sons et les graphismes sont copiés au niveau des centres perceptifs puis associés au niveau de la mémoire. Avec une telle explication qui supprime toute élaboration psychologique, on ne peut même pas expliquer la genèse de ce qui donne lieu à certaines copies elles-mêmes comme le langage. Car l'association n'explique qu'un développement quantitatif, non qualitatif, et n'explique pas le nouveau. La théorie de l'information, au contraire, permet de rendre compte de changements qualitatifs et c'est à ce titre que son apport théorique est fondamental. C'est l'Américain George A. Miller (1956) qui en montra toute la richesse en analysant en termes de codage le mécanisme de la mémorisation. Afin de comprendre les fondements de son analyse, il est nécessaire d'expliquer ce qu'est le codage, ou changement de base.

D'après la théorie de l'information de Claude Shannon (1948), l'information est ce qui réduit l'incertitude de l'utilisateur face à un événement : les parents ignorent le sexe de leur prochain enfant, le joueur ne sait pas le numéro qui sortira, l'auditeur d'une conférence ne connaît pas la prochaine idée qui sera exprimée, etc. Chaque fois, la même information peut être exprimée par un code différent : vision, audition de phonèmes, etc., donc ce n'est pas l'expression, le code qui détermine l'information, en dernière analyse la probabilité des éventualités possibles. Shannon a montré qu'en fait l'information codée économiquement était une fonction logarithmique de cette probabilité. Les incertitudes de l'utilisateur s'additionnent alors que les probabilités se multiplient. Voyons cela à partir d'un exemple simple.

Deux joueurs disposent d'un tableau de 64 cases pour jouer à une bataille navale; chacun doit couler un bateau unique qui occupe une case. Un des joueurs, pour tricher, a convenu d'un code avec un comparse qui voit le jeu adverse. Lorsque le comparse lève le pouce, cela signifie que

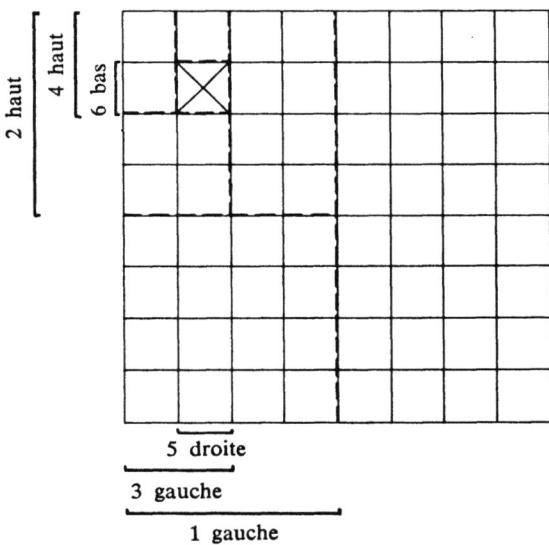

le bateau est dans la moitié droite du tableau, s'il lève l'index, le bateau est à gauche. Le deuxième signal concerne la position verticale parmi les 32 cases restantes, « pouce » signifie moitié supérieure et « index » moitié inférieure. A l'intérieur des 16 cases restantes, le troisième signal indique comme le premier la position horizontale, droite ou gauche, ce qui réduit les cases possibles à huit, etc. Ainsi dans le tableau (ci-contre), le message « index-pouce-index-pouce-pouce-index » permet de localiser sans ambiguïté le bateau. Si nous représentons le pouce par 1 et l'index par 0, notre message devient 010110. Ainsi avec un code à base 2 (deux éléments 1 et 0 ou pouce et index), il n'y a besoin que de 6 signaux pour exprimer l'information concernant 64 cases. Grâce à l'astuce employée, chaque signal réduit de moitié le nombre de cases. Ainsi, grâce à ce système, il faut 6 signaux pour 64 cases; il en aurait fallu 5 pour 32 cases, 4 pour 16 cases, 3 pour 8 cases, 2 pour 4 cases et 1 seul pour 2 cases. Nous constatons donc que quand la probabilité double, l'information n'augmente que de 1. C'est précisément pour cela que la fonction logarithmique est utilisée car elle est une opération mathématique qui transforme la multiplication en addition. Le logarithme à base deux est le plus utilisé, car l'ordinateur ne connaît qu'un code binaire, le courant passe (1) ou ne passe pas (0), c'est la raison pour laquelle on dénomme chaque unité du message un BIT d'information (contraction de Binary Digit). Mais chaque code a ses avantages et inconvénients; le code binaire s'il ne nécessite que 2 éléments, produit des messages longs et notre joueur va peut-être se perdre dans cette danse de « pouces » et d'« index ». Pour supprimer cet inconvénient, le joueur et son comparse pourraient utiliser un code plus efficace ayant pour base des coordonnées de type mots croisés. En utilisant huit de ses dix doigts, le comparse pourra exprimer la même information (position du bateau), grâce à deux signaux simplement (log à base 8 de 64 = 2), le premier désignant la coordonnée horizontale, le second la coordonnée verticale. La difficulté de ce code réside ici dans le grand nombre d'éléments de base (8), et le code le meilleur sera souvent un compromis entre ces deux inconvénients : trop grand nombre d'éléments de base ou, à l'inverse, messages trop longs.

Dans son article célèbre « le nombre magique sept plus ou moins deux : certaines limites de notre capacité de traitement de l'information » (1956), Miller démontre que c'est par le codage que l'on peut dépasser les limites de la mémoire immédiate (c'est-à-dire de ce que l'on peut mémoriser en une fois). Pour le démontrer, il réinterprète en

TABLEAU 1

Correspondance entre code décimal et binaire
et exemple de codage d'un message binaire par Chunking.
(D'après Miller, 1956)

Décim.	Binaire	Décim.	Binaire	Décim.	Binaire
0	0	9	1001	18	10010
1	1	10	1010	19	10011
2	10	11	1011	20	10100
3	11	12	1100	21	10101
4	100	13	1101	22	10110
5	101	14	1110	23	10111
6	110	15	1111	24	11000
7	111	16	10000	25	11001
8	1000	17	10001		

Message binaire	101 000 100 111 001 110	Message codé en base supérieure à 2
Chunks de 2 codage en base 4	10 10 00 10 01 11 00 11 10 2 2 0 2 1 3 0 3 2	2-2-0-2-1-3-0-3-2
Chunks de 3 codage en base 8	101 000 100 111 001 110 5 0 4 7 1 6	5-0-4-7-1-6
Chunks de 4 codage en base 10	1010 0010 0111 0011 10 10 2 7 3	10-2-7-3
Chunks de 5 codage en base 10	10100 01001 11001 110 20 9 25	20-9-25

terme de codage une expérience de Smith (1954). Smith apprend par cœur la correspondance entre le code binaire et les codes inférieurs ou égaux au code décimal (le code décimal inclut les codes inférieurs, octal à base 8, à base 4, etc.).

Un expérimentateur présente à chaque essai une séquence de chiffres binaires que Smith doit essayer de rappeler dans l'ordre; il en rappelle en moyenne 12 (notons qu'en moyenne cette capacité est d'environ 7, d'où le nombre magique 7 ± 2). Dans une seconde phase, Smith groupe les chiffres par deux et code ces couples en base 4 (00 = 0, 01 = 1, 10 = 2, 11 = 3).

Miller nomme ces groupements des chunks (littéralement, des morceaux) et le chunking d'ordre 1 réduit de moitié le nombre de symboles dans la séquence, mais double après décodage, ce qui double la capacité mnémonique. Le chunking en triplets requiert un codage à base 8

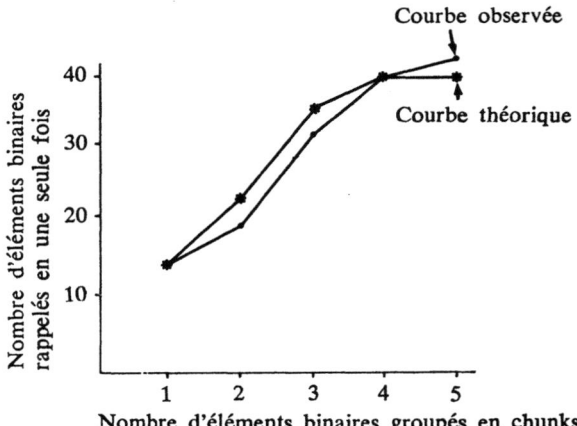

Fig. 1. - Résultats observés par Smith et déduits de la théorie de de l'information. (D'après Miller, 1956.)

(000, 001, 010 ... 111 $= 2^3 = 8$ symboles) et triple la capacité mnémonique. A partir des chunks de 4 qui nécessitent 16 symboles différents (2^4), le codage n'est plus optimal puisque le code décimal ne possède que 10 symboles et non 16 (0 à 9), de sorte que la capacité ne quadruple pas, mais est seulement multipliée par 3,3 ($\log_2 10 = 3,3$) comme le confirment les résultats.

Par exemple, la séquence binaire « 101 000 100 111 001 110», devient après codage par chunks de 2 « 2-2-0-1-3-0-3-2 », par chunks de 3 « 5-0-4-7-1-6 », en chunks de 4 « 10-2-7-3 » et en chunks de 5 « 20-9-25 ». Sachant que la capacité mnémonique de Smith est de 12 symboles quelle que soit la base, il suffit de multiplier ce nombre par le coefficient de changement de base ($\log_2 4 = 2$; $\log_2 8 = 3$; $\log_2 10 = 3,3$) pour obtenir le nombre de symboles binaires équivalents, par exemple le passage de la base 8 à la base 2 représente une augmentation par 3 ($\log_2 8 = 3$) et non une augmentation par 4 (8 : 2), comme nous l'avons démontré à travers le changement de base dans l'exemple de la bataille navale : l'utilisation d'un code à base 8 (8 doigts) ne nécessite que 2 signaux alors que le code à base 2 (2 doigts) en nécessite 6, chaque signal, rappelons-le, diminue de moitié les cases incertaines en base 2 et divise par 8 les cases incertaines en base 8. Dans le cas de Smith, le code décimal permet de multiplier par 3,3 ($\log_2 10 = 3,3$) sa capacité 12, c'est-à-dire qu'il est capable de mémoriser en une fois 40 chiffres binaires dans l'ordre, ce qui constitue une performance étonnante.

Par la généralisation de ce processus de chunking, Miller voit dans les mots des symboles de base supérieure, regroupant les lettres, ces mêmes mots peuvent être groupés en chunks supérieurs : les phrases, et Miller suggère que les idées elles-mêmes pourraient être des symboles de base très élevée, issus de groupements successifs. Les chunks peuvent encore être entièrement subjectifs, c'est-à-dire ne représenter une entité que pour le sujet seul, comme cela a été montré parallèlement par Endel Tulving (1962, 1968, etc.) aux U.S.A. et Stéphane Ehrlich (1964, 1970, ...) en France. Leur méthode consiste à faire apprendre en plusieurs essais une longue liste de mots (par ex. : 30 mots) sans rapport entre eux. Après chaque présentation, le sujet rappelle les mots dans l'ordre qu'il désire, mais on s'aperçoit au fur et à mesure des essais que des groupements se retrouvent dans les différents rappels.

Ce processus de groupement a été dénommé structuration par Ehrlich et organisation subjective par Tulving et reflète l'organisation de la liste en chunks par le sujet au moment de la mémorisation. De plus, alors que pour les associationnistes, l'apprentissage a pour condition « clé » le facteur de répétition, Ehrlich a démontré que ce n'était qu'une apparence et que cette condition permet en réalité au processus de structuration (de chunking) d'opérer, et que sans structuration, la répétition est inutile. Une des techniques utilisées consiste à présenter à chaque essai seulement 16 mots d'une liste de 24 mots au total. A l'essai suivant, ces 16 mots sont pour moitié, les 8 mots (24-16) non présentés, pour un quart quatre mots présentés mais non rappelés et seulement quatre mots présentés et rappelés par le sujet. Ce procédé oblige le sujet à reconstruire des chunks différents à chaque essai puisque les 24 mots ne sont jamais ensemble. Alors qu'un groupe « témoin » apprend la liste de 24 mots en 20 essais au maximum, le groupe « destructuration » ne rappelle jamais plus de 12 mots en moyenne même après 25 essais, l'apprentissage est devenu quasiment impossible quel que soit le nombre de répétitions. A l'inverse nous avons vu, avec l'expérience de Smith-Miller que, sans répétition, il peut y avoir apprentissage. Le facteur décisif est donc l'organisation.

2. L'ORGANISATION DE LA MEMOIRE

Si l'organisation est le « moteur » de la mémorisation, les informations entrent organisées en mémoire. L'organisation des informations dépend en partie des conditions de présentation : grandeur des lettres, couleur du papier, etc., mais aussi et surtout (notamment chez l'adulte) dépend de l'organisation de la mémoire à long terme qui fournit le cadre de référence. Ces deux types de facteurs jouent à la fois avec la prédominance de l'un ou l'autre selon les situations : si la liste contient des catégories de mots présentées en tant que telles (animaux, vêtements, etc.), ces mots seront mémorisés par catégorie; au contraire, si les mots d'une même catégorie sont très espacés, il se peut que l'analyse sémantique soit mise en échec. En étudiant la mémoire à long terme, nous retrouverons donc ces deux grands types d'origine de l'organisation, dépendant de la présentation (caractéristiques perceptives de l'information) ou dépendant de l'organisation antérieure de la mémoire. Avant de reprendre les grands types d'organisation, nous allons donner un aperçu de la grande diversité de qualités informatives que la mémoire est capable de coder. Un inventaire, au moins approximatif, a été rendu possible par l'utilisation comme instrument de l'interférence proactive dans la technique Brown-Peterson. Cette technique, due à Wickens, a pour principe le fait que la similitude est source d'interférence; ainsi, à l'inverse, lorsqu'un élément différent est présenté il n'y a plus interférence. Par exemple, si l'on présente trois tests consécutifs avec des séquences de trois consonnes, le rappel est de moins en moins bon, mais si l'on présente au quatrième test une séquence de trois chiffres, ou de trois consonnes colorées, ou trois mots, etc., l'interférence diminue. Si l'on suppose que l'interférence diminue en fonction des différences « reconnues » par la mémoire,

on peut déduire de l'importance de diminution de l'interférence, l'importance de la dimension de codage en
mémoire. Wickens classe les dimensions identifiées en
quatre classes :

1. La dimension sémantique qui groupe notamment
les distinctions « nombres - mots », entre catégories taxo-
nomiques (animaux, vêtements, …), « masculin-féminin ».

2. La dimension syntaxique groupe les distinctions entre
« verbe - adjectif », « verbe - nom », « temps du verbe »,
« singulier - pluriel ».

3. Les dimensions physiques (en fait perceptives) sont
nombreuses également, « nombre de syllabes », « nombre de
phonèmes », « point d'articulation », « largeur de la diapositive » et opposition « figure - fond », « visuel - auditif ».

4. Diverses dimensions ont été également identifiées, la
nature de la langue chez des sujets bilingues (espagnol-
anglais), la fréquence des mots dans la langue, la différence
entre symboles écrits et parlés (3 opposé à trois) et enfin,
l'opposition imagé - abstrait.

L'inventaire, même incomplet de ces traits, permet
d'imaginer la richesse de la mémoire, car chaque information est en fait multidimensionnelle : nous pouvons dire
d'un mot mémorisé qu'il s'agit par exemple d'un nom de
plante, masculin - singulier, contenant deux syllabes,
imprimé en lettres majuscules sur du papier blanc, etc.
L'hypothèse de stockage multidimensionnel permet d'expliquer ce phénomène apparemment insaisissable qu'est le
« sentiment de connaître » tel nom, prénom, etc., et qui
s'explique ainsi par la récupération en mémoire d'attributs
incomplets et secondaires concernant l'information utile
(M. Blake, 1973). Toutefois, toutes les dimensions n'ont
pas la même importance; sauf conditions extrêmement
particulières, les traits sémantiques d'un mot sont évidemment plus essentiels que la grandeur de la diapositive où

le mot est photographié. A l'heure actuelle trois grands types de dimensions peuvent être distingués que nous analyserons par commodité sous les noms de « mémoire verbale » « mémoire sémantique » et « mémoire des images », mais il est clair que ce ne sont que des catégories et probablement pas des sous-mémoires séparées les unes des autres.

a) *La mémoire verbale*

La mémoire verbale tient sa spécificité du fait que le code humain le plus employé est la langue, notamment la langue parlée. Or la langue possède ses caractéristiques propres et celles-ci se retrouvent en mémoire comme une copie parfois étonnamment fidèle, comme si la mémoire fonctionnait comme un enregistreur statistique.

Pour découvrir les caractéristiques de l'organisation en mémoire, on s'appuie sur le raisonnement suivant. Plus la structure de l'information à mémoriser est conforme à l'organisation en mémoire, meilleure est la mémorisation. Sous sa forme extrême, cette déduction se constate immédiatement en demandant à un sujet d'apprendre un texte dans une langue qui lui est totalement étrangère, le chinois par exemple; un tel texte sera pratiquement impossible à restituer, car il ne correspond à aucune structure comparable qui serait déjà constituée en mémoire. Au contraire, le même texte dans la langue naturelle du sujet, le français pour nous, sera plus aisé à mémoriser car les mots, les règles grammaticales sont bien connus et représentent pour le sujet des informations dont il peut faire l'économie. Miller, dont nous avons déjà parlé à propos du « nombre magique 7 », a publié avec Selfridge en 1950 une expérience qui démontre ce que nous venons d'expliquer d'une façon plus analytique, et leur technique permet de comprendre certaines des lois de stockage du langage en mémoire. Le principe de leur expérience est de faire mémoriser une liste de mots dont les règles de succession s'éloignent plus ou moins des règles de succession de ces mêmes mots dans la langue usuelle. En effet, les mots dans une langue ne se suivent pas de façon fortuite, au hasard, mais apparaissent ou non en fonction des mots précédents.

De plus, tous les mots de la langue ne sont pas employés aussi fréquemment les uns que les autres, comme l'indiquent les relevés statistiques. Prenons un exemple précis : dans l'enquête sur la langue française parlée, réalisée par une équipe de linguistes, Gougenheim, Rivenc, Michea et Sauvageot, il a été dépouillé plus de 300.000 mots à partir de conversations enregistrées sur magnétophone, dans des situations représentatives, conversations dans les magasins, conversations dans divers milieux socio-professionnels, etc. Or, sur ces 300.000 mots dépouillés, il n'y a que 8.000 mots différents, mais répétés un certain nombre de fois; ainsi le mot « enfant » a été employé 305 fois dans toutes ces conversations tandis que le mot « papier » n'a été répété que 65 fois. C'est le verbe « être » qui arrive en tête de ce « hit-parade », avec une fréquence de 14.083 tandis que le verbe « avoir » qui arrive en second est employé 11.552 fois, ensuite viennent des articles (« la » est employé 5.374 fois), des prépositions (« à » est employé 5.236 fois). L'« argent » (98 fois), apparaît moins souvent dans les conversations que la « voiture », mais l'« école » (178 fois) plus souvent que le « cinéma » (74 fois), etc. Signalons à propos de cet exemple, une application déduite de la connaissance de l'organisation mnémonique; le relevé statistique des fréquences des mots dans la langue a été utilisé par les auteurs pour constituer un manuel d'enseignement du français conforme à la langue parlée; un tel manuel permet, notamment à des étrangers, d'acquérir en priorité le vocabulaire le plus utile. Mais la fréquence d'usage des mots n'est pas la seule caractéristique statistique de la langue, car un mot ne peut être employé après n'importe quelle autre suite de mots. Si tel était le cas, il y aurait une telle quantité de combinaisons possibles, que la langue serait impossible.

Imaginons pour le représenter que je doive construire toutes les phrases possibles comprenant dix mots à partir simplement d'un vocabulaire de 50 mots. Le nombre de phrases possible serait de 50^{10}, c'est-à-dire $50 \times 50 \times 50$ (dix fois), soit environ 100.000.000.000.000.000. Heureusement il n'en est pas ainsi, et nous savons qu'il n'est possible de construire qu'un nombre limité de phrases de 10 mots dont la succession serait conforme à celle de la langue usuelle. Le degré de concordance entre une certaine succession de mots et la succession usuelle de ces mots s'appelle le degré d'approximation statistique à la langue. Pour construire un énoncé dont le degré d'approximation à la langue est 0, il suffit de prendre des mots au hasard dans le dictionnaire, ce qui peut donner un énoncé du type de : « émigre, dépravé, temporel, prolixe, hélas, pilori, nautique ... ». Pour construire une approximation d'ordre 1, il faut sélectionner les mots en fonction de leur fréquence d'usage dans la langue, de telle sorte que dans un énoncé très long, on retrouve le verbe « être » très souvent, de même que le verbe « avoir », etc. Pour un énoncé court, on pourrait obtenir un groupe de mots comme « jour, à, est, pour, je, le, matériel, de, sont, son ... ». Une telle construction est réalisable car on possède des tables de fréquences d'usage comme celles de Gougenheim et ses collègues. Par contre, il n'existe pas de tables permettant de construire des approximations d'ordre supérieur à 2. Pour l'approximation d'ordre 2 par exemple, il faudrait sélectionner chaque mot en fonction de sa fréquence d'apparition après tel ou tel mot. La table qui permettrait une telle sélection devrait fournir la fréquence d'apparition dans la langue de tous les couples de mots (par ex. : « ne pas », « avoir peu », « trop tard », pour ne citer que des couples fréquents).

Imaginons que l'on tire au sort le couple « ne pas », il faudrait ensuite regarder dans une table de fréquence des couples, tous les couples qui commencent par « pas... »; parmi ceux-ci, il faudrait faire un tirage non pas au hasard, mais tenant compte des fréquences de ces couples, ce qui pourrait donner « pas très ». Ensuite, ce travail serait poursuivi pour tous les couples commençant par « très... ». Le travail serait encore plus considérable pour une approximation d'ordre 3, car il faudrait alors des tables de fréquence d'apparition de tous les triplets de la langue (par ex. : avoir peu de, pour être sûr ...). De telles tables n'existent pas à l'heure actuelle et l'on conçoit la somme de mots à dépouiller que cela exigerait, quand déjà l'enquête de Gougenheim a nécessité le dépouillement de 300.000 mots. En effet, dans cette enquête, seuls 8.000 mots différents, nous l'avons dit, ont été employés. Le nombre de couples qu'il est possible de former à partir de ces 8.000 mots est de 8.000×8.000 soit 64 millions, le nombre de triplets est 8.000^3, soit 8.000 fois 64 millions soit 500 milliards, etc. On constate devant ces nombres astronomiques que pareille enquête n'est pas encore dans les possibilités de la science actuelle. Pour pallier cette insuffisance des techniques, on a recours une fois de plus ... au cerveau humain par l'intermédiaire d'un procédé digne d'un jeu télévisé. Considérons un groupe de personnes isolées les unes des autres, mais toutes reliées (par exemple par un circuit téléphonique) à l'expérimentateur. L'expérimentateur communique à la première personne du groupe un mot (ex. : « descend ») en lui demandant d'y associer le premier mot qui lui vient à l'esprit, elle propose « ici » et l'expérimentateur note

« descend ici ». A la deuxième personne, l'expérimentateur ne communique qu'« ici », et celle-ci propose « n'est » (ce qui donne « descend ici n'est »).

L'expérimentateur communique « n'est » à la troisième personne qui propose « pas », etc. En continuant ce jeu nous obtiendrions une approximation d'ordre 2 du type « descend ici n'est pas grand pied sont les heureux jours ». Pour l'approximation d'ordre 3, le principe est identique, mais on donne cette fois-ci à chaque personne un couple de mots avec pour tâche d'y associer un troisième mot. De même pour une approximation d'ordre 4, on donne à chacun un triplet auquel doit être associé un quatrième mot. Typiquement, chaque personne pourrait proposer successivement « nous allons le ... voir », « allons le voir ... n'est », « le voir n'est ... pas », « voir n'est pas ... correct », « n'est pas correct ... de », ce qui composerait au total : « nous allons le voir n'est pas correct de glousser tout haut et s'en aller à la maison ». Dans leur expérience, Miller et Selfridge vont jusqu'à construire une approximation d'ordre 7, ce qui se rapproche assez de la langue parlée. Une fois cette préparation faite, l'expérience en elle-même est élémentaire, il s'agit pour les sujets de mémoriser des listes d'un nombre de mots constants, mais d'approximation à la langue variée. Plus l'approximation est élevée (fig. 2) et plus l'efficacité de la rétention est grande. Cette efficacité de la rétention en fonction de l'approximation est d'autant plus sensible que le nombre de mots dans la liste est élevé. De larges différences s'observent pour les approximations d'ordre 0, 1 et 2, mais ensuite les approximations diffèrent assez peu entre elles (de 3 à 7). Quant à l'approximation maximale, celle de la langue, son efficacité est sensible, surtout pour les listes très longues puisque dans le cas d'une liste de 50 mots, plus de 60 % des mots sont rappelés, alors que moins de 20 % des mots sont rappelés quand l'approximation est d'ordre 0.

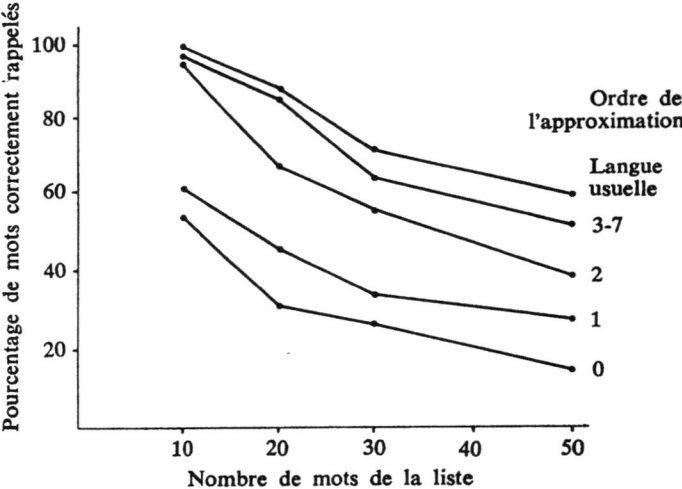

Fig. 2. - Efficacité de la mémorisation de listes en fonction du degré de ressemblance avec la langue usuelle. (Miller et Selfridge, 1950.)

Nous trouvons exactement le même type d'organisation pour les lettres entre elles. En effet, dans la langue, les mots ne résultent pas des combinaisons fortuites de lettres, certaines lettres sont employées plus souvent que d'autres et chaque lettre n'apparaît pas au hasard après n'importe quelle autre : ainsi, en français, le « e » est une lettre très fréquente et d'autre part le « h » est souvent employé après le « c ». Ces dépendances entre lettres font que chaque lettre qui apparaît n'apporte pas la même quantité d'information, et au total un message dans la langue usuelle (une phrase) n'apporte pas une quantité maximale d'information contrairement à un numéro de téléphone, par exemple, où chaque chiffre ne renseigne aucunement sur le chiffre suivant. Chaque fois qu'un message n'apporte pas une quantité d'information maximale, on dit qu'il est redondant : le langage d'après les calculs de Shannon (cf. la théorie de l'information) est redondant à 50 % environ. La redondance permet, grâce à notre mémoire très précise des règles statistiques de la langue, de corriger automatiquement les erreurs de communication et de rétablir sans que nous le soupçonnions le message correct. Par exemple, dans une conversation, de nombreux bruits masquent complètement certains sons, mais grâce à notre mémoire, nous percevons la conversation comme si la transmission était idéale. De même, la lecture de notre journal nous enseigne combien il est rare de découvrir les « coquilles », inversions de lettres, etc., alors qu'une lecture attentive nous en révèle plus que nous le soupçonnions. C'est encore grâce à notre mémoire de la redondance de la langue que nous sommes capables de déchiffrer des messages codés (tout au moins quand il y a code d'un énoncé de la langue par une règle fixe, les codes modernes sont bien entendu plus complexes). Edgar Poe a tiré parti de la capacité du cerveau humain à décoder un message inconnu en fonction de la redondance de la langue, dans une de ses « histoires extraordinaires », « le Scarabée d'Or ». Dans cette nouvelle, Legrand, le héros de l'histoire, parvient à découvrir le trésor d'un certain capitaine Kidd, pirate notoire, grâce à un message chiffré qu'il réussit à décoder. Sa méthode est de tenir compte des dépendances entre lettres et mots de la langue (anglaise dans le cas présent). Citons quelques étapes de sa démarche. Legrand dresse une table des symboles utilisés dans le message chiffré et calcule la fréquence d'apparition de chaque symbole dans le message, le caractère « 8 » apparaît 33 fois, et Legrand en déduit ... « puisque notre caractère dominant est 8, nous commencerons par le prendre pour le « e » de l'alphabet naturel. (En effet « e » est la lettre la plus fréquente en anglais). Pour vérifier cette supposition, voyons si le 8 se rencontre souvent double, car le « e » se redouble très fréquemment en anglais, comme par exemple dans les mots : meet, fleet, speed, seen, been, agree, etc.

Or, dans le cas présent, nous voyons qu'il n'est pas redoublé moins de cinq fois, bien que le cryptogramme soit très court.

« Donc 8 représentera e. Maintenant, de tous les mots de la langue, « the » (le, la, les) est plus usité; conséquemment, il nous faut voir si nous ne trouverions pas répété plusieurs fois la même combinaison de trois caractères, ce 8 étant le dernier des trois. Si nous trouvons les répétitions de ce genre, elles représenteront très probablement le mot « the ». Vérification faite, nous n'en trouvons pas moins de 7; et les caractères sont « ; 48 ». Nous pouvons donc supposer que « ; » représente « t », que « 4 » représente « h », ... »

Legrand arrive ainsi, de proche en proche, à déchiffrer le message et nous le laisserons avant qu'il ne découvre le butin de Kidd.

La mémoire des caractéristiques de la langue permet également d'assimiler plus aisément des langues étrangères proches telles que l'anglais, l'italien, etc., alors que des langues éloignées, comme les langues orientales, nécessitent un apprentissage plus difficile. Malheureusement, il y a l'envers du décor, si l'on peut dire, car cette organisation relativement rigide des informations verbales en mémoire, est parfois à l'origine de déformations dans la rétention, telles les fausses reconnaissances ou les oublis. Il s'agit là d'un phénomène que nous connaissons déjà puisqu'il s'agit de l'interférence proactive (voir chap. II). Pour donner un exemple d'erreur de ce type, parmi les mots communs, citons le cas de « cargo » (navire servant au transport des marchandises) qu'on est tenté d'écrire « cargo*t* », sous l'influence de l'usage qui fait que beaucoup de mots se terminent par « ot » comme lingot, magot, fagot, etc. D'ailleurs, cette erreur est excusable, car cette apparente exception dans l'usage provient du fait que cargo est un emprunt à la langue anglaise.

En dernière analyse, la mémoire verbale apparaît comme l'ensemble des informations et des programmes préparant l'expression verbale. Deux autres catégories d'informations et de programmes sont nécessaires à l'expression verbale définitive, la syntaxe (grammaire), spécifiquement étudiée en psycholinguistique, et la mémoire sémantique qui est l'ensemble des informations et opérations permettant de connaître la signification des mots par rapport aux choses et entre eux.

b) *La mémoire sémantique*

Alors que la description de la mémoire verbale est statistique, la mémoire sémantique paraît, dans l'état actuel des connaissances, logique c'est-à-dire qu'on peut y définir des relations d'emboîtement, de classes, d'intersection, d'union, etc. Une des techniques fréquemment employée pour analyser la structure de la mémoire sémantique consiste en une variante de la technique des temps de réaction, le temps de catégorisation. Le principe de cette technique est de mesurer le temps nécessaire au sujet pour décider si un mot appartient ou non à une certaine catégorie. Comme ces temps sont inférieurs à une seconde, la réalisation de telles expériences nécessite un appareillage très précis et en premier lieu un chronomètre électronique. Dans une expérience publiée en 1970 par Allan Collins et Ross Quillian, les auteurs utilisent également un ordinateur. Le sujet est placé devant un écran cathodique qui constitue une sortie de l'ordinateur, sa main droite est posée sur un bouton et sa main gauche sur un autre bouton; une pression sur l'un ou l'autre de ces boutons arrête le chronomètre électronique. L'expérimentateur annonce oralement un nom de catégorie, exemple « animal » puis un mot apparaît sur l'écran au moment où le chronomètre se déclenche électroniquement.

Si le mot appartient à la catégorie, c'est-à-dire s'il s'agit d'une instance positive, exemple « épagneul », le sujet doit appuyer sur le bouton de droite. Au contraire si le mot n'appartient pas à la catégorie, il s'agit alors d'une instance négative comme par exemple « tulipe » « manganèse », le sujet doit appuyer sur le bouton de gauche. Le temps ainsi déterminé est le temps de catégorisation. Chaque sujet voit au cours de l'expérience une liste composée pour moitié d'instances positives et négatives de telle sorte qu'elles apparaissent dans un ordre imprévisible pour le sujet. A chaque fois, l'apparition d'une instance sur l'écran cathodique est précédée de l'annonce d'une catégorie particulière, « chien », « animal », « animé », etc.

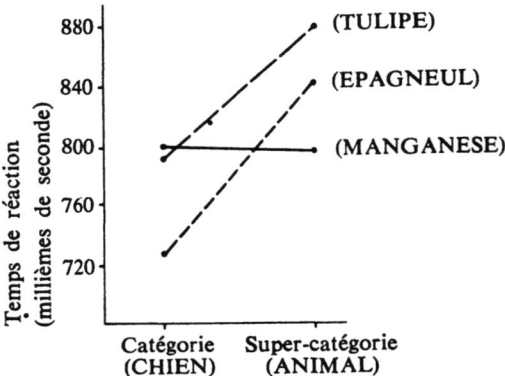

Fig. 3. - Temps de catégorisation d'instances positives et négatives en fonction de la place de la catégorie dans la mémoire sémantique.
(Collins et Quillian, 1970.)

Afin d'illustrer les résultats de cette expérience, analysons les temps de catégorisation en fonction d'une petite catégorie, « chien » et d'une grande catégorie « animal ». Les temps de catégorisation d'instances positives, par exemple « épagneul », peuvent être interprétés simplement : en effet, il faut plus de temps pour affirmer « épagneul est un animal » (840 millisecondes) que pour affirmer « épagneul est un chien » (720 millisecondes) (fig. 3). Ce résultat est interprété par les auteurs dans le cadre d'une théorie hiérarchique de la mémoire sémantique, cette dernière résultant de l'emboîtement de classes conceptuelles dans des classes de plus en plus grandes (fig. 4).

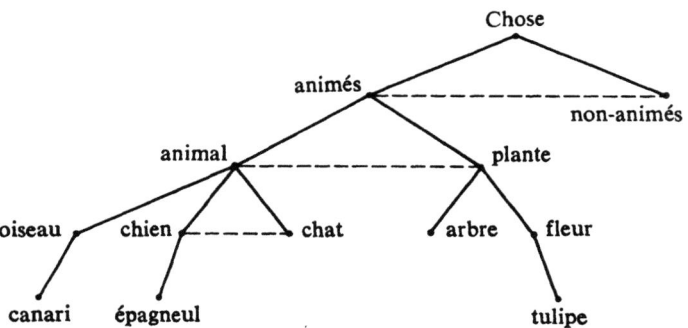

Fig. 4. - Carte partielle de la mémoire sémantique.
(Collins et Quillian, 1970.)

Ainsi dans ce cadre hypothétique, l'opération mentale qui permet de répondre « épagneul est un animal » serait une déduction à partir de deux opérations mentales plus élémentaires « épagneul est un chien » puis « chien est un animal ». Dans la mesure où « épagneul est animal » représente une opération mentale plus complexe que « épagneul est un chien », on conçoit qu'elle nécessite un temps plus long pour s'accomplir. Les résultats sont un peu plus complexes en ce qui concerne les instances négatives. Lorsque celles-ci sont des « choses inanimées » comme par exemple « manganèse », le sujet met autant de temps (environ 800 millisecondes) pour affirmer « manganèse n'est pas un chien » ou « manganèse n'est pas un animal » : ce résultat pourrait s'expliquer par le fait que « manganèse » est un « inanimé » alors que « chien » comme « animal » sont tous deux des « animés », donc exclus l'un comme l'autre des réponses possibles. On devrait prévoir le même type de résultats pour les noms de plantes comme « tulipe ». Or il n'en est rien, il faut plus de temps pour dire « tulipe n'est pas un animal » que « tulipe n'est pas un chien ». C'est pour expliquer ce genre de paradoxe que Collins et Quillian ont corrigé leur carte de la mémoire sémantique en y incluant des points de confusion sémantique. Ces points de confusion seraient l'emplacement de mots qui peuvent se remplacer mutuellement dans beaucoup de contextes linguistiques, par exemple « chien et chat », « animés et non animés » et en particulier « animal et plante ». Ainsi « tulipe n'est pas un animal » prendrait du temps non pas pour des raisons d'emboîtement de classes conceptuelles, mais parce qu'il y a en quelque sorte une confusion sémantique avec « tulipe est une plante ». Cette hypothèse de points de confusion sémantique permet aussi d'expliquer certains lapsus, c'est-à-dire des cas de substitution d'un mot par un autre dans le langage. De nombreuses recherches ont été réalisées dans ce domaine, qui contredisent ou nuancent les résultats de Collins et Quillian que nous venons d'exposer pour poser concrètement les problèmes. De ces recherches, qu'il est parfois difficile de comparer à cause des différentes procédures utilisées, on peut dégager quelques conclusions.

L'effet de supercatégorie — à savoir que le temps de catégorisation est plus long pour une supercatégorie (animal) que pour une catégorie (chien) — a été souvent confirmé en ce qui concerne les instances positives (cocker), à une exception près toutefois, la catégorie « mammifère » qui donne des temps supérieurs à la supercatégorie « animal » (Rips, Shoben et Smith, 1973). L'explication de cette exception n'est pas encore éclaircie, elle peut être due à une double acception du mot animal, catégorie générale ou synonyme de mammifère dans le langage usuel, ou encore due à un effet de fréquence — le terme mammifère, assez technique, est moins employé et acquis tardivement — qui renverserait la tendance générale. En ce qui concerne les instances négatives, les résultats sont moins stables, mais ils semblent confirmer à peu près ceux de Collins et Quillian à savoir que le temps de décision négative est plus court pour les instances très différentes (manganèse - animal) que pour les instances ayant des points communs (tulipe - animal, sont des animés). Néanmoins, Meyer (1970) — avec une technique différente — trouve un effet de supercatégorie pour les instances négatives disjointes (manganèse). Il convient ensuite de noter qu'il existe une grande disparité entre les instances d'une même catégorie : d'après Rips, Shoben et Smith, il faut 1.214 millisecondes pour affirmer que « pigeon » est un oiseau, alors qu'il faut 1.350 millisecondes pour « oie », 1.284 millisecondes pour « perroquet »., 1.309 millisecondes pour « aigle », 1.362 millisecondes pour « poulet », etc. Ces auteurs, en mesurant la distance sémantique — les sujets doivent juger sur une échelle en quatre points la plus ou moins grande proximité sémantique entre toutes les paires de mots — montrent que si l'on représente les instances au moyen d'un point sur un plan, en respectant leurs distances respectives, ces instances s'ordonnent selon deux axes dont l'un paraît être la taille et l'autre la prédacité des animaux.

Ainsi pour les oiseaux, on trouve dans le quart supérieur gauche « oie, poulet, canard », dans le quart supérieur droit « pigeon, perroquet » et des oiseaux prédateurs ou sauvages dans la moitié inférieure, de grosse taille à gauche « aigle, condor », de petite taille à droite « moineau, rouge-gorge ». On retrouve les mêmes axes pour les mammifères, domestiques ou animaux de ferme en haut, de grosse taille à gauche « cheval, vache, mouton, chèvre », de taille plus petite à droite « porc, chien ». Dans la moitié inférieure des animaux sauvages, « lion, ours » à gauche, « chat, lapin, souris » à droite. On remarquera certaines anomalies dans cette classification telle que « porc » qui devrait être à côté de « chèvre et mouton » ou chat qui n'est pas plus sauvage que chien, à moins qu'il soit considéré subjectivement comme prédateur. Quoi qu'il en soit, cette technique ouvre de sérieuses possibilités de mesure dans la mémoire sémantique. Enfin, d'autres recherches montrent que les fréquences sont un facteur important en mémoire sémantique. Loftus et Freedman (1972) montrent qu'il est plus rapide de produire une instance à partir d'un nom de catégorie de fréquence élevée (voiture plutôt qu'automobile; chose plutôt qu'objet ...). Wilkins (1971) montre aussi que le temps de catégorisation est plus rapide en fonction de la fréquence d'appartenance à la catégorie tandis que Carol Conrad (1972) met en évidence le même rôle de la fréquence pour les attributs d'une instance et qu'il est plus rapide parce que plus fréquent d'affirmer qu'un banjo a des cordes, qu'un chêne a des glands. Notons malgré tout que dans ces études la fréquence n'est jamais mesurée directement (comme Gougenheim et ses collègues), mais indirectement par des techniques d'associations, de sorte qu'il serait prématuré de conclure que ces fréquences reflètent des fréquences de cooccurrence dans la langue.

A l'heure actuelle, aucune théorie ne résout de façon satisfaisante ces principaux résultats, mais il est possible de retenir quelques possibilités explicatives plausibles.

Le problème fondamental — car il justifie seul l'appellation mémoire sémantique — est de savoir s'il existe des catégories logiques c'est-à-dire établies en fonction de relations précises, entretenant entre elles des rapports logiques, subordination, superordination, etc., ou bien si ces catégories ne sont en fait que des groupements entre mots fréquemment employés ensemble, c'est-à-dire des produits de la fréquence de la cooccurrence. Cette dernière possibilité est peu vraisemblable si l'on s'appuie sur des travaux de l'informaticien anglais Vaswani qui pour trouver des modes de classement efficaces, en informatique de la documentation, a conçu un programme de construction de classes conceptuelles à partir de l'analyse des fréquences de cooccurrence des paires de mots. Appliqué à un manuel de géométrie, le programme sort les classes suivantes : « bissectrice - équidistant; multiplier - produit; supérieur - inférieur; appliquer - coïncider - rabattre - inclure - position - représenter; ajouter - somme - contenir - rectangle - carré; alterne - interne - opposé - parallèle; hauteur - base - triangle » (cité par R. Meetham, 1971). Certes ces classes ne sont pas anarchiques, mais des erreurs sémantiques, apparaissent qu'un sujet ne ferait pas, par exemple citer un nom « position » parmi les verbes, citer « triangle » dans une autre classe que « rectangle » et « carré » et, au contraire, dans une classe de parties du triangle, etc. Il est donc invraisemblable que, selon le principe associationniste de contiguïté, on puisse construire les règles logiques qui caractérisent la mémoire sémantique.

D'ailleurs, les théories organisationnelles sont elles-
mêmes faibles de ce point de vue puisqu'elles se réduisent
à la hiérarchie ou à des intersections entre catégories;
même si ces relations en « arbre » existent comme l'atteste
l'effet de supercatégorie. En plus de ces catégories organisées en « arbre », la mémoire sémantique paraît organisée
en fonction d'attributs « a des ailes, a des cordes, est
rouge..., etc. », et certaines théories représentent les instances en mémoire sémantique comme une liste d'attributs
définissant le concept. Une propriété essentielle des attributs est que leur nombre est inversement relié à la hiérarchie d'une catégorie. Plus la catégorie est élevée (ex. :
plante), et moins elle a d'attributs par rapport à une
instance spécifique (ex. : cactus) qui possède des attributs
supplémentaires. Si un tel classement existe — comme
paraissent le prouver les recherches de Meyer — son intérêt
est que, selon la situation, il peut être plus rapide de chercher parmi les attributs que parmi les instances d'une catégorie. Ainsi lorsque l'on demande si « manganèse est un
animal », il y a peut-être comparaison de leurs attributs par
ordre décroissant, ce qui pourrait donner les opérations suivantes : opération 1 « manganèse est une chose » « animal
est une chose »; opération 2 « manganèse est une chose
inanimée » « animal est une chose animée ». Au contraire,
dans d'autres situations, la recherche s'effectue peut-être
parmi les subcatégories d'une catégorie : ex. : la subcatégorie
« épagneul » se trouve-t-elle dans la catégorie « chien » ?
Comme une supercatégorie (« animal ») contient beaucoup
plus de catégories, une recherche de ce type rend compte de
l'effet de supercatégorie. La variété des attributs de chaque
instance peut fournir une base d'interprétation à la diversité
des temps de catégorisation dans une même catégorie et de
leur fréquence d'appartenance, d'autant plus que comme le
suggère l'étude de Rips, Shoben et Smith les instances d'une

même catégorie sont peut-être classées quantitativement en fonction de quelques attributs communs. Remarquons encore à ce sujet que les catégories (et les attributs) de la mémoire sémantique sont plus des catégories familières acquises au cours de l'enfance (Loftus et Suppes, 1972) comme les animaux sauvages, domestiques, de grande ou petite taille plutôt que des catégories techniques comme mammifère, etc. Une dernière possibilité théorique explicative des effets de fréquence existe si l'on tient compte d'un autre mode de stockage des informations, sous forme d'exemplaires. Lorsque nous voyons un cheval dans une prairie, il est difficile de penser que le stockage de cette information s'opère par une décomposition immédiate en une liste d'attributs, perceptifs, sémantiques, temporels, etc., avec perte de l'individualité de l'information. Il est donc plausible que l'information soit également stockée sous forme d'exemplaires, chaque instance, par exemple « cheval » regroupant en fait tous les exemplaires « cheval » mémorisés dans la vie du sujet. Ce mode de stockage expliquerait directement les effets de fréquence puisqu'ils seraient fonction du nombre d'exemplaires. De plus, cette hypothèse des exemplaires est corroborée par d'autres recherches montrant le rôle important des représentations imagées en mémoire.

c) *La mémoire imagée*

L'importance des images mentales visuelles dans les activités mnémoniques a été reconnue très tôt puisqu'elles étaient la base (cf. chap. I et la fin de ce chapitre) des procédés mnémotechniques connus des orateurs romains. Les psychologues ont à plusieurs reprises étudié l'imagerie mentale mais, jusqu'à une date récente, l'ont fait essentiellement à partir de l'introspection, ce qui a mené ces recherches à l'impasse.

Par opposition, le behaviorisme s'est cantonné à l'étude des mots à la fois plus palpables et mieux analysables en termes d'associations. Récemment les recherches sur les images ont repris dans deux voies principales, d'une part afin de montrer les rapports d'interdépendance entre les images mentales et les opérations intellectuelles (Piaget et Inhelder, 1968), d'autre part dans le cadre des études sur l'organisation de la mémoire essentiellement sous l'impulsion d'Allan Paivio, au Canada. L'intérêt spécial accordé aux images vient de leur efficacité dans la mémorisation. A quelques nuances près, la mémorisation de dessins familiers (cigare, piano) est supérieure à celle des mots équivalents. Cette supériorité reste stable à long terme puisqu'elle a été mise en évidence après des délais de rappel allant jusqu'à 57 jours (M. Denis, 1973). Cette efficacité ne se limite pas aux dessins mais s'étend aux images mentales, puisque des mots concrets sont mieux mémorisés par les sujets à qui on a demandé d'imaginer — au fur et à mesure de leur présentation — les représentations picturales familières de ces mots. Afin de contrôler que cette supériorité est bien due à l'imagerie mentale, on peut questionner les sujets sur leurs représentations picturales subjectives mais cette technique introspective, si elle donne des indications, est dépendante des appréciations subjectives et nécessite aussi une vérification. Pour répondre à ce souci, Paivio et ses collègues ont mis au point des techniques plus appropriées. L'une consiste à établir une quantification de l'imagerie à partir d'échelle en plusieurs points (image très forte, peu forte, etc.). Après avoir ainsi mesuré le « taux » d'imagerie de 925 noms, Paivio et ses collègues ont testé cette mesure dans une épreuve d'apprentissage de listes de mots de taux variés d'imagerie.

Plus le taux d'imagerie est élevé et plus l'apprentissage est efficace, le rappel variant du simple au double dans leur expérience lorsque l'imagerie varie du taux le plus faible au plus élevé (Paivio, Smythe et Yuille, 1968). L'imagerie est également fortement corrélée avec le concret, ce qui fournit la base d'une deuxième technique permettant de dissocier les mots à faible et à forte imagerie. Les mots à forte imagerie sont habituellement des noms concrets familiers : piano, serpent, horloge, crayon, cigare, étoile, etc., tandis que les mots à faible imagerie sont des noms abstraits : justice, aptitude, morale, bravoure, quantité, théorie, etc.

La meilleure rétention des mots concrets, lorsque les sujets les imaginent picturalement, suggère que cette efficacité vient d'un double codage, verbal et imagé dans ce cas, tandis que les mots abstraits ne bénéficient que d'un seul codage. En généralisant cette hypothèse, les dessins seraient mieux appris que les mots pour les mêmes raisons, à savoir que les dessins seraient codés visuellement et verbalement, tandis que les mots ne seraient codés que verbalement en l'absence d'instruction sur l'imagerie. Des études de temps de réaction montrent plus précisément que les deux codages, imagé et verbal, ne se font pas avec la même rapidité : les mots sont plus rapidement codés verbalement — lecture —, que les dessins — dénomination — (P. Fraisse, 1964). S'appuyant sur ce fait, Paivio et Csapo (1969) ont testé l'efficacité des dessins dans deux situations. Dans l'une, le temps de présentation des dessins est suffisant pour que les deux codages puissent opérer (2 dessins par seconde). Dans l'autre, le temps de présentation est calculé de telle sorte que les dessins puissent être reconnus mais non dénommés, soit une vitesse de 5,3 dessins par seconde.

Donc, si l'efficacité des dessins est due au double codage, à vitesse lente les dessins seront mieux mémorisés que les mots équivalents, mais cette supériorité disparaîtra à vitesse rapide. L'expérience, réalisée par projection sur film de dessins et de mots, vérifie entièrement les prévisions. De plus les auteurs ont utilisé des mots concrets et des mots abstraits et le même raisonnement s'y applique : si la supériorité des mots concrets sur les mots abstraits est due au double codage des mots concrets alors, cette supériorité, doit également disparaître à vitesse rapide à l'instar des dessins. Ce fait se vérifie également entièrement. Dans la même expérience, les auteurs testent en fait les deux vitesses de présentation dans des situations mnémoniques différentes afin de répondre à d'autres problèmes touchant à la spécificité des codes, verbal et imagé. Les images visuelles sont censées dépendre fonctionnellement du système de perception visuelle et sont spécialisées dans la représentation spatiale de sorte que le code visuel est essentiellement un traitement en parallèle des informations, ce qui est permis au départ par la disposition des photorécepteurs sur un plan, la rétine. Ce code visuel n'est pas spécialisé dans le traitement séquentiel des informations à moins d'être intégré à des opérations verbales ou intellectuelles, telles que l'imagination d'un déplacement le long d'une route familière, etc. Au contraire, le codage verbal est plus spécialisé dans le traitement séquentiel de l'information à cause de la nature séquentielle des systèmes articulatoire et auditif. On peut donc prévoir sur cette base que le codage visuel sera inefficace lorsque l'information à mémoriser est séquentielle (mots ou dessins dans l'ordre) : à vitesse rapide, les dessins seront plus faiblement mémorisés que les mots (le visuel seul est inefficace) et à vitesse lente, le double codage se réduira pour les dessins à la seule efficacité du code verbal, donc à l'égalité entre mots et dessins. Ces hypothèses se vérifient effectivement dans les situations où les sujets sont obligés de rappeler les dessins ou mots (il s'agit de listes de 9 mots ou dessins) dans l'ordre de présentation. En rappel libre, c'est-à-dire sans tenir compte de l'ordre, nous trouvons les résultats que nous avions exposés, montrant l'efficacité du code visuel et du double codage.

Voici les principaux traits de l'organisation de la mémoire. Sans organisation la mémorisation est impossible, mais le rappel ne découle pas passivement de l'organisation, il est permis par diverses opérations dont l'ensemble correspond à la récupération des informations en mémoire.

B. LA RECUPERATION DES INFORMATIONS EN MEMOIRE

1. MODES ET VITESSES D'ACCES EN MEMOIRE

La récupération a pour fonction de retrouver le plus rapidement et le plus précisément possible une information parmi des milliards d'autres. L'idée d'un tel processus en mémoire a été inspirée par le mode de fonctionnement des ordinateurs (Feigenbaum, 1961). Dans la conception actuelle des ordinateurs, et par analogie en mémoire, on distingue deux groupes d'opérations : le stockage qui a pour fonction de coder et de classer l'information en mémoire et la récupération qui a pour fonction de rechercher l'information. Dans l'ordinateur, la récupération est possible parce qu'il y a adressage au moment du stockage, par exemple les informations sont munies d'une adresse — séquence de chiffres binaires — au moment de leur stockage sur bande magnétique.

De même pour prendre un modèle analogue, dans une bibliothèque, les livres sont munis d'une cote — l'adresse — avant d'être rangés sur les rayons. L'adressage ne permet pas seulement d'expliquer l'efficacité et la rapidité de la récupération, mais fournit aussi un modèle explicatif de l'oubli. Dans ce schéma, l'échec à rappeler des informations peut être imputé à deux types de cause : 1) l'échec peut être dû au codage imparfait ou à la détérioration de l'information à l'instar d'une bande magnétique mal enregistrée ou effacée accidentellement; 2) l'échec peut être la non-récupération des informations due à l'emploi d'une adresse erronée ou incomplète, comme dans la recherche d'un livre en bibliothèque à l'aide d'un titre erroné.

Dans le stockage des informations en ordinateur, deux systèmes d'adressage sont employés. Le premier, l'adressage par emplacement, consiste à affecter une information à un emplacement indépendant du contenu de l'information (par ex., en fonction de sa date). Ce type d'adressage détermine un accès séquentiel, à la manière d'une bande magnétique qu'il faut dérouler à partir d'un point de départ jusqu'à ce que l'on « tombe », à l'issue de ce balayage (en anglais, scanning), sur l'information demandée. Cet accès n'est pas le plus efficace car, si l'on n'est pas certain que l'information trouvée est la bonne ou si l'on s'est trompé d'emplacement (de bande magnétique), il faut dévider toute la bande avant de s'en apercevoir; dans ce cas, l'accès séquentiel est exhaustif. Le deuxième type d'adressage, par contenu est non-exhaustif; si une adresse définissant le contenu est programmée, une recherche est entreprise uniquement dans les emplacements concernés. Le contenu est considéré comme une liste d'attributs (cf. la mémoire sémantique) et plus l'adresse contiendra d'attributs, moins le nombre d'emplacements à examiner sera grand. Ce type d'adressage détermine un accès sélectif, comme dans une bibliothèque organisée par matières : pour trouver un livre sur les abeilles, on cherchera successivement dans les parties sciences, zoologie, insectes, etc. De même la distribution du courrier se fait selon un mode d'accès parfaitement sélectif, pays, département, ville, rue, numéro.

Bien que les temps d'accès soient beaucoup plus lents en mémoire — quelques centaines de ms (millisecondes) en ce qui concerne les mots — on retrouve les modes d'accès séquentiel et sélectif. L'accès séquentiel en mémoire a été mis en évidence par Sternberg (1966, etc.), par la mesure des temps de reconnaissance dans une tâche simple. On présente au sujet une liste d'éléments simples, 3, 4 ou 7 chiffres (une liste à la fois). La liste est présentée à la cadence d'un chiffre par seconde puis à la fin de cette phase un autre chiffre est présenté. Le sujet doit appuyer sur un bouton (ex. : à droite), si le chiffre appartient à la liste ou sur un autre bouton (ex. : à gauche), dans le cas contraire. Le principal résultat est que le temps de réaction croît linéairement en fonction de la longueur de la liste, passant de 600 ms en moyenne pour la liste de 3 éléments à 1.100 ms (1,1 s) pour la liste de 7. Ce balayage est exhaustif comme on peut s'y attendre pour les réponses négatives (le chiffre n'a pas été reconnu dans la liste de référence), mais également exhaustif pour les réponses positives. En effet, les temps de décision pour une liste de référence donnée sont égaux pour les réponses négatives et positives. Si la recherche s'arrêtait une fois le chiffre identifié, le temps de décision aurait été plus court et proportionnel à la moyenne de toutes les positions possibles de la liste. D'autre part, si le balayage est exhaustif, il ne se fait pas toujours à partir du premier chiffre mais chez certains sujets à partir d'un point de départ au hasard. Le calcul indique que le balayage se fait très rapidement, 40 ms par symbole (25 symboles par seconde), soit une vitesse environ quatre fois plus grande que l'autorépétition subvocale. Ce mode d'accès, séquentiel exhaustif, confirmé pour des petites listes de mots, paraît opérer en mémoire à court terme car s'il est retrouvé en mémoire à long terme il est plus lent — 5 ms par item au lieu de 40 ms. Pour le montrer, Juola, Fischler, Wood et Atkinson (1971) ont adapté la technique Sternberg à des listes de 10 à 26 mots avec calcul précédant l'item, test pour supprimer l'information en mémoire à court terme. Par contre, le mode d'accès séquentiel ne concerne que l'information récemment stockée en mémoire à long terme : Charles Clifton a astucieusement utilisé la technique Sternberg avec les prénoms des frères et sœurs. Le nombre d'éléments par liste est contrôlé par le nombre de frères et sœurs de chaque sujet. Précision anecdotique : l'expérimentateur n'a pu travailler que sur des listes de 1 à 4 prénoms ne trouvant pas beaucoup de sujets issus de familles nombreuses dans le Massachusetts. Alors que les résultats « Sternberg » sont retrouvés pour des listes de prénoms venant d'être présentés, l'accès aux prénoms des frères et sœurs est aussi rapide (environ 400 ms, ce temps comprenant aussi le temps de production de la réponse) quel que soit leur nombre, ce qui montre un accès direct. D'autre part, si nous reprenons les études de temps de catégorisation (cf. mémoire sémantique), ceux-ci s'interprètent par un mode d'accès sélectif, le temps étant d'autant plus long que la catégorie de référence est lointaine. Le mode d'accès sélectif ne se pose donc plus en terme de balayage mais d'adresse; dans le cas de la mémoire on parle d'indices de récupération.

2. LES INDICES DE RECUPERATION

Il existe plusieurs types d'indices, correspondant en fait aux grands types d'organisation de l'information en mémoire, et notamment les indices sémantiques, phonétiques, catégoriels, etc. Les indices catégoriels sont particulièrement importants parce qu'ils reflètent l'organisation hiérarchique de la mémoire. Dans une expérience destinée à démontrer en mémoire la distinction entre stockage et récupération, Endel Tulving et Zena Pearlstone (1966) montrent les propriétés caractéristiques des indices catégoriels.

La tâche des sujets consiste à mémoriser une liste de mots appartenant explicitement à des catégories sémantiques (vêtements, animaux, etc.). Pendant la phase de mémorisation, les mots sont présentés avec le nom de leur catégorie mais seuls les mots sont à rappeler. Selon certains groupes de sujets, la liste est de 12, 24 ou 48 mots et chaque liste peut être construite de trois manières selon qu'il y a une, deux ou quatre instances par catégorie : par exemple les trois listes de 12 mots sont construites à partir de 12 catégories d'une seule instance, de six catégories de deux instances et enfin de trois catégories de quatre instances. Pour chaque type de liste, le rappel est libre pour la moitié des sujets, alors que l'autre moitié dispose, sur une feuille de réponse, des noms de catégorie (un nom par catégorie) comme indices de récupération. Comme tous les sujets apprennent dans les mêmes conditions (pour une liste donnée) et ne diffèrent qu'au rappel — avec ou sans indices — toute différence dans le rappel ne pourra qu'être attribuée à des différences d'accès en mémoire. En d'autres termes les conditions de mémorisation (longueur de la liste, vitesses de présentation, etc.) déterminent la qualité du stockage, tandis que les conditions de rappel (avec ou sans indices) déterminent la récupération des informations stockées.

Les résultats (fig. 5) montrent la grande supériorité, à une exception près, du rappel indicé. D'une façon générale, il semble que plus la liste est longue, plus les indices sont efficaces, mais une analyse plus fine montre que ce n'est pas la longueur de la liste en soi qui est décisive mais le nombre total de catégorie. A la suite de Cohen, les auteurs ont analysé le rappel additionnel dû aux indices selon deux composantes : le nombre de catégories accessibles, définies par Cohen comme les catégories pour lesquelles au moins une instance a été rappelée, et le nombre d'instances par catégories accessibles. On trouve ainsi que l'augmentation de rappel due à la présentation d'indices est entièrement produite par le rappel de nouvelles catégories, mais que le nombre d'instances par catégorie reste constant. Prenons un exemple : dans une des conditions de l'expérience, la liste à mémoriser est composée de 12 catégories de 4 instances, soit 48 mots. En rappel libre, les sujets rappellent en moyenne 7,29 catégories différentes et en rappel indicé 11,36, soit environ 55 % de plus; au con-

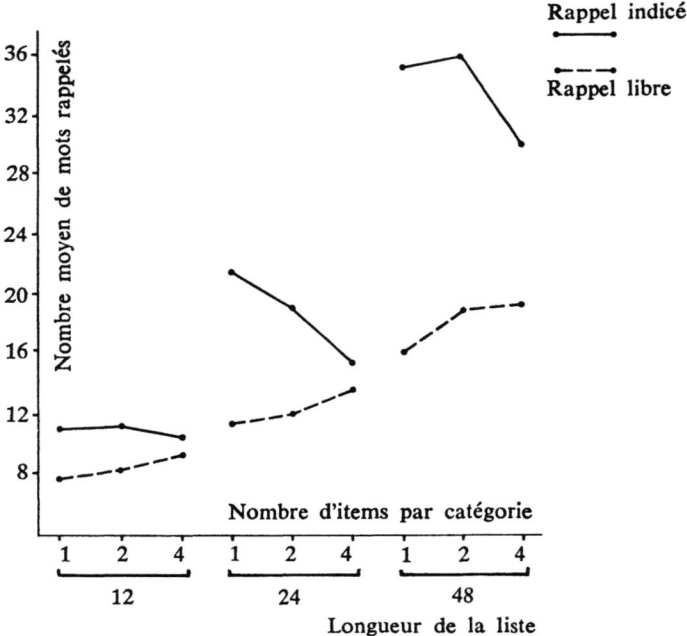

Fig. 5. - Nombre de mots rappelés en fonction du type de rappel, de la longueur de la liste et du nombre d'items par catégories. (D'après Tulving et Pearlstone, 1966.)

traire, le nombre moyen d'instances par catégorie rappelée qui est de 2,65 pour le rappel libre n'est que de 2,61 pour le rappel indicé, soit un gain nul. La présentation d'indices catégoriels rend accessible de nouvelles catégories, tandis que ces indices restent inopérants vis-à-vis des instances groupées à l'intérieur de ces catégories.

Tout se passe donc comme si les informations étaient emboîtées comme des œufs gigognes dans des unités de plus en plus grandes (les chunks). Les indices ne correspondent qu'à une unité d'un certain niveau, ici les catégories, et ne révèlent pas le nombre d'œufs gigognes qu'il reste à trouver. D'autres expériences confirment ces vues et montrent bien que l'efficacité des indices catégoriels croît avec le nombre de catégories dans la liste jusqu'à 90 % (24 à 40 catégories).

A l'inverse, lorsque le nombre de catégories diminue, il arrive un moment où l'efficacité des indices s'annule quand le sujet est capable de conserver en mémoire à court terme la totalité des noms de catégories de la liste. Ceci explique pourquoi les indices ne sont pas efficaces pour la liste de 3 catégories de 4 instances (cf. fig. 5). Pour que les indices catégoriels soient efficaces, il n'est pas absolument indispensable qu'ils soient présentés lors de la mémorisation, mais alors il est nécessaire que les sujets perçoivent la nature catégorisée de la liste soit grâce à la présentation groupée des instances de même catégorie, soit parce qu'ils sont prévenus de la nature des catégories. Notons enfin que si les indices catégoriels les plus étudiés correspondent aux catégories usuelles on trouve les mêmes résultats pour des indices catégoriels associatifs, le nom de catégorie est un associant et les instances des associés du même mot, ex. : château - palais - soldat - armure ... (Jung, 1967); également pour des indices catégoriels phonétiques — ex. : catégories de mots commençant par la même lettre (Lauer et Battig, 1972); et enfin, pour des indices catégoriels subjectifs, c'est-à-dire correspondant à des regroupements personnels à chaque sujet (Dong et Kintsch, 1968).

Lorsque les listes ne sont pas catégorisées, que les mots sont différents les uns des autres, les indices ne sont plus catégoriels mais spécifiques pour un mot donné. L'étude de ces indices « intracatégorie » a porté surtout sur les indices sémantiques et sur des couples indice — mot dont nous connaissons le degré d'association d'après les normes issues d'associations libres (cf. chap. II, le réseau associatif). Les principaux résultats sont les suivants : lorsqu'il y a codage spécifique, c'est-à-dire lorsque chacun des indices est présenté respectivement à côté de chaque mot à rappeler lors de la mémorisation, les indices sont efficaces. Lorsque les mots sont présentés seuls, sans codage avec leur indice, la présentation des indices est généralement inefficace. Tulving et Osler (1968) formulent, en fonction de ce résultat général, l'hypothèse de spécificité du codage : « des indices spécifiques de récupération facilitent le rappel si, et seulement si, l'information les concernant et concernant leur relation avec les mots à rappeler est stockée en même temps que l'information concernant l'appartenance des mots à rappeler dans une liste donnée ». Cela signifie en somme que, si nous mémorisons une information sans indice, nous ne pourrons jamais la récupérer. Néanmoins il existe certaines exceptions. Par exemple, des indices non présentés au moment du codage sont efficaces s'ils sont des associants forts vis-à-vis des mots à rappeler (ex. : femme vis-à-vis d'homme) (Bilodeau, Fox et Blick, 1963). De même, dans d'autres situations, codage spécifique par exemple, on montre que les associants « forts » sont plus efficaces que les associants faibles. Ces résultats ont été interprétés par une hypothèse concurrente de type associationniste, l'hypothèse de la « continuité associative » qui suppose que les lois de la récupération sont parallèles aux lois de l'association libre. Les deux hypothèses négligent certains aspects des résultats. L'hypothèse de spécificité du codage ne permet pas d'expliquer les différences d'efficacité des indices en fonction des degrés associations indice-item (item = mot à rappeler), tandis qu'à l'inverse l'hypothèse de continuité associative ne permet pas d'expliquer les différences d'efficacité dues au codage ou non de l'indice. Une théorie plus récente de Tulving (1972) rassemble les aspects intéressants de ces deux hypothèses.

Tulving propose une distinction entre deux types de mémoires : une mémoire épisodique qui stocke les informations telles quelles sont perçues et dans leur contexte, et une mémoire sémantique qui comme nous l'avons étudiée stocke les relations entre les mots (entre les idées, etc.). Ainsi le principe de spécificité du codage décrirait la récupération en mémoire épisodique, tandis que l'hypothèse de continuité associative décrirait la mémoire sémantique. Cette théorie intéressante rejoint la distinction de Piaget entre les aspects figuratifs (épisodiques) et opératifs (sémantiques) de la mémoire. De même l'étude des indices phonétiques nous a amené à proposer une hypothèse assez proche (Lieury, 1973). Alors que la dimension phonétique joue un grand rôle en mémoire à court terme (cf. chap. III), elle est dominée à long terme par la dimension sémantique. Ceci est dû au fait que le codage sémantique est plus riche et spécifique dans la majorité des cas. Ainsi dans le langage, on utilise plus les mots en fonction de leurs caractéristiques sémantiques que phonétiques : un texte est moins appauvri si l'on remplace certains mots par des synonymes que par des homonymes. Dans une recherche comparant l'efficacité relative d'indices catégoriels, sémantiques (animaux, vêtements, etc.) et alphabétiques, l'indice sémantique a une supériorité de 36 % sur l'indice phonétique (Lauer et Battig, 1972). Pourtant les indices phonétiques peuvent dominer dans certaines conditions particulières telles que celles qui produisent le « mot sur le bout de la langue », c'est-à-dire l'impossibilité de récupérer un mot connu donné. Brown et Mc Neill (1966) ont étudié ce phénomène en posant des définitions de mots rares à des sujets. En cas de « mot sur le bout de la langue » le sujet doit répondre à différentes questions telles que : « quel est le nombre de syllabes du mot que vous avez sur le bout de la langue ? Par quelle lettre commence-t-il ? Donnez des mots phonétiquement similaires et sémantiquement similaires ?, etc. ». D'après l'analyse des réponses, les sujets donnent beaucoup plus de mots phonétiquement similaires que sémantiquement (au total, 224 contre 95). La dominance phonétique est peut-être due au fait que les indices sémantiques contenus dans la définition ont à la fois échoué à rendre accessible le nom, mais ont suffisamment restreint le champ de recherche pour que la différenciation de mots proches sémantiquement se fasse grâce à la dimension phonétique. La similitude phonétique affecte surtout la première et la dernière partie du mot puisque 55 % des mots donnés par le sujet comme phonétiquement similaires, ont en effet la première et la dernière partie identique. L'effet est particulièrement fort pour la lettre initiale qui est découverte dans 57 % des cas. Cet effet donne lieu à une application qui consiste à énumérer lentement chaque lettre de l'alphabet lorsque l'on a un mot « sur le bout de la langue ». Le mot devient souvent accessible lorsqu'on arrive à son initiale. Les échecs de ce procédé sont souvent imputables à des causes simples : soit l'initiale n'est pas dans l'alphabet « ch », soit encore le mot est un mot composé comme cela arrive fréquemment pour les prénoms (Marie-Claire). D'autres études employant des parties de mots directement comme indices ont confirmé ces résultats : le début du mot est l'indice le plus efficace, le milieu le moins bon. Les indices phonétiques présentent une particularité intéressante, celle justement de permettre la dissociation de leurs composantes phonétiques, notamment le radical et la rime. Cette dissociation a l'avantage suivant : dans la technique de rappel avec indices, les indices utilisés sont le plus souvent des mots entiers, or mis à part les noms de catégories, le mot entier utilisé, par exemple château vis-à-vis de soldat, est un indice positif sur une dimension particulière, ici la dimension sémantique « féodalité » alors qu'il évoque d'autres significations non pertinentes (« château de sable » ...) qui déclenchent la recherche en mémoire dans d'autres directions. Le phénomène est le même pour un indice phonétique, par exemple wagon vis-à-vis de lagon, où la rime « gon » est un indice positif et le radical « wa » un indice négatif. Mais alors que la dissociation est délicate sinon irréalisable pour les indices sémantiques, elle est aisée pour les indices phonétiques. Cette dissociation a été réalisée dans une expérience (Lieury, à paraître) où un mot entier (ex. wagon) était présenté comme indice alors que la rime seule (« gon ») était présentée dans une autre condition. Alors que l'efficacité du mot entier est faible sinon nulle par rapport au rappel libre, la rime seule est un indice très efficace. Comme la rime est également présente dans le mot entier, cela signifie que le radical joue le rôle d'indice négatif qui annule ou interfère avec l'indice positif « rime ». Notons aussi que la signification globale du mot est un indice négatif ce qui permet de prévoir que bien que possédant la même rime, les mots les plus significatifs (wagon plutôt qu'argon, bateau plutôt que linteau, etc.) seront moins efficaces comme indices (contrairement aux indices sémantiques dont la dimension sémantique est l'indice positif) : les résultats confirment effectivement ce point de vue et des mots comme « wagon » sont des indices moins efficaces que des mots plus rares comme « argon » où l'indice positif « gon » domine plus. Ce résultat et d'autres mettent en question l'hypothèse de spécificité du codage, car si des mots associants faibles ne sont pas efficaces lorsqu'ils sont seulement présentés au rappel, c'est peut-être parce que les indices négatifs interfèrent avec l'indice positif, comme c'est le cas pour les indices phonétiques.

Afin d'expliquer ces nouveaux faits, nous avons établi une hypothèse généralisant le mécanisme des indices catégoriels. Lors de la mémorisation d'une liste de mots, chaque item serait stocké comme une instance particulière du concept général de cet item. Prenons, par exemple, l'item « lagon » : nous avons appris au cours de notre vie plusieurs fois le mot lagon dans des contextes spécifiques, épisodiques ou autobiographiques selon les termes de Tulving, mais lorsque nous employons au cours d'une conversation le terme « lagon », nul n'a besoin de récupérer les divers contextes dans lesquels il a été mémorisé, il s'agit d'un concept généralisé. Nous faisons donc l'hypothèse que le mot appris est classé comme une subdivision du concept généralisé lui-même classé dans d'autres catégories et relié à d'autres concepts de la mémoire sémantique. Dans ce cadre, l'hypothèse de continuité associative décrirait la récupération jusqu'au concept généralisé tandis que l'hypothèse de spécificité du codage décrirait la récupération spécifique « intracatégorie » à l'intérieur de ce concept général. Cette hypothèse est compatible sur beaucoup d'aspects avec la distinction de Tulving entre mémoire épisodique - mémoire sémantique. La différence est que dans notre hypothèse la mémoire épisodique est une subdivision de la mémoire sémantique, alors que l'hypothèse de Tulving, plus prudente, n'implique aucune relation particulière entre les deux. Ainsi qu'il le dit lui-même : « je me réfère aux deux types de mémoires comme à deux stocks, deux systèmes, mais je le fais essentiellement pour la commodité de la communication, plutôt que comme une expression d'une profonde conviction à propos d'une sépa-ration structurale ou fonctionnelle entre les deux » (1972, p. 384). Pour reprendre l'analogie de la bibliothèque, notre hypothèse décrit une bibliothèque classée par matières où à l'intérieur de la plus petite division serait classé tel livre muni de sa date d'entrée, etc. L'hypothèse de Tulving aboutirait soit au cas précédent si on décide que la mémoire épisodique est une subdivision de la mémoire sémantique, soit à une bibliothèque où les livres sont classés dans les rayons chronologiquement à leur ordre d'entrée — mémoire épisodique — la mémoire sémantique correspondant alors au fichier par matières. Dans l'état actuel de nos connaissances, il est difficile de trancher — sans compter d'autres possibilités et d'autres mémoires « phonétique » imagée, verbale — car nous sommes un peu dans la situation de quelqu'un qui demandant un livre à une bibliothécaire recevrait celui-ci de ses mains sans avoir accès ni aux rayons, ni aux fichiers.

3. PLANS DE RECUPERATION ET PROCEDES MNEMOTECHNIQUES

Symétriquement à la capacité limitée de codage qui oblige à mémoriser en chunks, il y a une capacité limitée de récupération. Une des conséquences de ce phénomène est le nombre limite et constant d'instances récupérées par catégorie. Ce phénomène est peut-être déterminé par le stockage des adresses, des indices en mémoire à court terme ou en mémoire temporaire de travail si elle existe. Toujours est-il que cette particularité fait que la stratégie de récupération la plus efficace est celle qui découpe la liste à apprendre en emboîtements de la taille limite, environ stratégie optimale est recherchée par Weist (1970) à l'aide de trois listes catégorisées de 24 items : une liste de 2 catégories de 12 instances, une liste de 4 catégories de 6 instances et une de 12 catégories de 2 instances. Conformément aux prévisions c'est la liste dont le nombre de catégories et le nombre d'instances est d'environ 5 qui est la plus efficace. La stratégie la plus efficace pour apprendre un grand nombre d'éléments consiste donc à les grouper en catégories, les catégories en supercatégories, etc. Une telle stratégie permet avec des informations adéquates une très grande performance comme une expérience de Bower, Clark, Lesgold et Winzenz (1969) le montre. Les sujets doivent mémoriser 112 mots organisés en quatre arbres conceptuels, par exemple : animaux, plantes, instruments, minéraux dont voici un exemple détaillé :

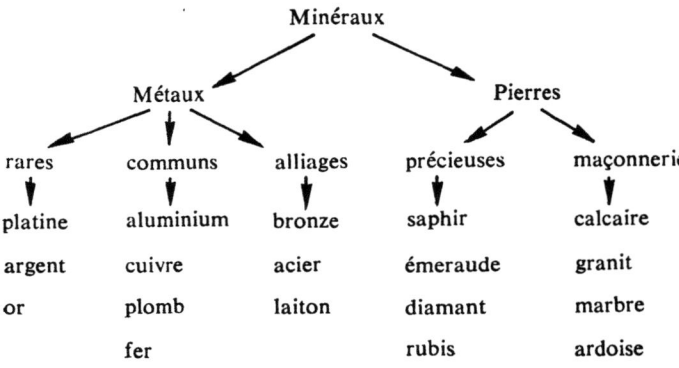

rares	communs	alliages	précieuses	maçonnerie
platine	aluminium	bronze	saphir	calcaire
argent	cuivre	acier	émeraude	granit
or	plomb	laiton	diamant	marbre
	fer		rubis	ardoise

Dans une condition « organisée », les 112 mots sont présentés à raison d'un arbre conceptuel par planche, ce qui permet l'organisation de la totalité en catégories de taille non supérieure à la limite : la catégorie d'ordre 1 comprend

4 instances, animaux, plantes, instruments, minéraux; la catégorie d'ordre 2 comprend dans notre exemple 2 instances, métaux et pierres, la catégorie d'ordre 3 comprend 2 ou 3 instances par exemple, rares, communs, alliages et enfin la catégorie d'ordre 4 en contient 3 ou 4 par exemple, platine, argent, or. Dans une autre condition, les 112 mots sont présentés au hasard sur quatre planches. En une seule présentation (environ deux secondes par mot), les sujets, dans la condition « organisée », rappellent 73 mots contre 21 mots dans la condition « au hasard », résultat spectaculaire qui souligne à lui seul l'efficacité d'une telle stratégie. Cette stratégie est donc efficace car elle organise les indices catégoriels, super et sous-catégoriels, etc., selon un plan, ici hiérarchique, c'est un plan de récupération. Toute mémorisation est en fait l'édification d'un plan de récupération mais où les indices ne sont pas toujours conscients; mais il existe aussi certains plans de récupération explicites rôdés par des pratiques parfois très anciennes, les procédés mnémotechniques. Certains procédés sont très connus, comme la phrase clé, souvent humoristique, dont l'initiale (ou le début) de chacun des mots est un indice alphabétique permettant la récupération de termes scientifiques difficiles à rappeler dans l'ordre. Ainsi la phrase « Cambronne s'il eut été dévôt n'eût pas carbonisé son père » permet de se rappeler l'ordre des périodes géologiques de l'ère primaire « Cambrien, Silurien, Devonien, Carbonifère, Permien »; de même l'ordre des douze nerfs crâniens — olfactif, optique, moteur oculaire commun, pathétique, trijumeau, moteur oculaire externe, facial, auditif, glosso-pharyngien, pneumogastrique, spinal, grand hypoglosse — est donné par la phrase clé « Oh Oscar Ma Petite Théière Me Fait A Grand Peine Six Grogs ». Plus connue, la phrase « Que j'aime à faire connaître ce nombre utile aux sages » dont le nombre de lettres de chaque mot est un chiffre du nom-

bre π, est un plan de reconstitution logique, mais non un plan de récupération composé d'indices de récupération. Ces phrases clés peuvent parfois être utiles, mais dans l'ensemble cette utilité est extrêmement réduite à quelques types d'informations parmi des milliers d'autres. Au contraire certaines techniques d'application plus générale ont été souvent des principes éducatifs ou des pratiques usuelles très répandus. Au premier rang de celles-ci il y a l'exercice ou « apprentissage par cœur » qui consiste à répéter sans cesse l'information. Nous savons à présent que la répétition permet en fait l'organisation en unités subjectives, en chunks, dont la récupération dépend très probablement d'indices subjectifs difficiles à identifier. Une autre technique, très ancienne également, consiste à organiser phonétiquement l'information, c'est la technique de la rime qui permet de récupérer plus aisément les mots ultérieurs. A des époques ou l'écriture, l'imprimerie n'étaient pas ou peu répandues, la technique de la rime et la technique du vers en poésie avaient pour fonction de fournir des indices (nombre de syllabes, rime) pour la récupération du mot exact et non d'un synonyme ou autre mot; cette fonction est fort importante dans la communication orale, car dans le cas contraire le sens d'un énoncé glisse à force d'être transmis. Les orateurs grecs, romains et du moyen âge ont même cultivé certaines techniques plus spécifiques que l'on trouve encore parfois exposées dans certains manuels comme des méthodes modernes pour donner à la mémoire des possibilités « vertigineuses ». Le plus souvent ces techniques s'appuient sur l'imagerie ou les indices phonétiques. Certaines permettent d'apprendre des mots dans un certain ordre ou de ne pas en oublier. C'est le cas de la technique des « crochets » qui sont des mots évoquant fortement les chiffres; soit par similitude phonétique : un - pain, deux - nœud, trois - noix ...; soit par similitude structurale entre par exemple, les chiffres et le nombre d'éléments dans une automobile : un - volant, deux - phares, trois - pédales, quatre - roues ...; soit par similitude graphique entre chiffres et lettres : 1 - thé, 2 - Noé, 3 - Mai ...; etc., (on peut évidemment varier à l'infini ce genre de chose d'où les soi-disant inventeurs en la matière). Lorsqu'on est confronté à une liste de mots, par exemple sucre, café, salade ... le principe est d'accrocher chaque mot à un numéro par l'intermédiaire du « crochet » et d'imaginer une image qui l'intègre; par exemple, on peut imaginer du sucre sur du pain (n° 1), un paquet de café faisant un nœud, des noix dans la salade. En termes d'organisation nous avons codé dans un chunk 1-pain-sucre, 2-nœud-café et 3-noix-salade, et la liste des crochets est utilisée comme un plan de récupération au rappel. Une expérience récente (Foth, 1973) a montré que ces procédés — à l'exception de la similitude structurale (automobile) — étaient effectivement efficaces, mais assez peu (10 à 12 %). Un procédé assez proche est assez connu et très ancien puisqu'il est décrit par Cicéron et Quintilien (1er siècle), il s'agit de la méthode des loci (lieux, emplacements) dont l'invention est attribuée au poète Simonide de Ceos (cf. chap. I) Le principe est le même que précédemment mais la liste des crochets est fournie ici par les emplacements familiers d'une rue, d'une maison, etc. Afin de mémoriser la liste, sucre, café, salade, etc., je peux imaginer du sucre répandu dans la cuisine, une tasse de café sur la table du salon, une feuille de salade géante servant de couverture dans une chambre. La technique peut également s'appliquer avec les meubles d'un studio ou les vitrines d'une rue familière.

Ces derniers procédés ont tous pour base commune l'emploi d'un alphabet d'images comme indices spécifiques et il en découle deux grands inconvénients. Le premier vient de l'emploi d'images qui, nous l'avons vu, sont très efficaces pour la rétention des mots concrets mais pas pour la rétention des mots abstraits, ou d'idées; cette limite était déjà connue de Quintilien qui note l'insuffisance de la méthode des loci pour la rétention des parties d'un discours « car les pensées n'ont pas comme les objets, des images propres »; de plus les mots ou les formes grammaticales qui expriment des relations, conjonctions, verbes abstraits, temps, etc., sont difficiles à imager.

La seconde limite très importante vient de l'emploi d'un alphabet. La première liste est bien apprise mais à partir de la seconde liste, l'image devient l'indice de plusieurs mots ce qui produit des interférences. Imaginons qu'avec la technique « un-pain », « deux-nœuds », etc., on apprenne plusieurs listes dont les premiers mots soient, « sucre », « ampoule », « bidon d'huile », etc., la même image « pain » va servir d'indice pour tous ces mots et produire des interférences de type A-B, A-C (cf. chap. II). Ces effets ont été testés en laboratoire et confirmés, une inter-férence très importante se développe provoquant un oubli rapide de telle sorte que non seulement la méthode n'est plus positive mais négative car génératrice d'oubli. On peut atténuer ces effets par des techniques parfois connues également du temps de Quintilien mais dont nous comprenons mieux le rôle. La première « correction » possible de l'interférence, déduite de nos connaissances sur cette question, consiste à utiliser chaque item comme médiateur pour qu'il ne soit pas inhibé : Gordon Bower et Judith Reitman (1972) ont appliqué ce moyen à la méthode des loci et la méthode des crochets sous le nom d'élaboration pro-gressive ». Dans l'exemple de tout à l'heure cela consiste, au lieu de former une image pour chaque couple « pain-sucre », « pain-ampoule », « pain-bidon d'huile », à consti-tuer une scène imagée unique augmentée par chaque item. Pour le premier couple, on imagine un morceau de sucre dans un bout de pain, puis on peut imaginer une ampoule éclairée et un pain qui laisse dans l'ombre un morceau de sucre et enfin une voiture en panne, du sucre ayant été répandu dans l'huile, avec son conducteur qui grignote du pain à la faible lueur de l'ampoule intérieure. Ce moyen est malgré tout peu économique étant donné la complexité des scènes à imaginer et d'autre part, il est extrêmement lourd puisqu'il nécessite la récupération de toutes les listes en même temps.

Quintilien donne un autre conseil, celui de choisir des lieux vastes, dans la méthode des loci ou des images riches et bizarres dans toute autre méthode. Alan Lesgold et Susan Goldman (1973) ont montré que ce procédé était plus efficace si les sujets étaient avertis d'utiliser une image modifiée afin de rendre unique celle-ci. Dans notre exemple, il suffirait d'utiliser une image particulière de pain, long, court, rond, cuit, etc. De même des images larges et riches sont meilleures que des images stéréotypées car elles permettent de sélectionner plusieurs indices spécifiques. Des travaux expérimentaux montrent que, contrairement à ce que l'on pensait autrefois, ce n'est pas la bizarrerie de l'image en soi qui est efficace mais la spécificité qu'elle permet. Les causes de cette efficacité sont explicables en termes de variabilité de l'encodage (E. Martin, cf. chap. II) qui produit un paradigme A-B, C-D non interférent (sucre dans morceau de pain - pain rond avec ampoule), à partir d'un paradigme A-B, A-C très interférent (pain-sucre, pain-ampoule). En conclusion, ces techniques sont efficaces dans certaines conditions particulières, listes de mots concrets à retenir dans l'ordre par exemple. En dehors de ces conditions, non seulement elles ne sont pas efficaces (mots abstraits, idées), mais source d'interférence et de plus elles sont une charge pour la mémoire et nécessitent un temps de codage long. C'est notamment le cas pour les procédés de type substitution chiffres-lettres où les chiffres sont codés par des consonnes ce qui laisse la possibilité de construire des mots en ajoutant librement les voyelles. En s'appuyant sur la similitude graphique, la date 1 2 24 devient t-n-n-r, à partir de quoi on peut construire le mot tanner. Ce procédé permet de construire mots et phrases à partir de dates, nombres, numéros de téléphone, etc., mais le codage requis est long et nécessite de faire profession de ce type de jeu qui sera inutile à l'historien ou au chimiste.

En effet, conformément à l'organisation de la mémoire, les techniques de codage et les plans de récupération les plus efficaces sont vraisemblablement, surtout ceux qui sont basés sur les indices catégoriels et la logique, ce que Quintilien appelait il y a dix-neuf siècles la division d'un texte en parties munies d'un signe distinctif (une ancre pour rappeler une question maritime, etc.), et l'agencement harmonieux des idées. Nous avons vu comment les indices catégoriels sont efficaces. Nous allons maintenant parler des relations entre logique et mémoire, comme un des principaux aspects de la mémoire, l'aspect opératif.

CHAPITRE V

LES ASPECTS COGNITIFS, AFFECTIFS ET SOCIAUX DE LA MEMOIRE

Contrairement aux courants épistémologiques précédents, un point de vue plus dialectique conduit à étudier la mémoire dans ces interrelations avec les autres composantes du comportement, cognitives, affectives ou sociales.

1. LES ASPECTS COGNITIFS DE LA MEMOIRE

Jean Piaget et ses collègues ont spécialement étudié les mécanismes cognitifs, c'est-à-dire grâce auxquels l'organisme prend connaissance de son milieu (cf. chap. I), au travers de leur développement génétique.

a) *La génèse de la mémoire*

Cette méthode, comme l'embryologie, permet de délimiter certaines fonctions dont la genèse est distincte alors que chez l'adulte elles pourraient paraître communes, telles la recognition, la reconstruction et l'évocation. A l'inverse, la même méthode permet d'établir la communauté ou

l'interdépendance de mécanismes qui chez l'adulte pourraient paraître indépendants ou distants, tels les schèmes
opératoires et les images-souvenirs.

L'associationnisme a conduit à voir la mémoire comme
un ensemble de copies dont le code est l'association; tandis
que les théories d'inspiration cybernétique la considèrent
comme un lieu d'enregistrement d'informations qui nécessitent des programmes pour être enregistrées ou récupérées.

Dans le premier cas la mémoire est considérée comme
fonctionnant de façon autonome avec ses lois propres, et
dans le second cas, la mémoire est considérée comme une
fonction reliée à une logique (les programmes) mais existant
indépendamment de celle-ci. Les travaux génétiques de
Piaget montrent que cette façon de voir est fausse et que la
mémoire n'est pas autonome, ni indépendante et non
seulement qu'elle n'a pas de lois propres mais qu'elle revêt
des formes extrêmement différentes selon le niveau de
développement de l'organisme tout entier.

Au stade sensori-moteur — jusqu'à environ 18 mois chez
l'enfant —, il serait vain de chercher une mémoire identique à celle de l'adulte mais composée d'un nombre plus
petit d'associations ou d'informations stockées, car il n'y a
pas possibilité pour l'organisme de cet âge de rappeler des
souvenirs, la seule forme de mémoire est la recognition.
La recognition elle-même se développe et part du déclenchement réflexe d'une action à la reconnaissance d'un
indice perceptif, partie sensorielle d'un schème sensori-
moteur : par exemple la vue du sein déclenche la succion.
Néanmoins la reconnaissance prend au fur et à mesure du
développement des formes plus élaborées comme la reconnaissance d'un concept à partir de la forme graphique de
celui-ci. Chez les animaux qui pour la plupart sont privés
de la fonction symbolique, ou ne l'ont que de façon réduite,
la mémoire est de type recognition sensori-motrice. Une de

ces formes a été bien étudiée par les éthologistes, Lorenz, Tinbergen, etc. L'animal dans un état motivationnel précis (faim, reproduction, couvaison, etc.) reconnaît dans son environnement (partenaire y compris) certains stimuli qui déclenchent une action spécifique.

Par exemple chez le petit goéland argenté, la perception de la tache rouge du bec de la mère déclenche un comportement de tapotement sur celui-ci déclenchant en retour la régurgitation de la nourriture. On peut également considérer le conditionnement comme une forme plus élaborée, moins réflexe, de la mémoire-recognition du stade sensori-moteur. Il n'y a pas dans ces cas enregistrements des stimuli ou indices perceptifs dans une mémoire « à part », disjointe d'un registre d'actions, mais plutôt mise en activité d'un schème sensori-moteur dont l'indice perceptif (mamelon, tache rouge) est une partie sensorielle.

Au stade sensori-moteur, l'organisme n'a pas les moyens de se représenter un objet en son absence; la seule représentation possible est une partie de l'objet, l'indice — couleur blanche du lait, tache rouge du bec du goéland. A partir de un an et demi, deux ans chez l'enfant — et chez certains animaux — abeilles, singes, dauphins, apparaît la fonction sémiotique (ou symbolique), c'est-à-dire l'apparition de formes représentatives de l'objet en son absence. Piaget distingue cinq types de comportements correspondant à des formes symboliques de plus en plus complexes : 1) l'imitation différée, par exemple une fillette de 16 mois reproduit une ou deux heures après l'avoir vu le geste de crier et de taper du pied; 2) le jeu symbolique, la fillette fait semblant de dormir; 3) le dessin ou image graphique qui précède; 4) l'image mentale dont Piaget a montré que loin d'être un simple « résidu » perceptif, elle était une imitation c'est-à-dire, une action intériorisée; 5) enfin le langage qui est la forme sémiotique la plus différenciée puisqu'il est basé sur les mots qui sont des signes, sans rapport de similitude avec les objets ou actions représentées.

Ces instruments psychologiques permettent de plus en plus la représentation d'un objet en son absence, c'est-à-dire la mémoire de l'adulte telle que nous la connaissons familièrement. L'imitation différée est à ce titre une étape transitoire puisqu'elle n'apparaît encore qu'en présence de l'objet, du moins au départ. A notre avis, il est possible de réinterpréter l'écho-box, ou l'autorépétition subvocale en mémoire à court terme, comme l'imitation différée de l'information grâce aux schèmes subvocaux. Mais c'est l'image, c'est-à-dire la représentation par une action intériorisée (oculo-motrice pour l'image visuelle, etc.) qui permet la forme la plus élaborée de mémoire, le souvenir-image. L'ensemble des souvenirs-images (visuels, auditifs, tactiles) est donc constitué à partir de l'aspect figuratif (cf. chap. I) des schèmes. Le langage, parce qu'il est constitué de signes, les mots (« actions » laryngées) entièrement détachés des objets ou actions qu'ils représentent, constitue un instrument encore plus « émancipé » que l'image qui est similaire à l'objet. Il permet le récit, à savoir la reconstitution d'un événement passé à partir des souvenirs fragmentaires de celui-ci. Les erreurs très courantes commises au cours de l'évocation d'un événement montrent à quel point il s'agit de reconstitution ou parfois même de véritable construction logique à partir de souvenirs très fragmentaires. C'est vraisemblablement de reconstitution qu'il s'agit dans les techniques américaines de rappel. Dans le rappel libre par exemple, il y a reconstitution à partir des souvenirs-images visuels du graphisme des mots et du « souvenir » de relations sémantiques ou logiques entre les mots qui reflètent l'assimilation des informations (le codage) non au hasard dans des schèmes conceptuels ou logiques.

b) *La dépendance des souvenirs à l'égard des schèmes*

Les images-souvenirs, dont l'ensemble est la mémoire (au sens habituel), loin d'être un registre séparé, sont l'aspect figuratif des schèmes d'actions; elles sont donc organisées dans l'ensemble des schèmes. Le système de schèmes de l'adulte est extraordinairemnt varié et conplexe, comprenant des schèmes d'actions verbaux, d'exploration perceptive et des opérations (actions intériorisées et réversibles : cf. chap. I) d'équivalence (concepts, catégorie), de singularité, de sériation, etc. Ce système s'est développé peu à peu, certains schèmes apparaissant plus tôt que d'autres, et s'est transformé au fur et à mesure de la coordination des schèmes entre eux. Piaget et ses collaborateurs, notamment Barbel Inhelder, ont montré que les conduites mnémoniques reflètent fidèlement le niveau de développement du système des schèmes et se modifient comme eux.

Un exemple démonstratif parmi d'autres (J. Piaget & B. Inhelder, 1968) est donné par une expérience de J. Piaget, B. Inhelder et H. Sinclair sur l'évocation d'une configuration sériale. La simple sériation, sans mémoire, nécessite l'acquisition du schème opératoire de sériation qui se développe selon les étapes suivantes. Placé devant dix réglettes dont la grandeur va de 9 cm à 15 cm l'enfant échoue totalement à les sérier jusqu'à l'âge de 3-4 ans (en moyenne), c'est le stade préopératoire. On observe ensuite diverses étapes d'un stade intermédiaire où l'enfant opère des comparaisons deux à deux, ou par petits groupes et aboutit ainsi à la constitution de couples de réglettes — une grande, une petite, etc. —, ou de petits groupes, un groupe de grandes, un groupe de petites. Vient ensuite un stade de sériation empirique où par tâtonnement l'enfant arrive à sérier en grande partie les réglettes.

Mais la sériation n'est exhaustive qu'au stade opératoire où l'enfant ordonne méthodiquement les réglettes, par exemple, en prenant à chaque fois la plus petite réglette de l'ensemble de départ. Dans l'expérience de mémorisation, on présente la configuration sériée à des enfants de 3 à 8 ans. Une semaine plus tard, on demande aux enfants de dessiner ce qu'ils ont vu. De 3 à 8 ans, les dessins montrent une évolution du souvenir parallèle aux stades évoqués plus haut. Les dessins sont classés selon les critères suivants : 1) dessin d'un grand nombre de bâtons de taille approximativement égale (environ 3-4 ans); 2) dessins de couples ou de groupes (4-5 ans), 2-a, couples un petit bâton, un grand ..., 2-b, deux classes de bâtons, les grands et les petits, 2-c, soit des trios, soit trois classes, petits, moyens, grands ; 3) dessins montrant des sériations, 3-a, incomplètes ou 3-b, complètes. Si l'on met en corrélation le type de dessin de chaque enfant et son stade de sériation (mesuré par une épreuve indépendante), on trouve une correspondance : la corrélation entre le stade préopératoire et le dessin de type 1 est de 83 %, entre le stade intermédiaire et les dessins de type 2, 65 % ; entre le stade de sériation empirique et les dessins de type 3, 73 % et enfin 100 % entre le stade opératoire de sériation et les dessins de type 3. De plus le rappel 6 à 8 mois plus tard montre, chez 74 % des enfants et 89 % parmi les plus âgés, de nets progrès, graduels et jamais de sauts brusques au rappel correct. Ces résultats sont ininterprétables en termes de mémoire-copie, d'associations, etc., mais indiquent que l'image-souvenir est subordonnée à un schème opératif dont le niveau d'évolution détermine l'exactitude.

Un problème subsiste néanmoins, car dans cette expérience le souvenir converge au cours du temps vers le modèle original.

On pourrait donc supposer qu'il y a stockage d'une copie d'emblée fidèle mais qu'il y a déformation seulement au moment du rappel. Ainsi le souvenir serait toujours exact mais subirait simplement l'influence déformante de l'intelligence au rappel. L'intelligence évoluant, pourrait permettre de refléter avec plus d'exactitude la copie parfaite stockée en mémoire.

L'expérience suivante — réalisée avec Joan Bliss — infirme une telle hypothèse en montrant une situation dans laquelle le souvenir ne converge pas graduellement vers le modèle mais se déforme différemment selon l'influence prédominante d'un schème en conflit avec un autre. La configuration présentée consiste en deux figures composées chacune de quatre allumettes, une droite et un W (fig. 1-a).

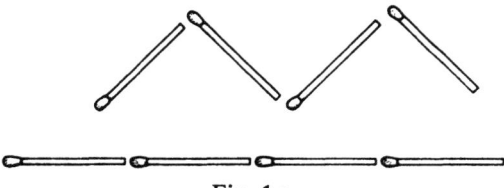

Fig. 1-a.

La mémorisation correcte nécessite la coordination entre systèmes numérique et spatial. Ces systèmes sont antagonistes avant d'être coordonnés et l'enfant juge de l'équivalence numérique par la correspondance terme à terme des éléments. Cet antagonisme s'observe dans les dessins de différents types évolutifs (fig. 1-b) :

1) double alignement de bâtons sans correspondance ni numérique, ni spatiale; 2) dessin d'un alignement droit et d'un zig-zag sans correspondance numérique mais coïncidence de frontières; 3) correspondance numérique avec coïncidence de frontières, ce qui exclut l'exactitude spatiale; 4) ressemblance spatiale avec le modèle sans respecter la

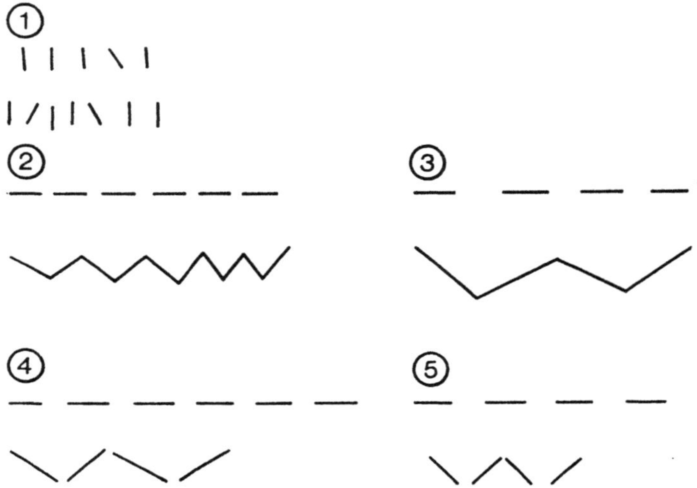

Fig. 1-b.

correspondance numérique; 5) souvenir exact. Le souvenir oscille donc en fonction de la prédominance d'un système sur un autre. L'hypothèse la plus vraisemblable est donc qu'il y a assimilation d'éléments figuratifs (« copies » fragmentaires) à des schèmes opératifs, numériques, spatiaux en dehors desquels ils n'ont pas de structuration propre; le souvenir entier n'est donc pas une copie unitaire, homogène mais un système, un plan, dont l'infrastructure est composée par les schèmes opératifs et le contenu par des schèmes figuratifs qui bien que différenciés des précédents (contrairement aux indices de la recognition qui font partie d'un schème sensori-moteur) n'ont pas de structuration propre.

L'observation dans les conditions habituelles de vie, ne nous permet pas toujours d'identifier avec exactitude le type de schème responsable de la déformation des souvenirs, mais il n'est pas douteux qu'il y ait un très grand nombre de cas observables. Citons quelques exemples. J'avais recommandé à un ami la visite de la grotte des Demoiselles (en France) notamment pour la traversée en barque de sa rivière souterraine. En fait, il n'existe pas de rivière souterraine praticable dans cette grotte et j'ai cherché dans quelle autre grotte j'avais bien pu la voir. Le nom du gouffre de Padirac me revenait en mémoire, mais j'étais persuadé qu'il était fermé l'année de ma visite de la « rivière ».

Or par la suite, je me suis aperçu que je faisais une confusion et que ce n'était pas le gouffre de Padirac qui était fermé mais les grottes de Lascaux, confusion dont l'origine vient du fait que je m'étais rendu le même jour dans ces deux sites. Ce souvenir erroné, dont j'étais pourtant, introspectivement, absolument certain peut être analysé comme résultant de l'assimilation mal différenciée du souvenir-image de la rivière à un système de schèmes codant la fermeture de la grotte. Beaucoup de souvenirs sont de ce type où certains indices figuratifs sont déplacés, se confondant à d'autres appartenant à des situations étrangères. La déformation des souvenirs nous apparaît chez l'enfant comme fabulation, car il n'a pas la même logique que nous et nous percevons certains hiatus qu'il ne soupçonne pas. Un cas fréquent est la déformation en taille des souvenirs d'enfance qui sont toujours démesurés, « gigantifiés » comme si les souvenirs étaient assimilés comme proportionnels à la taille de l'enfant.

La théorie de Piaget permet donc de rendre compte de façon plus exacte de l'ensemble des situations mnémoniques, même si dans l'état actuel des travaux il n'est pas possible d'expliquer dans le détail tous les résultats produits dans le cadre des théories précédentes. Toutes ces théories ne sont d'ailleurs pas dans la même situation face à celle de Piaget :

certaines demandent une révision complète, d'autres appellent des réajustements plus mineurs. Les théories associationnistes — théories de l'interférence, théories de la signification, théories médiationnelles — sont caduques. Elles ont permis sans conteste un grand progrès en considérant de façon matérialiste la mémoire et l'oubli face à la philosophie. Mais le cadre épistémologique trop étroit aboutit à des interprétations foncièrement erronées; par exemple à réduire à un réseau associatif le système des mots qui apparaît d'après les travaux sur la mémoire sémantique et surtout ceux de Piaget comme organisé logiquement ou quasi logiquement : emboîtement de classes, classes d'équivalence, relation de négation, relations temporelles, de causalité, etc. Ou encore, cette épistémologie aboutit à interpréter l'oubli par un même type de mécanisme, les interférences vues comme des compétitions ou des inhibitions entre associations augmentant graduellement au cours du temps. Au contraire Piaget et ses collègues montrent que la déformation des souvenirs dépend de la modification qualitative, au cours de plusieurs étapes, de schèmes opératifs sans lesquels les images-souvenirs n'ont pas de structuration propre. Les théories ou modèles inspirés de la cybernétique réservent un plus grand rôle à l'activité organisatrice et aux structures de la mémoire, et conduisent à des idées intéressantes, mémoire à court terme, processus de contrôle. Mais trop liées au modèle de départ construit à l'avance, l'ordinateur, ces structures restent figées et comme rien dans cette conception ne permet d'expliquer la genèse des processus de contrôle ceux-ci se réduisent à un programmeur, un super sujet, un « sujet » qui décide, dans la tête du sujet lui-même, des programmes. Au contraire la théorie de Piaget permet de remettre sur leurs pieds ces hypothèses. On peut supposer par exemple que les registres sensoriels et la mémoire à court terme précatégorielle sont des systèmes de schèmes sensori-moteurs spécialisés, visuels ou auditifs, et on peut voir dans l'écho-box un mécanisme dont la genèse serait à trouver dans les conduites d'imitation différée. Enfin le super sujet, les processus de contrôle représentent la dépendance des images-souvenirs et des mots par rapport aux schèmes supérieurs soit opératoires (logiques), soit empiriques, comme l'application d'une stratégie de codage rodée par l'entraînement. Le rapprochement entre les théories de l'organisation et celle de Piaget nous semble encore plus aisé, bien que les possibilités de cette dernière soient supérieures. En effet, les théories de l'organisation, mémoire sémantique, chunking, plans de récupération, apparaissent comme spécialisées dans un groupe particulier de schèmes assimilant les mots, schèmes conceptuels assurant la généralisation de tous les mots désignant le même objet, schèmes d'équivalence qui produisent les catégories, schèmes d'emboîtements (effets de supercatégorie), etc. La comparaison entre les deux types de théories dévoile immédiatement les limites du concept théorique d'organisation qui ne permet pas de rendre compte de l'apparition de formes logiques plus ou moins complexes, négation, sériation, causalité, temps, etc. La « traduction » des théories portant sur les mécanismes de récupération dans la terminologie de Piaget est moins évidente. Notre interprétation personnelle est que le rappel avec indices — y compris la reconnaissance dont les indices sont graphiques et le rappel qui s'opère avec des indices subjectifs — n'a rien à voir avec la recognition au sens de Piaget, car les indices « Piaget » sont indifférenciés des schèmes sensori-moteurs alors que les indices de récupération, sémantiques ou même graphiques seraient ici des fragments à partir desquels se déclenchent des mécanismes de recherche active, symétriques des processus de classement ou d'analyse logique. La récupération représente sans doute la réversibilité des schèmes classificateurs. Enfin les théories précédentes restaient spécialisées à la mémoire des mots tandis que celle de Piaget ouvre le chapitre, fondamental, du rôle des schèmes logiques.

L'activité organisatrice de ceux-ci permet enfin de rendre compte des déformations des souvenirs sur lesquelles Bartlett (1932) et les gestaltistes avaient déjà insisté mais sans pouvoir proposer d'explications satisfaisantes.

2. LES ASPECTS AFFECTIFS DE LA MEMOIRE

Pour Piaget, l'aspect cognitif des comportements consiste en leur structuration et l'aspect affectif en leur énergétique. Cela est juste mais le terme énergétique est trop limitatif car les affects, émotions et sentiments ont pour fonction essentielle de donner la signification d'un objet ou d'une action du point de vue de l'organisme, selon deux pôles, désagréable-agréable. En ce sens il n'y a pas de séparation entre comportements ou mécanismes cognitifs et affectifs. L'observation familière nous indique que l'on apprend rapidement ce qui nous intéresse, ou ce qui permet d'éviter un événement désagréable. Pourtant, l'affectivité n'a pas eu le même succès que la cognition, notamment en ce qui concerne la mémoire. Bien que cela pose des problèmes de reproductibilité, les études les plus intéressantes restent les observations cliniques détaillées de Sigmund Freud; c'est pourquoi nous les étudierons en dernier. Plus récemment des chercheurs, pour la plupart américains, ont essayé d'étudier expérimentalement ces problèmes; les théories explicatives sont souvent celles de Freud, ou pour certains phénomènes, de type gestaltiste. Pour une grande part, ces expériences utilisent des groupes afin de mettre en évidence des comportements statistiquement significatifs. Mais malheureusement ces techniques, qui ont fait leurs preuves par ailleurs, ne permettent guère ici que la distinction entre des variations quantitatives, étude du degré de motivation, étude d'attitudes assez typées, etc.

a) *Motivation et mémoire*

Le concept de motivation est un terme très général qui regroupe l'ensemble des facteurs déclenchant les comportements. Le terme est en réalité vague et des théories lui donnent une acception très différente. Dans la théorie américaine du « drive », le drive qui « pousse » l'organisme à agir naît d'un déficit de celui-ci, faim, soif ... tandis que dans la théorie des incitateurs, c'est la signification qu'a un objet pour l'organisme qui le pousse à agir (cf. chap. VI, la théorie de Karli). En laboratoire, la motivation est variée par divers moyens : privation de nourriture, choc électrique, récompense monétaire, intérêt, etc. Dans les limites habituelles de variation, l'augmentation du degré de motivation augmente l'efficience en général et donc la mémorisation en particulier. Par exemple dans une expérience de Heyer et O'Kelly (1949 : citée par Flores, 1964), deux groupes de sujets apprennent en plusieurs essais une liste de 20 syllabes. Dans un groupe, la consigne est faiblement motivante, on leur dit que le but de l'expérience est la standardisation du matériel. Dans l'autre groupe, la consigne est « fortement motivante », le but explicite de l'expérience étant cette fois-ci l'étude de la motivation dans l'apprentissage. La rétention après une semaine est de 64 % pour la « forte » motivation et 52 % pour l'autre, ce qui est une différence réelle mais faible. Les différences sont plus importantes et concordent plus avec le rôle de la motivation dans la vie habituelle, lorsqu'on utilise de forts intérêts chez les sujets. Levine et Murphy (1943, cité par Flores) sélectionnent deux groupes de sujets en fonction de leur attitude pro-soviétique ou anti-soviétique. Chaque groupe est divisé en deux sous-groupes dont l'un apprend un texte pro-soviétique tandis que l'autre apprend un texte anti-soviétique.

La rétention du nombre d'idées au bout de cinq semaines donne les résultats suivants :

		Textes	
		pro	anti
Sujets	pro	18,8	5,8
	anti	11,4	18,6

Les différences sont cette fois-ci importantes. Il n'y a pas de différence entre les sous-groupes dont le texte est conforme aux intérêts (pro-pro, anti-anti). A l'inverse, le plus mauvais score est atteint par les sujets pro-soviétiques qui doivent apprendre un texte anti-soviétique. Il est vraisemblable que la faible rétention soit due à l'inhibition du texte en tant qu'événement désagréable (cf. théorie freudienne). Le résultat intermédiaire des sujets anti-soviétiques est plus difficile à interpréter et l'expérience aurait dû comporter un texte antagoniste pro et anti-impérialiste par exemple pour juger si les conflits pro — anti et anti — pro (dans le sens sujet — texte) sont symétriques ou non.

En deçà et au-delà de certaines limites les variations du degré de motivation aboutissent à des effets contraires, la diminution de l'efficience. Ces effets ont été mis en évidence par Yerkes et Dodson (1908). Dans leur expérience, des souris doivent effectuer un apprentissage discriminatif de brillances et pour cela choisir l'une des voies d'un labyrinthe dont l'extrémité est la plus claire. Les résultats varient à la fois en fonction de la difficulté de l'apprentissage (discriminabilité plus faible entre les deux brillances) et du degré de motivation (intensité du choc électrique) : 1) quand la tâche est facile, la rapidité de l'apprentissage croît avec celui de l'intensité du choc (qui varie de l'intensité minimale perceptible au seuil de douleur); 2) quand la tâche est de difficulté moyenne, l'efficience augmente jusqu'à une certaine intensité du choc (optimum de motivation) pour ensuite decroître; 3) pour une difficulté supérieure de la tâche, l'optimum de motivation correspond à une intensité plus faible. La loi de Yerkes-Dodson ou loi de l'optimum s'exprime ainsi (Monique de Bonis, 1968) : « il existe un niveau de motivation optimum en deçà et au-delà duquel on observe une dégradation de la performance. Ce niveau est d'autant moins élevé que la tâche est plus difficile ». Le phénomène de l'optimum de motivation correspond au phénomène de l'énervement où l'on s'énerve d'autant plus vite que la tâche est difficile : démêler une pelote de laine, résoudre un problème ardu et de la même manière mémoriser un texte difficile. La situation d'examen n'est pas tout à fait identique et le candidat qui a un comportement émotif lorsqu'il passe son permis de conduire ou un autre examen, n'est pas placé dans une situation plus difficile (ce qui peut néanmoins être le cas), mais extrêmement signifiante : l'échec a des conséquences matérielles (redoubler une année) et pécuniaires telles que c'est la motivation qui ici est très grande.

La non-satisfaction d'une motivation aboutit aussi à certaines conséquences dont certaines ont été mises en évidence par Zeigarnik dans le cadre de la théorie gestaltiste de Kurt Lewin (1959). Les principales hypothèses de Lewin sur la motivation sont les suivantes : 1) l'intention d'atteindre un but correspond à une tension dans un système (l'individu); 2) la tension se relâche si le but est atteint; 3) à la tension correspond une force qui provoque une tendance à atteindre le but.

De ces postulats on peut déduire que dans une situation où l'on donne plusieurs tâches à accomplir aux sujets, les sujets pour lesquels on aurait interrompu l'activité se rappelleront mieux ces tâches que les sujets non-interrompus car la persistance de la tension détermine une tendance à continuer les tâches au niveau de la pensée (postulat 3) d'où, une meilleure rétention. Cette hypothèse est vérifiée : le rappel des sujets interrompus est à peu près le double des autres. Cependant l'effet Zeigarnik est loin d'être général et paraît n'avoir lieu que dans les situations faiblement motivantes. D'autre part, l'effet est également très variable selon la personnalité des sujets, l'échec provoquant chez certains des mécanismes de refoulement et chez d'autres des conduites d'affrontement, conséquences que la théorie gestaltiste des champs, trop simpliste, ne peut prédire.

Les mécanismes par lesquels la motivation joue un rôle, positif ou négatif, sur la mémoire ne sont pas élucidés, sauf pour certains cas particuliers. Par exemple, un effet connu depuis longtemps est que l'apprentissage dit « intentionnel », c'est-à-dire réalisé avec l'intention explicite, est plus efficace que l'apprentissage dit « incident », c'est-à-dire réalisé dans le cadre d'un objectif explicitement distinct, appelé tâche d'orientation. Postman, Mechanic et d'autres ont montré que l'efficacité de l'apprentissage intentionnel n'était pas due à une motivation plus forte mais à la mise en activité de stratégies plus spécifiques, sans compter que la tâche d'orientation peut être en plus interférente. Si la tâche d'orientation implique l'activité des mêmes schèmes, toute différence due à la consigne cesse. Mechanic (1964) le montre en donnant 24 trigrammes prononçables à quatre groupes de sujets. Les deux premiers groupes ont une tâche d'orientation impliquant : 1) une faible prononciation; le but invoqué est une expérience de télépathie et la rétention « surprise » est de 3,50 en moyenne; 2) une forte prononciation, l'expérience est présentée comme un exercice de prononciation, la rétention « surprise » est de

8,85. Les deux autres groupes opèrent dans les mêmes conditions, télépathie, prononciation, mais sont avertis en plus de l'épreuve ultérieure de rétention qui donne respectivement 6,95 (télépathie) et 8,85 (prononciation), c'est-à-dire le même résultat que le groupe « prononciation » dans la condition apprentissage incident. Le facteur décisif est donc, la prononciation, c'est-à-dire la mise en activité des schèmes adéquats et non l'intention d'apprendre.

Dans les cas où la motivation est en jeu, il est possible, soit que des schèmes plus spécifiques et plus efficaces, catégoriels, logiques ... soient mis en activité, soit encore que l'efficience soit permise par l'élévation du niveau de vigilance du cerveau (cf. chap. VI).

Enfin, il est des cas où la mémoire est influencée par l'affectivité, non pas globalement, mais d'une façon très spécifique ce qui conduit, comme Freud l'a analysé le premier, à l'oubli de mots particuliers.

b) *Les causes affectives de l'oubli*

Dans « Psychopathologie de la vie quotidienne », Freud montre, grâce à une analyse poussée, que certains comportements erronés : lapsus (mot pour un autre), mot sur le bout de la langue ... ne sont pas fortuits, mais sont la conséquence de mécanismes défensifs qui empêchent l'arrivée à la conscience de souvenirs désagréables ou de mots évoquant ceux-ci. Dans certaines situations, Freud est parvenu à l'issue d'une enquête — par le moyen de l'association libre — à remonter au souvenir primitivement refoulé.

Citons deux cas particulièrement riches, le cas « Signorelli » et le cas « aliquis ».

Au cours d'une conversation avec un compagnon de voyage, Freud ne parvient pas à se souvenir du nom du peintre des fresques de la cathédrale d'Orviéto (Signorelli). Les noms « Botticelli », « Boltrafio » lui viennent à l'esprit.

Plus tard, Freud, cherchant les causes de cet oubli, se souvient que la discussion avait primitivement porté sur les mœurs des Turcs de Bosnie-Herzegovine, et qu'il s'apprêtait à raconter quelques anecdotes où des propos contenaient souvent l'invocation « Herr » (Seigneur). Par association d'idées, les anecdotes touchant aux mœurs sexuelles lui rappellent un événement désagréable, celle du suicide d'un de ses malades — résidant dans la ville de Trafoi — qui souffrait d'un trouble sexuel incurable. Ainsi c'est le refoulement de ce souvenir qui a provoqué par déplacement la substitution de Botticelli et Boltrafio à Signorelli. Ce déplacement est opéré de proche en proche par l'intermédiaire de similitudes sémantiques et phonétiques que l'on peut reconstituer schématiquement (les similitudes phonétiques sont entourées d'un cercle sur le schéma) :

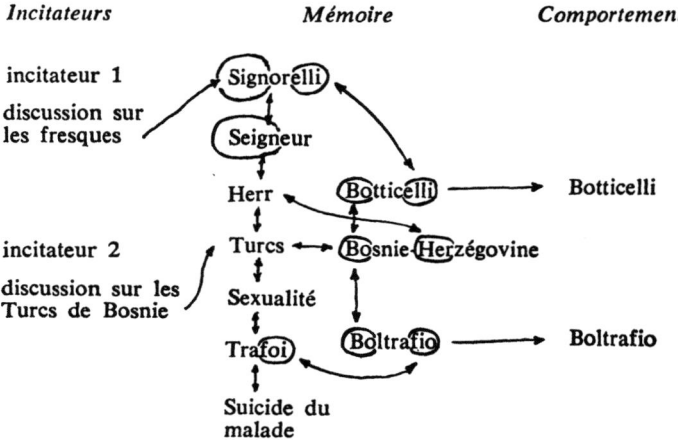

La liaison entre le mot désagréable Trafoi et Signorelli est provoqué par le mot Turcs qui sert d'indice de récupération en chaîne dans deux directions différentes pour les deux mots. La répression des mots récupérés par l'indice « Turcs » provoque donc par indifférenciation la répression non voulue de Signorelli ou plutôt d'une partie seulement « Signor » puisque le mot qui lui est substitué possède la même rime. De même la rime de Trafoi et de Boltrafio est similaire. Nous retrouvons donc ici des propriétés de l'organisation des mots en mémoire et il semblerait que la répression, le refoulement soit permis par le déclenchement de la récupération à partir d'un déplacement d'indice, ici la première syllabe de Bosnie.

Le cas « aliquis » présente les mêmes caractéristiques à ceci près, qu'il y a ici omission du mot à tonalité affective désagréable. Lors d'une discussion avec Freud sur la postérité dans un contexte d'ambition sociale, un jeune homme cite un vers latin dans lequel il oublie le mot « aliquis ». L'association libre le conduit aux idées et mots suivants : aliquis - séparation a/liquis - reliques - liquidation - liquide - fluide - Simon de Trente dont il a vu les reliques - article sur St Augustin - vieillard s'appelant Benoît - St Benoît - St Janvier et le miracle du sang.

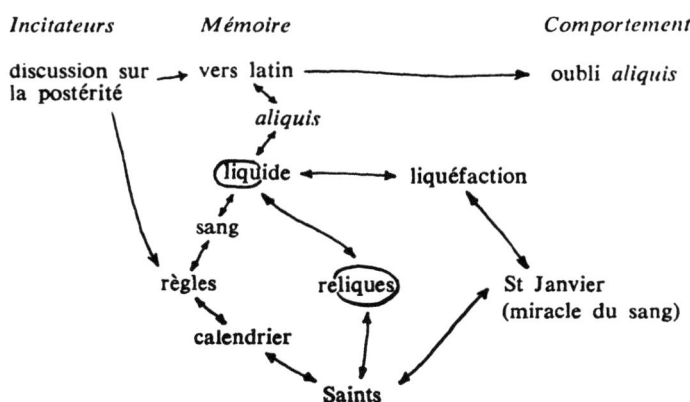

Ici Freud lui demande d'expliquer en quoi consiste ce miracle. Le jeune homme lui explique qu'il s'agit de la liquéfaction du sang à une date déterminée de la relique d'une certaine église; le miracle ne se produisant pas devant ses soldats, Garibaldi menaça le curé, gardien de la relique, et le miracle s'accomplit. Puis le jeune homme déclare penser à un événement « intime » aussi désagréable pour une dame que pour lui. Freud devine alors à raison que cette dame a un retard de règles. L'oubli de « aliquis » est dû ici à la répression des mots récupérés en chaîne à l'aide de l'indice « postérité » dans ses deux contextes sémantiques, postérité sociale ou biologique (paternité).

La communauté entre les caractéristiques de ces cas et les propriétés de l'organisation sémantique, phonétique de la mémoire, montre que les mots à tonalité affective ne font pas partie d'une mémoire différente. Il est au contraire vraisemblable que les souvenirs et les mots aient tous en mémoire une tonalité affective, agréable, désagréable, neutre. Comment expliquer cette tonalité et de quelle nature est-elle ? Henri Wallon a montré, à partir de l'étude des émotions chez l'enfant, que les émotions seraient des réactions aboutissant au corps propre, contrairement à la cognition qui aboutit essentiellement à agir sur l'environnement. Par exemple, certaines réactions émotives modifient le tonus musculaire — les jambes « coupées » ou flageollantes, les étourdissements — ou les sécrétions glandulaires — sécrétions acides de l'estomac, etc. En rattachant ces données à la théorie de Piaget, on peut supposer que la tonalité affective est donnée par l'intégration de schèmes représentatifs, images-souvenirs, mots à des schèmes d'actions orientés vers le corps propre. Un mot ou un souvenir aurait donc une tonalité désagréable en ce sens que son évocation implique parallèlement une hypotonie brusque des muscles posturaux, des sécrétions acides dans l'estomac; à l'inverse, l'évocation d'un souvenir ou d'un mot agréable s'accompagnerait d'une détente douce du tonus musculaire, de régulation glandulaire, de décontraction des muscles thoraciques, etc.

3. L'EVOLUTION SOCIALE DE LA MEMOIRE

La prise en compte des aspects cognitif, affectif de la mémoire est indispensable mais également insuffisante si l'on désire rendre compte de la mémoire de l'homme actuel, terme non seulement d'une évolution biologique mais aussi d'une évolution sociale qui pourtant est absente dans la plupart des épistémologies. Or si l'homme a été le constituant de base des groupes, classes sociales, civilisations, il est étroitement subordonné à ceux-ci à une étape historique donnée. De même que les images-souvenirs et les mots sont subordonnés aux schèmes d'actions et notamment les schèmes opératoires, les souvenirs et les mots sinon les schèmes opératoires eux-mêmes sont subordonnés aux cadres sociaux. Cette conception, défendue selon des spécificités propres par Pierre Janet (1928) et Maurice Halbwachs (1925, 1952), est tombée à tort en désuétude depuis la période où les recherches et les théories américaines ont été, numériquement, extrêmement nombreuses.

a) *Evolution historique de la mémoire*

Dans la théorie de Pierre Janet (1928) — qui est fortement marquée par les conceptions évolutionnistes de Darwin, Spencer — la mémoire, comme le temps, est le produit historique du développement de l'humanité. Pour démontrer les principales étapes de cette évolution, Janet s'appuie sur des observations anthropologiques, notamment sur les travaux de Levy-Bruhl sur la mentalité primitive et sur des observations de la psychopathologie de la mémoire.

Essentiellement, la mémoire humaine achevée est la conduite de récit. Cette conduite est sociale car elle n'a de signification que par rapport à quelqu'un d'autre, soit que le « récit » décrive un objet ou une situation absente à quelqu'un, soit que le récit parle d'un absent. Mais le récit n'est que l'aboutissement d'une longue évolution du comportement. Mises à part les conduites élémentaires d'attente, de recherche de l'objet, Janet distingue trois étapes principales (dans lesquelles on reconnaîtra des similitudes importantes avec la théorie de Piaget) : 1) l'action différée qui comprend des sous-étapes telles que la conduite de conservation de l'objet (cf. objet permanent de Piaget), la conduite de commission physique qui consiste à transporter un objet à l'absent et enfin la commission verbale qui permet, grâce aux symboles de rendre les objets portatifs (transporter des signes sur un papier); 2) la récitation qui est la répétition par imitation. Ces conduites sont très développées dans les civilisations orales, de même ces formes inachevées de mémoire se retrouvent dans l'écholalie de certains malades qui répètent sans arrêt les questions posées. Par élaboration personnelle, la récitation passe à une troisième forme de conduites; 3) la description, qui au départ n'a pas de frontière entre l'espace et le temps, la fabulation, et qui progressivement en respectant les règles sociales devient la narration, le récit.

Pour Janet c'est l'action sociale qui est le moteur de l'évolution. Il décrit par exemple l'apparition de l'action différée comme une conduite de la sentinelle qui revenue au camp rend « présent » l'ennemi par une conduite, geste ou parole. De même, le passage de la fabulation à la narration est permis par le pacte, la promesse de payer dont la fonction est de rattacher la parole à l'action.

Cette théorie qui considère la mémoire, le temps psychologique (présent, passé) comme des produits historiques, a comme intérêt spécifique de revaloriser certaines conduites importantes, comme la fabulation qui apparaît bien embêtante dans une conception cartésienne, mais qui a une place fort importante dans le développement génétique et historique de la pensée. Janet cite, à cet égard, un document aztèque des XIVe ou XVe siècles dans lequel un voyage est représenté comme une carte géographique. La représentation spatiale du temps est en effet une étape très importante dans la mesure du temps qui n'est innée ni chez l'enfant ni dans l'espèce humaine. La théorie présente a un intérêt particulier dans l'explication de troubles psychopathologiques. Cet intérêt vient du fait que les troubles pathologiques font apparaître une régression dans les conduites, celles qui apparaissent sont analogues à des conduites génétiquement ou historiquement plus anciennes. Prenons deux exemples, l'illusion du déjà vu et les amnésies. Le phénomène de l'illusion du déjà vu, fut une passion aux environs de 1880, et il est révélateur de constater combien les faits sont négligés quand ils ne peuvent rentrer dans une théorie, car à l'heure actuelle ce phénomène est quasiment méconnu. L'illusion du déjà vu est pourtant un phénomène familier qui se produit pendant une fatigue, une légère dépression (ou de manière fréquente et permanente chez certains malades). Il se caractérise par l'identification comme souvenir d'une situation nouvelle, d'une manière tellement détaillée que l'on croit reconnaître non seulement les détails figuratifs de la situation mais aussi les dispositions affectives liées à celles-ci. Pour Janet, il s'agit d'un dérèglement de la conduite de présentification. Le présent, comme le passé, le futur sont des productions psychologiques, et d'un événement important on va le « marquer » par une fête, une cérémonie, ou actuellement par un « pot » de façon à le dater. Le passé est la représentation consciente d'une discordance entre le récit de l'action passée et l'action présente qui est différente; le présent est la concordance entre le récit et l'action. Par suite d'une diminution de l'activité cérébrale (fatigue, dépression), l'action est incomplète, et cela provoque une discordance caractéristique du passé.

Le concept de présentification permet également d'expliquer psychologiquement les amnésies (cf. chap. VI pour les bases biologiques des amnésies). Il y a lieu tout d'abord de distinguer trois types d'amnésies, antérogrades et rétrogrades d'une part, localisées d'autre part. Dans l'amnésie antérograde, le malade n'a plus de souvenirs à partir de l'accident — choc crânien, lésions ... — jusqu'à une date plus ou moins éloignée. Mais d'après certaines observations, les souvenirs de cette période peuvent être retrouvés dans le rêve sous hypnose ou dans des situations d'écriture automatique. Janet en déduit que cette amnésie représente un trouble de l'organisation des souvenirs dans le temps et que le malade est incapable de les situer par rapport au présent. Il existe des malades qui ont une mémoire en retard, c'est-à-dire dont les souvenirs mettent un certain temps (ex. 8 jours) à s'organiser. Dans l'amnésie rétrograde, il y a perte des souvenirs précédant l'accident. Comme dans le cas précédent, les souvenirs peuvent apparaître dans le rêve, ou sous hypnose mais ne peuvent être présentifiés. Mais dans ce cas, il s'agit de souvenirs qui étaient organisés temporellement, l'accident a donc provoqué une désorganisation dans les souvenirs récents. Enfin dans les amnésies localisées, les souvenirs supprimés se situent parmi des souvenirs plus anciens et plus récents et sont soit systématiques — comme dans le cas d'un comptable qui ne se rappelait plus ni des chiffres, ni de la façon de faire des calculs — ou localisés temporellement.

Il peut s'agir selon Janet, soit de l'absence d'élaboration de souvenirs (absence de codage) comme dans le cas de délire épileptique ou du rétrécissement de la pensée, c'est-à-dire l'incapacité pour le cerveau de produire simultanément les conduites qui représentent un système très organisé de souvenirs (difficulté de « rassembler ses idées » dans un état de fatigue ou d'ivresse).

Pierre Janet insiste donc sur l'aspect évolutif et social de la mémoire; il insiste sur le rôle de certaines conduites sociales ou produits sociaux qui ont une grande importance dans la « datification » de souvenirs, comme les cérémonies, le calendrier. Maurice Halbwachs, qui par ailleurs sous-estime le comportement individuel et l'évolution historique, a particulièrement étudié les structures sociales qui permettent la reconstitution des souvenirs.

b) *Les cadres sociaux de la mémoire*

Dans la conception de Halbwachs, la mémoire n'est pas la conservation mais la reconstruction du passé à partir des cadres sociaux. Sans ces cadres, les souvenirs individuels ne sont plus organisés mais mélangés comme le montre le rêve, où l'individu est coupé de son environnement social. Ainsi pour lui, si l'aphasie est la perte des conventions spécifiques, les mots, le rêve est la perte des cadres généraux. Ces cadres généraux sont constitués par les mémoires collectives, les traditions de la famille, de la classe ou couche sociale, la religion et surtout par le savoir de la société ou civilisation. Les traditions familiales par exemple organisent les conduites individuelles selon certaines règles, hiérarchie, relations sexuelles, mais aussi organisent le temps par des événements familiaux, notamment les naissances, les mariages et les enterrements.

Le savoir, ou mémoire collective de la société tout entière est particulièrement important. Les événements politiques, guerres, changements de gouvernements, grèves ..., situent dans le temps les événements individuels qui seraient sans ceux-ci amalgamés ou sans aucun lien. Halbwachs insiste spécialement sur le langage qui fournit les conventions permettant la constitution même du souvenir, et sur le calendrier qui constitue le cadre universel pour localiser les souvenirs.

Les conceptions de Janet et de Halbwachs offrent un grand nombre d'incertitudes, d'imprécisions, par rapport aux théories plus récentes que nous avons détaillées; de même l'expérimentation serait nécessaire pour démontrer et préciser les observations faites. Mais sur le plan théorique, ces conceptions sont extrêmement riches et donnent à la mémoire une dimension plus réelle.

Des deux théories, celle de Janet nous paraît plus complète, car en caractérisant la mémoire comme l'évolution historique de conduites sociales, cette théorie est apte à fournir le cadre qui permet d'intégrer des théories plus particulières et plus limitées. Par exemple Halbwachs est plus précis dans l'analyse des divers cadres sociaux dont Janet avait très bien vu le rôle global, tel le langage, le calendrier; cependant la théorie non évolutionniste de Halbwachs ne permet pas d'expliquer les différences de structures de la mémoire qui apparaissent dans les sociétés plus anciennes ou au cours de l'enfance, pas plus que leur désorganisation pathologique.

4. LES MEMOIRES « PRODIGIEUSES »

La mémoire, comme d'autres fonctions psychologiques, est le produit d'une longue évolution, de l'interaction entre de multiples facteurs, de l'interdépendance entre des structures de complexité variable. Tout ceci concourt aux différences individuelles. Tel individu aura une mémoire plutôt « visuelle », tel autre aura une mémoire à court terme de faible capacité, tel autre enfin, une mémoire logique, etc. Lorsqu'une mémoire est très spécialisée dans certains aspects, elle paraît prodigieuse. D'après Quintilien, Théodecte redisait des vers qu'on lui avait lus, aussi nombreux fussent-ils. Théodule Ribot citait le cas d'un oligophrène (débile profond) qui avait retenu depuis 35 ans les dates de tous les enterrements de sa paroisse, le nom et l'âge de la personne décédée et le nom de toutes les personnes qui avaient participé à la cérémonie. Célèbre aussi, est la mémoire de certains musiciens, celle par exemple de Glazounoff. Alors que la mort surprit Borodine avant qu'il ait pu écrire la totalité de son opéra « le Prince Igor », Glazounoff put reconstruire de mémoire l'ouverture et les détails importants de l'œuvre que le compositeur avait joués au piano devant lui. Au contraire, le physicien Ampère perdit les grandes capacités mnémoniques qu'il avait tout jeune enfant, au fur et à mesure qu'il développa ses connaissances scientifiques. La spécialisation de ces mémoires particulières a pour fondement très certainement des différences biologiques comme nous l'étudierons tout à l'heure, ou psychologiques mais aussi sociales. Ainsi le psychologue anglais Bartlett (1932) montre que la mémoire des Swazi d'Afrique n'est, selon sa réputation, prodigieuse que pour les questions douées d'un intérêt social pour eux, notamment les questions de bétail. De même, il existe des mémoires « professionnelles », celle du chimiste, de l'historien, du littéraire dont les différences sont certainement dues à l'entraînement plus qu'à des différences biologiques.

L'analyse des capacités des joueurs d'échecs nous amènent à des conclusions semblables. Une des prouesses extraordinaires dont sont capables les maîtres d'échecs est le jeu à l'aveugle. Cette démonstration spectaculaire consiste pour le joueur à faire la partie le dos tourné à l'échiquier en fonction des positions des pièces qui sont annoncées dans le système de notation conventionnelle.

Certes, ce type de démonstration requiert certaines aptitudes — de même que pour être un historien ou un
zoologiste érudit — mais elle doit beaucoup à l'entraînement et à la spécialisation comme en témoigne l'augmentation des records. Harry Nalson Pillsbury, champion américain vers 1890, jouait souvent pour se « relaxer » douze
parties d'échecs et six parties de dames tout en participant
à une partie de bridge avec ses amis. Mais le champion du
monde Alekhine en disputa trente-deux à Chicago en
1932; Koltanowski en joua trente-quatre à Edimbourg en
1937. Enfin, l'argentin Najdorf en détient le record mondial
depuis 1943, ayant joué à Rosario 40 parties avec le score
de 36 gagnées, 3 perdues et 1 nulle en dix-sept heures
trente-cinq minutes. Le psychologue français Alfred Binet
(1894) analysa la mémoire de certains grands joueurs
d'échecs mais concluait que si une bonne mémoire et une
bonne visualisation était nécessaire, une vaste connaissance
du jeu était indispensable. Par l'entraînement le maître
d'échecs manipule évidemment non seulement les conventions de notation comme le télégraphiste manipule le morse
mais il a la connaissance de systèmes entiers de déplace-
ments des pièces, débuts de partie, fins de partie, problèmes, parties modèles, etc. Reuben Fine, psychologue et
maître à la fois, indique que les joueurs spécialisés dans le
jeu à l'aveugle utilisent des stratégies et essayent généralement de grouper les adversaires par quatre ou cinq à
l'intérieur de chaque ouverture. Nous pouvons donc interpréter cela comme un plan de récupération catégoriel où les
catégories sont des débuts de parties très connues des
joueurs expérimentés, partie italienne, contre-gambit greco,
défense des deux cavaliers, etc. Fine déclare, par exemple,
qu'il ne se sent jamais à l'aise tant que la partie n'a pas
encore débuté dans ce qu'elle a d'originale; de plus il y a

le risque d'interférence avec des parties déjà jouées lorsque les ouvertures · sont classiques.

Ces mêmes traits généraux de la mémoire, plans de récupération, interférence se retrouvent également dans le cas de « Veniamin », célèbre mnémoniste professionnel russe dont le numéro consistait à apprendre chaque soir sur une scène de music-hall des tableaux de chiffres, des listes sans signification, etc. Ce cas est très bien connu grâce au psychologue soviétique A. R. Luria qui suivit ce sujet extraordinaire durant trente années. Veniamin lui-même n'était pas conscient de ses aptitudes particulières et ce n'est que sur les conseils d'un employeur qu'il vint consulter Luria. Ses aptitudes étaient pourtant exceptionnelles : d'un tableau de 50 chiffres, en 4 colonnes, il est capable d'énoncer la totalité des chiffres, les chiffres des diagonales de chaque partie carrée du tableau (4 lignes de 4 colonnes), les chiffres des bords du tableau. En présence de l'académicien L. A. Orbeli, Veniamin mémorisa un tableau de 25 lignes de 7 lettres de l'alphabet, soit un total de 175 éléments répartis au hasard. Il peut mémoriser puis reproduire 30, 50, 70 mots sans erreur, dans l'ordre original, dans l'ordre inverse et peut réciter après quinze ans des listes entières de mots ou d'éléments sans signification.

La méthode employée par Luria, la syndrome-analyse, se caractérise par la description de tous les aspects du comportement en fonction d'une modification de base, déficience neurologique, traumatisme, etc. Cette méthode qui évite l'atomisation du comportement, permet à Luria de détecter chez son sujet deux particularités, une perception synesthétique et une imagination visuelle très riche, qui retentissent sur tout son comportement et donnent à sa mémoire, ses caractères particuliers. Lorsqu'on le questionne sur la façon dont il mémorise, Veniamin répond qu'il « voit » le tableau de chiffres ou de lettres. Ainsi s'explique la facilité avec laquelle il peut rappeler les éléments d'un tableau selon divers points de départ et directions. Cette « photographie » est à ce point précise que Veniamin peut être victime d'erreurs de « relecture » lorsque le chiffre où la lettre sont mal écrits. Lorsqu'après 15 ans, Luria lui demande sans préparation de rappeler une liste, Vienamin déclare après quelques instants de réflexion : « oui, c'est bien çà ... c'était dans votre ancien appartement, vous étiez assis devant la table et moi dans un fauteuil à bascule. Vous portiez un complet gris et vous me regardiez comme çà. Voila ce que vous me disiez ... ». Cependant sa perception est spéciale. Lorsque Luria corrigeait ses réponses par « oui » ou par « non » Veniamin prétendait voir des taches sur l'image visuelle du tableau; ces taches se dilataient pour se transformer en nuages de vapeur ou éclaboussures qui masquaient certaines parties du tableau. Ce type d'observation montrait que la perception de Veniamin est synesthésique, c'est-à-dire qu'elle mélange différentes modalités sensorielles. Certaines expériences furent conduites pour vérifier ce phénomène au laboratoire de physiologie de l'ouïe à l'institut de neurologie de l'Académie de médecine.

Lorsqu'on lui fait entendre un son de 30 Hz à 100 db, Veniamin voit une bande de 12 à 15 cm de large, couleur vieil argent; pour un son de 500 Hz à 100 db, il perçoit un éclair qui fend le ciel. Entendant un son de 2.000 Hz à 113 db Veniamin déclare : çà ressemble à un feu d'artifice rose-rouge. La bande est rèche, désagréable ... d'un goût déplaisant, on dirait de la saumure. On risque de se blesser à la main ». Et à chaque fois les expérimentateurs ont pu vérifier la fidélité de ces sensations composites. Cette perception synesthésique a lieu surtout lors de la présentation de stimulations peu significatives : sons, voyelles, chiffres ou graphismes. Pour Veniamin, les chiffres ont des formes : 1 est un chiffre pointu, 2 est plat, rectangulaire, blanchâtre ... De même chaque voix fait naître un complexe synesthésique de sensations gustatives, de couleurs, de lignes, etc. A l'inverse, les mots déclenchent une imagerie très riche et stable. « Quand j'entends le mot " vert ", je vois un pot de fleurs vert; rouge et je vois un homme en chemise qui s'en approche; bleu et voici quelqu'un à la fenêtre qui agite un petit drapeau bleu. » Pendant une grande partie de sa vie, la mémoire de Veniamin se caractérise par cette spontanéité. Lorsqu'il se produisit comme mnémoniste professionnel, il systématisa son imagerie en utilisant la méthode des loci (chap. IV). Lorsqu'on lui présentait une longue liste de mots, il plaçait mentalement chaque image le long d'un parcours familier notamment une rue de son enfance. Ainsi pouvait-il lire la liste à l'endroit ou à l'envers, et s'il devait dire quel était le mot placé après tel autre mot, par exemple « ballon », il détectait l'endroit où était le ballon et cherchait l'image placée dans l'emplacement suivant. Le peu d'oubli qu'il commet est révélateur de la méthode qu'il emploie : il oublie « crayon » qu'il confond avec la barrière devant laquelle il l'a placé; il ne voit pas l'œuf qui se confond avec la couleur du mur. De même les difficultés qu'il rencontre sont caractéristiques des traits particuliers de sa mémoire. Les bruits du public produisent des taches qui le gênent, certains mots évoquent des images difficilement juxtaposables : « A peine ai-je quitté la place Maïakowski qu'on me dit " Kremlin " et je dois aussitôt me trouver au Kremlin. Et si l'on dit " indien ", je dois me transporter en Amérique. Bon, je lancerai une corde à travers l'océan. Mais ces voyages sont très fatigants. » D'autre part, la moindre similitude entre des tableaux de chiffres ou entre des listes de mots peut produire des interférences. Cependant, grâce à certains perfectionnements, stylisation des images, invention d'histoires, Veniamin parvient à neutraliser ces inconvénients. Si la synesthésie et l'imagerie permettent chez Veniamin une mémoire figurative exceptionnelle, ces deux aspects provoquent de graves inconvénients sur d'autres plans. Le cliquetis du tramway lui fait mal aux dents, certaines voix humaines sont comme un « jet de charbon », certains textes lui sont incompréhensibles car « le goût de la nourriture l'emporte sur le sens ». D'autre part, la lecture déclenche un tel tourbillon d'images contradictoires qu'il est incapable de lire de longs passages et surtout de dégager le sens général de ce qu'il a lu. A fortiori il ne comprend pas les énoncés abstraits. A cause de ces inconvénients, sa mémoire est déficiente dans un grand nombre de situations. Veniamin a ainsi une mauvaise mémoire des visages. Comme il ne peut pas dégager l'essentiel d'une forme, ce sont ici des complexes synesthésiques qui prédominent, instables et mouvants. De même sa mémoire « logique » est impuissante. Au cours d'une séance publique de Saratov, on lui avait donné un tableau de chiffres construit par décalage, 1 2 3 4, 2 3 4 5, 3 4 5 6, 4 5 6 7, etc.

Veniamin apprit ce tableau comme il en avait l'habitude sans remarquer la règle de construction très simple du tableau. Au cours des premières rencontres de Veniamin et de Luria, un autre psychologue L. S. Vygotsky lui avait donné une liste de mots contenant plusieurs noms d'oiseaux. Quelques années plus tard, un autre psychologue, A. N. Leontiev, lui donna une liste contenant plusieurs noms de liquides. Puis on lui demanda de rappeler uniquement les noms d'oiseaux de la première liste et les noms de liquides de la seconde. Veniamin qui apprenait par ligne fut incapable de reconstituer ces deux catégories.

L'étude détaillée du cas Veniamin permet de démystifier les mémoires prodigieuses, car dans ce cas la mémoire était prodigieusement fidèle ou prodigieusement déficiente selon les situations. Il est donc préférable de considérer ces cas comme des mémoires spécialisées. La spécialisation de la mémoire de Veniamin tient à la fidélité des aspects figuratifs de la mémoire ainsi qu'à la synesthésie et à l'imagerie très développées. Par contre l'échec de Veniamin est quasi total dans les tâches requérant les activités opératoires qui apparaissent pourtant chez l'enfant vers 7-8 ans (cf. Piaget, 1966). La fidélité extraordinaire de sa mémoire peut donc s'interpréter dans la conception de Piaget par le fait que les schèmes opératoires non développés ne restructurent pas les schèmes sensori-moteurs ou sémiotiques (images). L'absence de structuration a ainsi pour avantage la non déformation des souvenirs, mais pour inconvénient l'impossibilité de se détacher du réel, c'est-à-dire l'impossibilité de généraliser, catégoriser, abstraire.

CHAPITRE VI

LES BASES BIOLOGIQUES
DE LA MEMOIRE

De même que l'étude psychologique de la mémoire, l'étude des bases biologiques de la mémoire s'est historiquement développée sous l'influence des grands courants épistémologiques des XIXᵉ et XXᵉ siècles. L'associationnisme a donné l'impulsion aux théories neuroniques; sous l'influence de la cybernétique les chercheurs étudient le hardware et le software (Barbizet), analysent les codes et les mécanismes de contrôle (Mc Culloch, Luria) du système nerveux. Enfin les théoriciens évolutionnistes ou dialecticiens insistent sur l'évolution des structures nerveuses (Janet, Luria) et symétriquement sur l'involution dans la pathologie de la mémoire (Jackson, Ribot, Janet, Delay). Mais du fait de leur histoire propre ou de l'évolution des techniques, certaines voies de recherches ont une spécificité propre, telle la recherche des localisations des centres de la mémoire qui s'apparente à la recherche des organes d'une fonction, telle aussi les études sur le code moléculaire de la mémoire qui ont pour modèle, la découverte du code moléculaire de l'hérédité.

1. VOIES ET CENTRES NERVEUX

Si l'unité de base, l'« atome » du système nerveux est le neurone, le système nerveux n'est pas une collection de neurones mais une organisation d'une grande complexité, composée de centres nerveux communiquant entre eux par de nombreuses voies.

a) *Les localisations corticales*

L'aphasie et les aires du langage

Tout au long du XIXe siècle une discussion passionnée opposa ceux qui affirmaient l'équivalence fonctionnelle des hémisphères cérébraux à ceux qui croyaient à la localisation de certaines fonctions. Gall et Spurzheim (1810-1819) défendirent la thèse des localisations mais de façon purement doctrinale. Pour eux, le développement inégal selon les individus d'une fonction psychologique correspondait au développement de certaines zones du cortex plus que d'autres, et aboutissait par déformation à un crâne aux bosses caractéristiques. Leur système, la phrénologie, bien que purement fantaisiste eut une très grande popularité que l'on peut encore juger d'après certaines expressions comme la « bosse des maths » qui sont les fossiles de cette doctrine. Cependant la passion pour ce débat suscita des travaux scientifiques qui devaient finalement aboutir à la théorie scientifique des localisations cérébrales. C'est la localisation des aires du langage qui en constitua les premières étapes, car la suppression du langage ou aphasie chez un malade atteint de lésion était plus facilement identifiable que des activités moins différenciées. Dans une communication à Montpellier en 1836, Marc Dax montra que la perte de la parole était associée à une hémiplégie droite (paralysie du côté droit) donc provoquée par une lésion de l'hémisphère gauche puisque les membres d'un côté sont commandés par l'hémisphère cérébral opposé. Pierre-Paul Broca (1861) put localiser plus précisément une des zones cruciales du langage grâce à l'autopsie du cerveau de ses malades.

Un de ces malades, le cas Leborgne, était un aphasique quasi complet puisqu'il ne pouvait dire que deux expressions « tan » et « sacré nom de Dieu ». L'autopsie révéla notamment une cavité kystique dans la partie postérieure de la 3e frontale et des parties adjacentes de la 2e frontale et de la circonvolution précentrale. Un second cas, Lelong, était atteint d'une aphasie également quasi totale puisqu'il ne disait que cinq ou six mots et l'autopsie révéla une lésion de la partie postérieure de la 3e frontale. Broca, se fondant sur ces deux cas, localisa les mécanismes du langage dans la partie postérieure de la 3e circonvolution frontale (fig. 1). D'autres auteurs continuèrent dans cette voie et parmi ceux-ci, Wernicke (1874) qui mit en évidence un cas d'aphasie où la lésion avait pour siège la partie postérieure de la première temporale et la partie adjacente de la 2e temporale (fig. 1). Les observations ultérieures tout en confirmant dans l'ensemble ces faits montrèrent leur complexité. A la mise en évidence de l'aphasie s'ajouta la description d'autres troubles du langage : l'agraphie, ou perte de la capacité d'écrire; l'alexie, perte de la lecture; l'anarthrie, perte de l'articulation; la surdité verbale, perte de la compréhension des mots entendus, etc. Différentes localisations furent trouvées pour ces troubles plus spécifiques. D'autres auteurs allèrent plus loin dans la distinction clinique des troubles aphasiques comme Head (1926) qui distingue quatre types d'aphasies : verbale, nominale, syntaxique et sémantique dont les localisations chevauchent approximativement les aires de Broca et Wernicke.

Plus récemment, Marie-France Beauvois et Jacqueline Derouesné ont montré à la suite de Alajouanine, Lhermitte et ses collègues (1964), qu'il pouvait y avoir atteinte du système sémantique à l'exclusion du système phonémique ou l'inverse.

Selon le degré de distorsion du système on distingue les paraphasies, lorsque le mot déformé est proche du mot demandé, du jargon où les mots sont totalement déformés. Les paraphasies et jargons peuvent être spécifiquement sémantiques et phonétiques et se caractérisent par des comportements verbaux de type suivant (J. Derouesné et M. F. Beauvois, 1974) :

Paraphasies sémantiques :

« fourchette » pour assiette
« pomme » pour raisin

Paraphasies phonémiques :

« farchute » pour fourchette
« orige » pour orange

Jargon sémantique :

assidu : « qui est bien occupé de ce qu'il fait provisoirement par la façon qu'il soigne les autres selon la change qu'il cherche à subir par lui-même ».

Jargon phonétique :

« j'étais sekronestère; mon patron me considérait comme sa conso, son passeprédaire ».

Cependant chaque cas est unique et aucune lésion ne ressemble à une autre, ce qui rend rare ou même impossible l'observation de cas « purs » qui permettrait l'identification rigoureuse des frontières des localisations du langage.

Cette voie est rendue possible, avec d'autres difficultés, par la stimulation électrique directe du cortex. La première application de cette technique a été réalisée en 1870 par Fritsch et Hitzig sur un chien anesthésié et les auteurs provoquèrent par stimulation électrique du cortex un mouvement des membres du côté opposé. Actuellement la technique s'est perfectionnée au point d'être utilisée en neurochirurgie pour localiser les zones du cortex trop importantes pour être enlevées même pour des raisons thérapeutiques. Cette technique a été systématiquement utilisée par le neurochirurgien Wilder Penfield (W. Penfield et L. Roberts, 1959) au cours du traitement chirurgical des épileptiques.

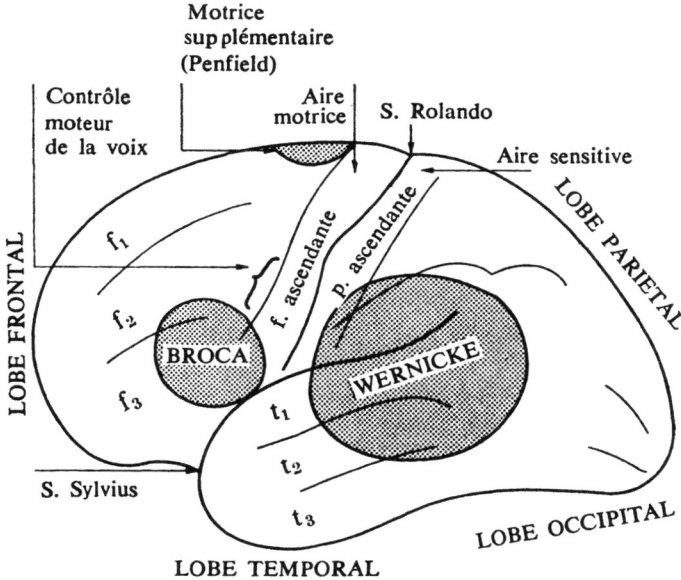

Fig. 1. - Représentation schématique des aires motrices et idéationnelles du langage dans l'hémisphère dominant (gauche, en général).

Pendant l'opération le malade reste entièrement conscient car le cerveau ne contient pas de récepteurs de la douleur;

seule une anesthésie locale est appliquée pour la crâniotomie. Les stimulations consistent en des courants de faibles voltages, 3 à 4 volts, appliqués par impulsions brèves de 2 millisecondes au moyen d'une fine électrode. Ce type de stimulation provoque deux sortes d'effets selon les endroits, soit l'apparition de sensations, et de souvenirs ou le déclenchement de gestes, soit au contraire l'arrêt de certains comportements, dénomination, articulation, etc. Les souvenirs provoqués par stimulation peuvent être assez complexes. Ainsi la stimulation d'un point du lobe temporal droit à un centimètre de profondeur provoque le récit suivant (cas M. Ma) : « Oh, un souvenir familier — dans un bureau quelque part. Je peux voir les pupitres. J'étais là et quelqu'un m'appelait — un homme penché sur un pupitre avec un crayon à la main. » Une stimulation dans la même région fait dire à un jeune homme (cas J. T.) : « Oui, docteur ! oui, docteur ! j'entends maintenant des gens rire — mes amis — en Afrique du Sud. » Un autre cas, G. F., entendit parler son petit garçon Frank, dans la cour devant sa cuisine, et elle entendit aussi « les bruits du voisinage ». D. F. entendit un orchestre dans la salle d'opérations, mais ne se souvint pas où elle l'avait entendu de cette façon. Ces scènes ne sont pas des images fixes mais se transforment, d'autre part ces scènes n'apparaissent pas comme étant un souvenir précis et Penfield fait l'hypothèse qu'il s'agit là de la généralisation à partir de nombreuses sensations ou souvenirs enregistrés. Penfield nomme cette zone (partie antérieure du lobe temporal) le cortex interprétatif, et sa proximité vis-à-vis de l'hippocampe [cf. (c)] serait selon Penfield la cause de son rôle important dans la mémoire. Par contre, les stimulations dans les aires du langage ne provoquent pas de récits ou phrases mais quelques vocalisations simples dans l'aire motrice rolandique (frontale ascendante) ou au contraire le blocage de la dénomination, lecture, etc., dans les autres aires du langage : ainsi la stimulation en un point de l'aire de Broca donne le résultat suivant lorsqu'on montre l'image d'un pied (cas C. H.) « Oh, je sais ce que c'est. C'est ce qu'on met dans les chaussures » et après que l'électrode fût retirée il dénomme correctement « pied ». L'ensemble des résultats recueillis par Penfield et ses collègues l'amène à distinguer deux types de mécanismes du langage : 1) les mécanismes moteurs du langage, c'est-à-dire qui permettent la vocalisation et son contrôle dont les aires corticales sont localisées dans la partie inférieure de la frontale ascendante des deux hémisphères; 2) les mécanismes du langage idéationnel au contraire sont localisés dans trois aires, mais dans un seul hémisphère, gauche le plus souvent : l'aire de Broca, l'aire de Wernicke et une aire découverte par Penfield, nommée « aire supplémentaire du langage » (en avant de la partie supérieure de l'aire motrice). Ces aires n'ont pas la même importance et une lésion de l'aire supplémentaire, parfois même de l'aire de Broca, est suivie de récupération du langage. Ces faits ainsi que l'éloignement de ces trois aires entre elles, ont amené Penfield à supposer que l'importance de ces aires est due non pas à leur position « géographique » mais à des centres nerveux sous-corticaux qui seraient communs à ces trois aires. D'après des études anatomiques ces centres pourraient être certains noyaux thalamiques, le pulvinar et le noyau latéral postérieur du thalamus. D'autre part, il existe de nombreuses voies qui unissent ces centres à d'autres parties du cerveau et c'est l'intégration de ces multiples informations et commandes qui fait le langage. Enfin les aires du cortex sont extrêmement différentes entre elles. Les histologistes différencient six couches de cellules différentes dans le cortex, certaines cellules sont motrices (pyramidales), d'autres sensorielles (granulaires), d'autres encore assurent des communications horizontales, verticales, etc. Les aires du cortex, selon leur composition sont ainsi plutôt motrices ou plutôt sensorielles et des lésions provoquent ainsi des troubles sensoriels (agnosie) ou moteurs (apraxie). Tous ces résultats montrent que la localisation des fonctions psychologiques n'est pas une simple répartition topographique mais est due à la nature de la spécialisation du tissu nerveux et aux relations entretenues avec les centres sous-corticaux qui assurent l'intégration ou la répartition des informations.

b) *Le rôle mystérieux des lobes frontaux*

L'étude des mécanismes cérébraux de la mémoire montre qu'il est vain de chercher un centre ou une zone unique qui serait le siège de la mémoire. Bien au contraire, la mémoire est étroitement liée aux autres fonctions et ses mécanismes sont divers.

Aussi, la description des bases biologiques de la mémoire demanderait pour être exhaustive, l'examen du rôle de toutes les parties du cerveau. Ceci étant exclu dans le cadre de ce livre, notre description portera seulement sur certains problèmes caractéristiques et sur certaines parties du cerveau dont la connaissance projette un éclairage nouveau sur nos conceptions actuelles de la mémoire. C'est le cas pour les lobes frontaux. Si les localisations corticales ont été assez rapidement identifiées, aires du langage, aires sensorielles — visuelles, auditives, ... —, aire de la conscience du schéma corporel, aires motrices, cortex interprétatif, etc., une partie importante (et même très importante chez l'homme) du cortex est restée longtemps mystérieuse : les lobes frontaux. En 1876, Ferrier écrit à propos du déficit causé par l'ablation des lobes frontaux chez le singe : « l'ablation ou la destruction par cautérisation des lobes antéro-frontaux n'est suivie d'aucun résultat physiologique défini ». L'animal conserve ses capacités de motivation, d'émotion, de perception, d'action volontaire, etc. Ferrier constate seulement des troubles psychologiques indéfinis, les singes restent apathiques, indifférents, ne réagissant qu'aux stimuli présents. Ces faits observés chez le singe concordent avec les malades atteints de lésions des lobes frontaux ou privés chirurgicalement de ceux-ci pour des raisons thérapeutiques. Les malades semblent indifférents et ne réagissent qu'aux stimulations actuelles mais ne présentent pas de troubles marqués. La première mise en évidence expérimentale d'un trouble spécifique est due à C. F. Jacobsen (1936) qui démontra que l'ablation bilatérale des lobes frontaux chez le singe entraîne l'incapacité de donner une réponse différée : l'expérimentateur met de la nourriture sous une tasse, une autre tasse restant vide; puis une porte se rabat entre le singe et les tasses pendant un certain délai au bout duquel la porte est relevée. Si le délai est de quelques secondes, le singe sans lobes cérébraux ne se rappelle plus sous quelle tasse est la nourriture. Pourtant après de nombreuses expériences, la nature de ce déficit reste mal connue; alors que pour Jacobsen, le déficit porte sur l'organisation temporelle et la mémoire à court terme, Malmo (1942) appliquant les résultats sur l'interférence montre que si les singes opérés sont préservés des stimulations interférentes (obscurité), l'effet « Jacobsen » n'a pas lieu. Par ailleurs Karl Pribram montre dans de nombreuses expériences que les lobes frontaux auraient plutôt un rôle de programmation : si l'on « soulage » les singes opérés en espaçant les stimuli, aucun déficit n'apparaît (Pribram et Tubbs, 1967). Pribram pense que cette conception n'est pas incompatible avec l'hypothèse de la mémoire à court terme, si l'on entend par ce terme « des processus de travail actifs de codage et de programmation de l'input ». L'examen clinique des frontaux rejoint cette conception. Ainsi Jacques Barbizet note que si les frontaux réussissent aux tests simples, ils échouent dans les situations où ils ont à retenir simultanément plusieurs informations : il cite le cas caractéristique d'un malade, Roger, atteint d'une contusion de la totalité de f_2 et des parties adjacentes de f_1 et f_3, du lobe frontal droit. L'expérimentateur lui demande quelle est la longueur du quart de la tour Eiffel. Il ne sait pas. A la question, « quelle est la hauteur de la tour Eiffel », il répond « 300 m ». A la question « quelle est la moitié de 300 », il répond 150 m et à la question « quelle est la moitié de 150 », la réponse est 75 m. Néanmoins lorsque l'expérimentateur lui repose le problème original « la longueur du quart de la tour Eiffel » il échoue de façon répétée après avoir proposé « 200 m ».

De même les malades frontaux sont victimes d'erreurs dues au manque de différenciation entre les situations : tel malade prend un arbre en fleur pour un arbre couvert de neige, tel autre donne son ancienne adresse pour son adresse actuelle, etc. (Barbizet, 1970). Luria et ses collègues ont notablement enrichi la connaissance du rôle des lobes frontaux en mettant en relation « le développement des formes complexes du contrôle comportemental chez le jeune enfant, et la dissolution des mêmes patterns de comportement chez le malade des lobes frontaux », (A. R. Luria et E. D. Homskaya, 1964). Luria note que le comportement de l'enfant entre 18 mois et 3 ans et demi, 4 ans ne peut être arrêté, et reprogrammé par un ordre verbal, mais persévère : un enfant qui commence à mettre des anneaux autour d'un bâton et à qui l'on dit de les enlever est incapable de modifier son action. Or, on observe ces mêmes comportements chez le malade frontal, persévération et absence de réajustement comportemental grâce aux consignes verbales. Par exemple un malade à qui l'on demande d'appuyer trois fois sur un bouton, appuie sans arrêt et de manière incontrôlée. Un malade atteint d'une sévère lésion des lobes frontaux est incapable d'allumer une cigarette : le malade commence par craquer une allumette et continue plusieurs fois, incapable d'enchaîner le geste suivant. L'inefficience des frontaux est caractéristique également dans les situations de temps de réaction discriminatif (Ivanova, 1953, cité par Luria). Si le malade doit répondre de la main droite au signal rouge et de la main gauche au signal vert, il répond avec la même main, ou de façon alternée ou au hasard. Cette observation montre que les temps de réaction sont des activités plus complexes qu'elles ne paraissent et induit à relativiser la conception de la mémoire sémantique telle qu'elle est déduite des temps de catégorisation (cf. chap. IV) : très vraisemblablement les temps de catégorisation mettent en œuvre des programmes, schèmes de classification plutôt qu'ils reflètent la structure élémentaire d'une mémoire sémantique. Enfin d'autres expériences de Luria montrent que l'absence de régulation des consignes verbales chez les frontaux apparaît aussi pour des réactions végétatives.

L'ensemble de ces résultats montrent l'importance cruciale des lobes frontaux, dans la programmation des stimulations, la régulation en fonction des signaux verbaux et aussi dans la mise en œuvre des schèmes complexes du comportement. Très certainement c'est l'activité des lobes frontaux qui est la base biologique des schèmes opératoires, de l'organisation temporelle et peut-être aussi de la mémoire temporaire de travail (cf. chap. II).

b) *Spécialisation des hémisphères*
et communications interhémisphériques

Dans la seconde moitié du XIXᵉ, les neurologistes, Broca, Jackson et bien d'autres ont fait connaître les observations cliniques qui démontraient la spécialisation des hémisphères cérébraux. Une lésion étendue, dans un hémisphère entraîne la paralysie des membres opposés. Si la lésion occupe l'hémisphère gauche, il y a à la fois perte du langage et paralysie des membres droits, qui servent le plus, la majorité des individus étant droitiers. Pour cette raison l'hémisphère gauche est qualifié de dominant ou majeur. Mais le degré de spécialisation exactement atteint par chaque hémisphère ne pouvait être connu avec précision que lorsque chacun fonctionnerait indépendamment l'un de l'autre; ceci fut réalisé dans la technique « Split-Brain » (cerveau séparé) de Myers et Sperry (1953). Anatomiquement, les deux hémisphères sont reliés par des faisceaux de fibres, les commissures cérébrales dont le corps calleux est la plus importante (fig. 2) et le chiasma optique qui est le croisement entre les deux nerfs optiques. Ce croisement est particulier car il est incomplet : les fibres optiques qui viennent du côté gauche de la rétine — donc qui réceptionnent les informations du champ visuel droit — restent du même côté et vont se projeter sur le cortex de l'hémisphère gauche. A l'opposé, les fibres du côté droit de la rétine traversent le chiasma en diagonale pour se projeter dans l'hémisphère droit. Bien que compliqué sur le plan anatomique, le chiasma permet pour l'essentiel (seules les fibres de la fovea sont à la fois directes et croisées) que le même hémichamp visuel, soit projeté dans le même hémisphère. Il en est donc pour les hémichamps visuels comme des hémicorps, l'hémichamp droit est projeté dans l'hémisphère gauche, et l'hémichamp gauche est projeté à droite (fig. 2). Avec la technique split-brain qui consiste à sectionner le chiasma et les commissures, l'œil gauche ne voit plus que le champ droit et l'œil droit le champ gauche. L'animal (chat, singe) dont le cerveau est ainsi séparé en deux « demi-cerveaux » n'a pas de troubles physiologiques et psychologiques généraux et seules des expériences spécifiques montrent en quoi il diffère des animaux à cerveau

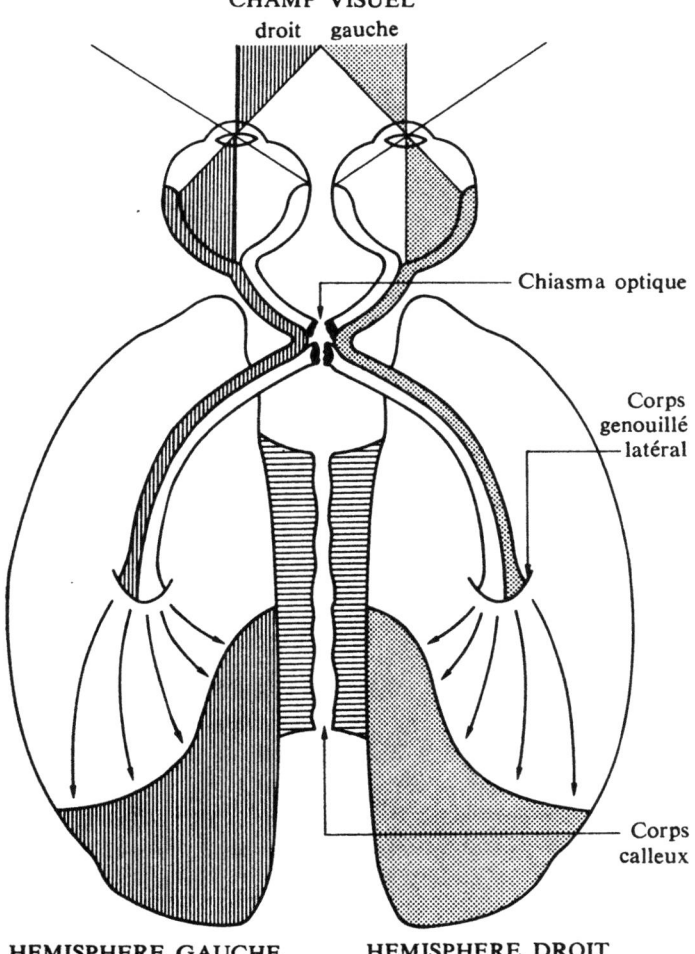

Fig. 2. - Représentation schématique de la projection de chaque hémi-champ visuel sur l'hémisphère contralatéral.

entier. L'animal ayant un œil bandé, doit apprendre à choisir une forme visuelle, ex. : un cercle et non un carré, pour recevoir de la nourriture. Lorsque l'apprentissage est terminé, on présente les deux formes visuelles à l'autre œil et son hémisphère, en bandant l'œil dont l'hémisphère a appris. Il n'y a aucun transfert d'apprentissage et l'autre hémisphère doit entièrement réapprendre comme s'il s'agissait d'un autre individu. Il n'y a plus communication entre les hémisphères à tel point que l'on peut faire apprendre à un hémisphère le « choix » (avec la patte controlatérale) du carré et à l'autre hémisphère, le choix du cercle, alors qu'une telle situation est conflictuelle chez l'animal normal.

Les demi-cerveaux fonctionnent indépendamment l'un de l'autre et Sperry et ses collègues ont été jusqu'à faire apprendre deux problèmes différents en même temps aux deux hémisphères.

Sperry et Gazzaniga (1962, 1967) ont pu faire des observations comparables sur des malades épileptiques chez qui une section du corps calleux, de la commissure antérieure et de la massa intermédia (non du chiasma) avait été faite par les neurochirurgiens Bogen et Vogel pour réduire l'ampleur des crises.

Les traits généraux du comportement du malade split-brain sont la conséquence de la localisation controlatérale des sensations et des commandes motrices de chaque hémicorps et de la localisation à gauche du langage. D'une part, le malade peut localiser un point touché sur son corps avec la main homolatérale (l'hémicorps est projeté en entier dans l'hémisphère opposé), mais non avec la main controlatérale, d'autre part le malade est incapable de décrire verbalement les mouvements de sa main ou de son pied gauche, ce qu'il fait aisément pour le côté droit et la tête qui a une représentation sensorielle sur les deux hémisphères. Si l'hémisphère droit n'est pas capable de s'exprimer verbalement, il peut comprendre un ordre verbal : le sujet, les yeux bandés, peut avec la main gauche chercher un objet désigné verbalement parmi d'autres. Cette compréhension va — dans les limites des mots testés — jusqu'à certaines définitions comme « instrument pour mesurer » (règle), gardée en banque (pièce), etc. D'autres expériences montrent que c'est bien la compréhension de l'hémisphère mineur qui est en cause : le nom d'un objet est projeté dans l'hémichamp visuel gauche (hémisphère mineur, droit) et la main gauche (hémisphère droit) est capable de retrouver cet objet parmi d'autres alors que la main droite en est incapable, ce qui met hors de cause l'hémisphère majeur gauche. Cette compréhension verbale de l'hémisphère mineur est peut-être due à un certain transfert antérieur à l'opération. Le calcul est impossible pour l'hémisphère mineur, même des additions simples, ce qui semble démontrer que le calcul nécessite les symboles verbaux.

Alors que l'hémisphère gauche est spécialisé dans l'expression verbale, y compris les nombres, l'hémisphère droit est peut-être spécialisé dans l'expression émotive.

Dans une expérience où Sperry voulait déterminer si l'hémisphère droit était capable de dénommer des couleurs, un flash rouge ou vert était envoyé dans le champ gauche : lorsque le patient énonçait (en réalité l'hémisphère gauche) une réponse (au hasard), en même temps il secouait la tête et fronçait les sourcils, ce qui s'interprète en somme par le fait que l'hémisphère gauche parlait sans le savoir et l'hémisphère droit qui ne peut s'exprimer, mais comprend verbalement, manifeste sa désapprobation par l'expression du visage. Dans une autre expérience, Sperry a provoqué un conflit « freudien » chez une malade en projetant une photographie de femme nue à l'hémisphère droit. La malade déclara qu'elle n'avait rien vu mais rougit, s'agita et donna des signes de malaise. Dans une expérience similaire où la projection simultanée d'une photo neutre (ex. : un arbre) dans l'hémisphère gauche et de la femme nue dans l'hémisphère droit, provoque un changement de ton de la réponse « arbre » ou l'apparition d'un sourire. Cela signifie-t-il que l'inconscient de Freud est localisé dans l'hémisphère droit ? Chez l'individu normal les oublis affectifs (cf. chap. V) sont liés aux mécanismes du langage, de même les troubles névrotiques sont mêlés à la symbolique verbale, mais peut-être cela est-il dû aux communications interhémisphériques; on ne peut donc trancher la question.

L'ensemble de ces faits montrent que la mémoire est un ensemble de mécanismes hétérogènes, la conduite de récit n'est permise que pour l'hémisphère gauche, tandis que le droit est capable d'imitation différée (c'est-à-dire de reproduction gestuelle) ou de reconnaissance motrice. La technique du split-brain montre également que le transfert bilatéral (d'un membre à l'autre) est dû aux communications interhémisphériques et que son mécanisme est donc sans doute différent d'autres types de transfert intrahémisphérique.

c) *Le système limbique et l'amnésie antérograde générale*

Les structures décrites jusqu'ici jouent un rôle plus ou moins fondamental dans la mémoire, en supprimant ou diminuant l'efficience de certaines conduites mnémoniques. Il existe par contre des cas cliniques dont l'observation démontre qu'il y a atteinte de centres fondamentaux de la mémoire car les malades sont dans l'impossibilité définitive de mémoriser des informations variées : verbales, spatiales, à contenu affectif, etc. Le syndrome le mieux défini est celui de Korsakoff (cf. chap. III). Le symptôme le plus caractéristique de l'amnésie de Korsakoff est l'impossibilité de mémoriser de nouvelles informations : le malade est capable d'évoquer un certain nombre de souvenirs anciens, garde un certain savoir, vocabulaire, calcul, etc., une mémoire à court terme qui lui permet de répéter quelques mots, quelques chiffres, de retrouver un objet que l'on vient de cacher devant lui mais, passé un délai de quelques secondes, il est incapable de rappeler un quelconque événement. Le malade oublie qu'il vient de lire le journal, qu'il a déjeuné et quel était le menu, etc. Si ce trouble fondamental est caractéristique du syndrome de Korsakoff, il est toujours associé à des déficits divers comme a raison de le rappeler Barbizet (1969) et l'on peut observer : une amnésie rétrograde sur les souvenirs les moins anciens, un appauvrissement de la conduite de récit même si un certain nombre de souvenirs anciens sont conservés, des troubles de l'organisation temporelle même si l'adaptation du malade à l'instant présent est bonne, et des troubles divers chez certains malades, troubles de l'émotivité, tendance à porter des objets à la bouche, sexualité anormale.

Les variétés des cas s'expliquent par les différentes zones cérébrales lésées par la maladie. Le syndrome de Korsakoff « pur », est une conséquence de l'alcoolisme chronique et l'on sait maintenant qu'il y a lésion, car l'alcoolisme produit une carence en vitamines du groupe B. L'amnésie de Korsakoff s'observe donc également dans d'autres cas de carences, béribéri, anorexies, etc. Les études anatomiques ont montré que les lésions pouvaient affecter des zones assez variées de la base du cerveau : noyaux du thalamus, corps mamillaires, hippocampe, circonvolution limbique, selon les maladies, tumeurs, encéphalites, lésions vasculaires, etc. Mais comme nous allons le voir, ces diverses structures sont fonctionnellement liées par des voies nerveuses, ce qui explique que l'atteinte de l'un ou l'autre centre (ou voie) perturbe l'activité d'ensemble du système. Parmi ces structures, l'hippocampe apparaît être chez l'homme un centre indispensable comme le prouve les ablations chirurgicales. Parmi plusieurs cas observés par

Brenda Milner (1970) et ses collègues sur des patients des neurochirurgiens Penfield et Scoville, le cas H. M. est très démonstratif. Pour supprimer des crises épileptiques graves et fréquentes qui l'avaient forcé à abandonner son travail, le Dr Scoville pratiqua l'ablation bilatérale de la partie interne du lobe temporal, qui englobe la plus grande partie de l'hippocampe et du noyau amygdalien de chaque côté. Les crises ont été jugulées mais, malheureusement, furent remplacées par des troubles très graves : une amnésie antérograde générale et une amnésie rétrograde portant sur l'année précédant l'opération. L'amnésie antérograde ne paraît pas associée à d'autres troubles et n'affecte ni les souvenirs anciens, la mémoire à court terme, le langage, le savoir culturel, etc. Par contre l'amnésie antérograde paraît quasi définitive — mis à part quelques très lents progrès dans des apprentissages moteurs — dix mois après le déménagement de sa famille, il ne sait pas encore sa nouvelle adresse et se rend à son ancienne maison, il relit les mêmes magazines, redemande chaque fois la place des objets, continue à prendre ses voisins pour des étrangers, oublie la mort d'un oncle bien que l'information lui cause à chaque fois une vive émotion, etc.

Milner et Corsi ont montré l'importance de l'hippocampe dans la mémorisation en comparant les sujets privés de cette structure et les sujets privés du lobe temporal, droit et gauche. L'ablation du lobe temporal, surtout des deux côtés, provoque un déficit mnémonique important, déficit de la mémorisation des figures complexes et des visages pour le lobe droit, déficit surtout verbal à gauche. Mais seule l'ablation bilatérale de l'hippocampe (et sans doute du noyau amygdalien) provoque l'amnésie antérograde totale.

Les études anatomiques et physiologiques récentes permettent de comprendre en partie le rôle de l'hippocampe, noyau amygdalien, corps mamillaires et autres structures de cette région, dans la mémoire. Bien que spatialement comprises dans le néo-cortex, les formations hippocampiques ont une origine phylogénétique différente et plus ancienne. Par ailleurs, elles sont reliées aux corps mamillaires d'où partent trois faisceaux nerveux (d'où leur importance observée par certains cliniciens), qui vont : 1) vers le thalamus puis les circonvolutions limbiques et diffusent vers les lobes frontaux, pariétaux et reviennent contrôler les centres hippocampiques par le lobe temporal; 2) vers les formations réticulaires du tronc cérébral et les noyaux des nerfs crâniens; 3) vers divers noyaux (septum) dont les noyaux hypothalamiques (J. Delmas et A. Delmas, 1965). Fonctionnellement, ce système de noyaux et de voies nerveuses, dont le rôle a été précisé par Papez (1937), Gastaut (1952), Karli (1969), est un véritable cerveau de base du comportement et est spécialement relié aux centres de la vigilance (formations réticulaires), d'élaboration de l'émotion (circonvolution limbique), d'élaboration cognitive (lobes frontaux, etc.), et aux centres des réactions motrices et végétatives de l'émotion (hypothalamus). Par ailleurs les études physiologiques fines par stimulation électrique ou thermocoagulation ont montré la très grande complexité fonctionnelle de ces centres et leur spécialisation relative. D'une part certains auteurs ont montré l'existence de systèmes neuroniques « détecteurs de nouveauté » (Sokolov, 1966; Vinogradova, 1966); d'autre part les expériences montrent que l'hippocampe et le noyau amygdalien fonctionnent de manière complémentaire à l'intérieur d'un complexe motivationnel, dont le rôle serait d'attacher une valeur affective à un stimulus, l'amygdale plutôt pour les renforcements positifs, l'hippocampe plutôt pour les renforcements négatifs (Douglas et Pribam, 1966). Ces conclusions rendent compte notamment que l'activité électrique maximale de ce complexe soit corrélée avec le changement de valeur affective (nourriture ou choc électrique par exemple) attaché à un événement (son, ou appui sur une pédale). Karli, s'appuyant sur ces données, et sur l'observation de certains auteurs (Gol et Faibish, 1967) que l'ablation bilatérale de l'hippocampe rend le sujet plus indifférent à la douleur, suggère que l'hippocampe joue un rôle essentiel dans l'intégration des aspects cognitifs et affectifs de l'information.

En conclusion, le système limbique — dont l'hippocampe et l'amygdale sont des centres primordiaux — joue le rôle de cerveau fondamental parce qu'il intéresse toutes les activités du comportement. Mais en ce qui concerne un des aspects du comportement, la mémoire, le système hippocampe-amygdale joue le rôle d'intégrateur cognitif en permettant, sans doute par ses relations avec le néo-cortex, la détection de la nouveauté et aussi le rôle d'intégrateur cognitif-affectif en donnant aux informations une valeur affective, c'est-à-dire bonne ou mauvaise du point de vue de l'organisme. D'ailleurs au niveau complexe de l'activité, les aspects cognitifs et affectifs sont intimement mêlés et l'essentiel de la signification affective est d'origine cognitive, des renforcements secondaires du conditionnement aux valeurs sociales.

d) *Les systèmes réticulaires et le problème de la « consolidation »*

Au début du siècle, Muller et Pilzecker (1900) formulaient l'hypothèse dite de « consolidation » mnésique selon laquelle les processus nerveux continueraient à fonctionner après la fin de l'apprentissage. Cette hypothèse est utile pour interpréter de nombreux faits psychologiques et physiologiques. Ainsi il est bien connu que l'apprentissage est plus efficace si les essais sont espacés (apprentissage distri-

bué) plutôt que rapprochés (apprentissage massé). Toutefois ce type d'effet peut être interprété également par des
mécanismes psychologiques — diminution de l'interférence
contextuelle, etc. — de sorte que les faits physiologiques
sont moins ambigus. L'amnésie rétrograde consécutive à
un traumatisme crânien constitue un cas fréquent explicable par l'hypothèse de consolidation; en effet, Russel et
Nathan (1946) ont observé que parmi plus de 1.000 de ces
cas, 700 patients sont victimes d'une amnésie rétrograde
portant sur moins d'une demi-heure — quelques instants le
plus souvent — et 133 seulement ont une amnésie de plus
d'une demi-heure. De nombreuses techniques expérimentales ont été élaborées afin de trouver la durée critique au-
delà de laquelle, le souvenir serait conservé. Les premières
recherches utilisèrent l'électrochoc, tant sur l'animal que sur
les malades chez qui un tel traitement est nécessaire.

Dans une expérience de Duncan (1949; cité par Deweer,
1970), les animaux apprennent à sauter d'un compartiment
à un autre pour éviter un choc électrique (18 essais à raison
d'un par jour); après chaque essai, ils reçoivent un électrochoc, l'intervalle essai-électrochoc variant de 20 secondes
à 14 heures selon les groupes. Les résultats montrent qu'au-
delà d'une heure l'électrochoc ne provoque plus d'oubli
mais, qu'en deçà, l'oubli est d'autant plus grand que le délai
est court. D'autres résultats ont confirmé ces résultats, mais
Coons et Miller (1960) et d'autres ont montré que, pour une
part importante, cet oubli rétrograde était dû, non pas à la
perturbation directe d'un mécanisme mnémonique, mais à
un conditionnement aversif; l'électrochoc joue le rôle de
stimulus inconditionnel négatif et l'animal ne donne pas la
réponse apprise qui est associée à l'électrochoc. De plus,
il peut y avoir des effets perturbateurs sur l'affectivité de
l'animal, bien qu'un électrochoc sur une autre partie du
corps ne produise pas un tel oubli. Notons, à ce propos

que l'effet de conditionnement aversif (éviter les événements
« associés » à un événement fortement désagréable), est
applicable à l'amnésie rétrograde consécutive à un traumatisme crânien : dans ce cas une part de l'oubli ne peut
être qu'un « refoulement » ce qui expliquerait que, dans
certains cas, le sujet par automatisme ou sous hypnose
(cf. Janet, chap. V) puisse évoquer des souvenirs de cette
période. Pour éviter cette ambiguïté, les chercheurs ont
employé d'autres agents perturbateurs — modifications
thermiques, dépolarisation corticale par application d'électrolytes ou injection d'électrolytes (potassium, calcium),
barbituriques, tranquillisants, etc. Bloch, Deweer et Hennevin (1970) ont par exemple utilisé le fluothane (anesthé-
sique agissant par inhalation) dont les effets sont dosables
et rapidement récupérables.

Leurs résultats montrent que l'oubli est total (apprentissage en un essai) si la narcose intervient 90 s après l'apprentissage alors qu'il n'y a pas oubli 6 minutes après.

A l'inverse, des drogues stimulatrices de l'activité nerveuse facilitent à faible dose la consolidation mnésique,
que les drogues soient appliquées avant l'apprentissage ou
pendant la période de consolidation (Mc Gaugh, 1959,
etc.). A forte dose, ces excitants (strychnine, nicotine, etc.)
sont perturbateurs et ces résultats ont pour application
d'inciter à la prudence ceux qui « fonctionnent » au café,
au tabac ou autres excitants.

D'autre part, l'excitation directe est possible par stimulation électrique, notamment des systèmes réticulaires
(Magoun, 1958) responsables des niveaux de vigilance.
Denti et Bloch (1965, 1970, etc.) ont montré que la stimulation réticulaire agit sur la période de consolidation, en la
facilitant et même en compensant les effets d'une narcose
appliquée 90 s après l'apprentissage.

Les hypothèses récentes invoquées pour expliquer la période de consolidation sont très différentes. Certaines, que nous étudierons dans le prochain paragraphe, mettent en cause aussi bien le développement de boutons synaptiques, que des modifications chimiques au niveau des neurones et des synapses. L'hypothèse de Bloch et ses collègues met en valeur le rôle des systèmes réticulaires dans la consolidation, notamment pendant le sommeil paradoxal. On sait que le sommeil paradoxal est une phase du sommeil caractérisée par des mouvements des yeux et une activité électrique du cerveau ressemblant à celle de l'état de veille. Beaucoup d'auteurs ont souligné la corrélation entre l'activité cognitive, notamment la mémoire, et la quantité relative de sommeil paradoxal dans le sommeil total (Feinberg, etc.). Hennevin, Leconte et Bloch (cité par Hennevin et Leconte, 1971) ont montré, dans plusieurs expériences, d'une part que l'établissement d'un conditionnement entraîne une augmentation de la durée du sommeil paradoxal, dans le sommeil consécutif, et que la durée du sommeil paradoxal est corrélée avec l'augmentation de la performance jusqu'à la performance maximale après quoi, la quantité de sommeil paradoxal redevient normale. Par ailleurs, la privation de sommeil paradoxal diminue soit la rétention de l'apprentissage précédent, soit (selon différents auteurs et différentes expériences) une diminution de l'efficience dans les apprentissages postérieurs.

Les systèmes réticulaires en tant que constellations diffuses de neurones insérés parmi les fibres et les noyaux, du tronc cérébral au thalamus, ont un rôle très important puisqu'ils ont des effets facilitateurs ou inhibiteurs sur presque tout le cerveau, et intéressent aussi bien les centres sensori-moteurs que l'activité affective (système limbique), et ont une fonction générale dans les niveaux de vigilance. Le mécanisme même de ces systèmes et son rôle dans la consolidation peut donc être varié et aller de la communication d'informations entre structures, à la stimulation de la synthèse des protéines. Enfin, il est possible que la phase de consolidation soit due à des mécanismes différents. En effet, si le sommeil paradoxal joue un rôle tel que la privation de celui-ci diminue la rétention, il n'explique pas la phase « labile » de quelques secondes qui constitue la phase de consolidation que perturbent électrochoc et drogues : on ne dort pas après chaque acquisition. Il est donc possible qu'il y ait une phase labile de « consolidation » au-delà de laquelle le souvenir, bien que plus stable, aurait besoin d'être réorganisé parmi l'ensemble des souvenirs, fonction que réaliserait alors le sommeil paradoxal. Il n'y a donc pas forcément incompatibilité entre les hypothèses « neurodynamiques » du type Bloch et celles insistant sur des modifications neuroniques ou cellulaires.

2. LES BASES CELLULAIRES ET MOLECULAIRES DE LA MEMOIRE

a) *Neurones, synapses et cellules gliales*

L'activité plus ou moins spécialisée des structures du cerveau exclut que les neurones soient en tant que tels le substrat de la mémoire. Les comportements mnémoniques, leurs schèmes, leurs divers aspects (affectif, cognitif) intéressent différents systèmes de structures et différentes voies de communication. L'ablation de lobes entiers du cerveau, bien que privant l'organisme de milliards de neurones, n'enlève généralement pas la mémoire dans son ensemble, ni même une catégorie de conduites, mais diminue ou bloque (aphasie, amnésie antérograde générale) le bon fonctionnement de la mémoire. Cela dit, l'activité de ces structures met en jeu des activités plus ou moins stables entre les neurones par leur synapse ou dans les neurones eux-mêmes.

Au contraire poser le problème en termes de théories neuronique, synaptique ou moléculaire de la mémoire conduirait à imaginer que la haute différenciation structurale du cerveau ne remplit qu'une fonction esthétique. Il est certain à cet égard que la nature des neurones et leur « comportement » sont très différents, selon les structures auxquelles ils appartiennent. La rétine, qui a beaucoup été étudiée, offre un bon exemple de spécialisation cellulaire : non seulement il existe des bâtonnets et des cônes, mais des cônes spécialisés dans la brillance et la couleur, des cellules bipolaires et multipolaires intégratrices ou classificatrices, des cellules horizontales assurant des inhibitions à longue distance et des cellules amacrines assurant des inhibitions à courte distance.

De même pour la vision, Hubel et Wiesel ont montré que certaines cellules des corps genouillés latéraux répondaient seulement pour des influx correspondant à des stimuli verticaux ou horizontaux. Cela a été encore peu étudié pour la mémoire, mais certains auteurs ont montré l'existence de systèmes cellulaires détecteurs de nouveauté, Young et Boycott (Boycott, 1965) ont montré une division du travail entre les cellules du cerveau de la pieuvre, des cellules classificatrices verticales et horizontales aux cellules enregistrant le résultat positif ou négatif de l'action. On se souvient également que le cortex est composé de différents neurones, notamment les cellules pyramidales spécialisées dans la motricité et les cellules granulaires spécialisées dans la réception. D'autres différences anatomiques sont connues entre les neurones qui ont très certainement une conséquence fonctionnelle.

Cependant la plupart des théories ne mettent pas en valeur le rôle de la spécialisation des neurones, mais se basent sur des populations de neurones. On peut grossièrement classer ces théories selon deux pôles antagoniques,

selon que la théorie insiste sur des modifications structurales ou au contraire selon que la théorie insiste sur
l'activité d'ensemble d'une population de neurones ou
même du cerveau tout entier (les théories de « masse »).
Les théories associationnistes et la gestalt-théorie représentent les deux pôles extrêmes.

La théorie de Hebb (1949) est associationniste : « si
deux cellules ou système de cellules sont simultanément
actifs, ou le sont de manière répétée, ils tendront à
s'« associer », de manière que l'activité produite d'une
part facilite celle produite d'autre part » (éd. française,
1958, p. 82). Les connexions se font au niveau des
synapses, et les connexions spécifiques s'établissent directement, selon les hypothèses de Hebb, par la poussée
des boutons synaptiques, soit indirectement par la disparition de certains boutons synaptiques par suite de leur non
utilisation. Pour Hebb l'utilisation ou non de certains
neurones plutôt que d'autres serait due à une correspondance entre la « résistance » électrique du neurone et
les caractéristiques électriques du signal (du neurone précédent). Une des originalités de cette théorie par rapport
à d'autres plus classiques est de proposer un mécanisme de
« consolidation ». En effet si l'influx nerveux ne passe
qu'une fois à chaque stimulation, les modifications électriques ne peuvent guère, selon Hebb, suffire à déterminer
des modifications structurales. Hebb reprend donc l'hypothèse des circuits réverbérants que Hilgard et Marquis ont
fait à partir de la découverte anatomique de Lorente de No
de fibres de connexion en circuit fermé. L'influx nerveux
tournerait ainsi en « rond » selon un circuit plus ou moins
complexe, pendant un temps qui rend plus vraisemblable
une modification structurale concomitante. Selon l'auteur,
un tel mécanisme réverbérateur permettrait également
d'expliquer la mémoire à court terme. Cette hypothèse est

encore valable actuellement, mais reste évasive. En effet, les études psychologiques sur la mémoire à court terme (cf. chap. III) montrent qu'il existe une certaine diversité dans les phénomènes à court terme et il est vraisemblable qu'il y ait plusieurs mémoires à court terme, spécialisées sensoriellement — visuelle, auditive et articulatoire — ou spécialisées dans le traitement opératoire, mémoire temporaire de travail. Des hypothèses spécifiques seraient plus justifiées : soit par exemple de supposer que le registre sensoriel visuel correspond au temps de « transit » de l'information dans les voies et les centres visuels de la rétine au cortex occipital; que la mémoire auditive pré-catégorielle (spécialisée dans les voyelles) correspond au temps de « transit » et d'organisation dans l'hémisphère non dominant; que la mémoire temporaire de travail correspondrait au temps de traitement dans l'hémisphère dominant, ou dans les lobes frontaux, etc.

En ce qui concerne les modifications structurales, les travaux actuels montrent que les seules possibilités ne sont pas la poussée des boutons synaptiques, leur atrophie causant l'oubli. (Notons cependant un trait intéressant de la théorie de Hebb, l'oubli peut aussi être actif et résulter de l'interférence, c'est-à-dire de modifications nouvelles qui utilisent les anciennes, par transfert, et les déstructurent.) Rose, Malis et Baker (1961) ont montré, chez le lapin, que des lésions totales dans le cortex étaient suivies tôt ou tard de régénération. Les auteurs utilisent une technique d'irradiation aux deuterons afin de pratiquer des destructions totales mais localisées à différentes couches du cortex. La régénération est interprétée comme due à la croissance normale et continue des axones et des dendrites à partir des corps cellulaires non détruits. Plus récemment, Rosenzweig, Mollgaard, Diamond et Bennet (1972) synthétisant plusieurs travaux montrent que les modifications structu-

rales pourraient être aussi bien des modifications synaptiques positives que négatives. En fait quatre formes de
modifications sont possibles : 1) augmentation en nombre
des synapses; 2) augmentation en taille des surfaces de
contacts; 3) diminution en nombre et 4) diminution en
taille des contacts. Les auteurs étudient les différences
histologiques entre le cortex de rats élevés en milieu pauvre
— en cage standard — et de rats de la même portée élevés
en milieu enrichi — plusieurs rats élevés ensemble dans des
grandes cages « salles de jeux » munies de jouets, balan-
çoires. Les modifications résultantes sont complexes puisqu'il y a à la fois diminution en nombre mais augmentation
en taille (des surfaces de contact) dans certaines populations
de synapses, tandis qu'il y a l'inverse, augmentation en
nombre et non en taille dans d'autres populations des
cortex « enrichis » par rapport aux autres.

Par ailleurs, les mêmes auteurs et d'autres ont montré
des modifications de taille des corps cellulaires et des
cellules nourricières, les cellules gliales.

A l'opposé des théoriciens qui insistent sur les modifications structurales et notamment synaptiques, d'autres
soulignent les modifications d'ensemble de l'activité de
parties du cerveau ou du cerveau tout entier, dont l'activité
électrique est l'indice. L'ancêtre de ce type de théorie est la
gestalt. Ainsi pour Köhler, les activités psychologiques
étaient déterminées par des interactions entre champs électriques (cf. chap. I). Lashley montra la fausseté de cette
théorie en créant des courts-circuits électriques par l'application d'une feuille d'or à la surface du cortex de chats dont
les capacités perceptives ou d'apprentissage ne furent pas
diminuées; Sperry démontra la même chose en isolant
certaines parties du cortex par des isolateurs de mica; enfin,
Pribam réussit également à dérégler l'activité électrique
du cerveau en injectant de l'hydroxyde d'alumine ou en

l'appliquant sous forme de crème : chaque fois les animaux ne montraient aucune déficence dans des apprentissages perceptifs. Ces expériences démontrent donc que l'activité électrique enregistrable (ou non) du cerveau ne produit pas en elle-même la conscience perceptive, les souvenirs, etc., par contre elle en est un reflet intéressant. A cet égard, il est utile de distinguer deux grands types de l'activité électrique nerveuse : 1) des impulsions brèves, qui apparaissent par tout ou rien et qui se propagent à différentes vitesses le long des fibres nerveuses, ce sont les neuropulsions (Fessard), terme plus approprié qu'influx nerveux qui évoque un flux électrique continu, alors qu'il s'agit vraisemblablement de déséquilibre ionique au niveau de la membrane cellulaire; 2) des manifestations globales représentant l'activité de plusieurs neurones ou de populations de neurones : les neurotensions. Les neurotensions reflètent l'activité complexe entre les neurones, par exemple la neurotension enregistrée au niveau d'une synapse peut correspondre à la résultante électrique de deux (ou plusieurs) types de neuropulsions qui arrivent à un troisième neurone ou encore la neurotension enregistrée au niveau d'une aire du cortex peut refléter un véritable programme d'action entre des millions de neurones. Roy John (1967) pense, après l'analyse mathématique d'électro-encéphalogrammes d'animaux en situation d'apprentissage, que la base nerveuse de l'apprentissage est un pattern temporel de transition d'une population nerveuse à une autre et non des modifications structurales dans une région précise. Karl Pribam (1971) s'inspire de la technique holographique pour expliquer la base neurologique de la mémoire. L'holographie est une technique de photographie en relief qui a pour principe les interférences lumineuses. Si l'on jette deux cailloux dans une piscine, des ondes concentriques partant des deux points de chute vont s'agrandir et former aux points de rencontres des figures complexes, hyperboles, etc., appelées interférences ondulatoires (concept totalement différent des interférences entre associations). L'hologramme est une photographie obtenue par l'interférence entre deux sources lumineuses et a pour propriété de donner une répartition de l'information non point par point comme sur la photo normale, mais en fonction de la complexité de la « figure » résultant des interférences, de même que la projection de plusieurs cailloux produit des figures plus complexes et non des impacts ponctuels des cailloux. Pour Pribam les neurotentions reflèteraient donc une figure résultant des interférences entre plusieurs neuropulsions. Les neurotensions complexes, reflèteraient alors des figures très complexes résultant des interférences successives entre plusieurs « étages » de synapses.

Cette conception est certes ingénieuse mais, Pribam lui-même et d'autres ont démontré que l'activité électrique n'était pas le support, mais le reflet « ionique » de l'activité nerveuse, soit au niveau des neurones, soit au niveau de leurs frontières : les synapses. Au contraire, le support élémentaire de ce code « statistique » ou « holographique » de la mémoire est à rechercher dans ce qui produit les modifications électriques : les échanges moléculaires.

b) *Les mécanismes moléculaires*

Les progrès récents en biologie moléculaire et notamment la découverte du code moléculaire de l'hérédité au niveau de l'A.D.N. ont rendu plausible l'hypothèse que la molécule puisse coder l'information mnémonique. Néanmoins la démonstration de cette hypothèse est difficile. S'il est d'ores et déjà établi que de nombreuses molécules jouent un rôle dans la mémoire, c'est en tant que transmetteurs synaptiques ou en tant que stimulants de certaines activités nerveuses. Mais la démonstration que certaines molécules codent d'après leur structure une information mnémonique spécifique n'est pas encore suffisamment établie, même si certains espoirs sont permis. Les méthodes proposées pour étudier le code moléculaire de la mémoire appartiennent à trois grandes catégories : 1) l'analyse des modifications chimiques dans le cerveau consécutives à un apprentissage; 2) l'étude des effets des inhibiteurs de l'A.R.N. et de la synthèse des protéines et 3) les essais de transfert par voie chimique d'informations acquises par le cerveau. La première méthode a conduit à analyser chimiquement certaines régions du cerveau : système limbique, hippocampe ou aires spécifiques, etc., après apprentissage. Les recherches les plus connues sont celles du Suédois Hyden et de son équipe. Entre autres résultats Hyden, (1961) a montré que le neurone formait un système fonctionnel avec les cellules gliales qui l'entourent. Le neurone a une grande capacité à fournir de l'A.R.N. et des protéines et ceci avec des éléments de base fournis par les cellules gliales. Plus récemment, Hyden et Lange (1970) ont isolé une fraction protéique, la S-100, dont la proportion augmente dans les cellules pyramidales de l'hippocampe en fonction de l'apprentissage. A l'inverse, la seconde méthode consiste à bloquer la synthèse d'A.R.N. et de protéines et à voir si corrélativement la mémoire est bloquée. Les principales substances utilisées sont des antibiotiques (Cohen, 1970) tels, l'actinomycine D qui inhibe la transcription d'A.D.N. en A.R.N., la puromycine qui bloque l'allongement de la chaîne peptidique au niveau des ribosomes et l'acétoxycyclohéximide qui bloque le transfert d'acides aminés par le t-R.N.A. Les résultats sont extrêmement complexes car ils diffèrent parfois considérablement selon la technique d'apprentissage, l'espèce animale, la dose injectée, la durée de l'intervalle apprentissage-injection. Il semble qu'aucun de ces antibiotiques ne gênent la mémoire à court terme et la mémoire à long terme n'est en général pas perturbée. Par contre l'inhibition porte sur la période de consolidation dont la durée varie de quelques minutes à quelques heures ou même quelques jours selon les expériences. Mais cette seconde méthode, comme la première, si elles démontrent le rôle de l'A.R.N. et des protéines dans la mémoire ne démontrent pas qu'ils puissent coder des informations précises. Beaucoup de chercheurs se sont donc tournés vers la troisième méthode, l'essai biologique.

Mc Connel, le premier, présenta à partir de 1959, des expériences sur les planaires afin de prouver qu'il pouvait y avoir « mémoire » même si l'on ne respectait pas l'intégrité du système nerveux. Il pensait démontrer ainsi que le stade ultime de la trace mnémonique était une molécule, probablement l'A.R.N.

Dans l'état actuel des travaux, ses deux hypothèses de travail — 1) non nécessité de l'intégrité du système nerveux et 2) la molécule de la mémoire est l'A.R.N. — sont insuffisantes, mais ses expériences originales sont à l'origine d'un courant de recherche extrêmement fructueux.

Pourquoi avoir pris la Planaire comme animal d'expérience ? La Planaire blanche par exemple est un ver plat (Plathelminthe) qui mesure une vingtaine de millimètres de long sur quatre de large. Elle possède un système nerveux rudimentaire et est sensible à un certain nombre de stimulations, notamment la lumière et les chocs électriques. Mais la propriété particulière aux planaires c'est le pouvoir de régénération quasi totale : des portions dépourvues d'organes différenciés réduites même à un millième de planaire sont capables de régénérer un individu entier. Enfin, certaines espèces particulières de planaires sont cannibales et nous verrons comment cette particularité sera utilisée par les expérimentateurs.

La première expérience fut réalisée par Mc Connel, Jacobson et Kimble en 1959. Les planaires étaient dans une première phase, conditionnées à éviter la lumière. On place une planaire dans un petit bassin d'une trentaine de centimètres de long, rempli d'eau et au fond duquel la planaire peut ramper tranquillement. Vers chaque extrémité du bassin sont braquées deux lampes et ce bassin est relié à un circuit électrique pour pouvoir délivrer à la planaire des chocs électriques d'une intensité désagréable. Lorsque la planaire rampe vers une extrémité, on allume la lampe de cette extrémité pour une durée de trois secondes. Pendant la dernière seconde on déclenche le choc électrique. Pendant les deux secondes où seule la lumière est déclenchée, les réactions de la planaire sont notées : soit un retournement vers l'autre extrémité, soit une contraction du corps, soit encore la combinaison des deux. Si, à la lumière seule, la planaire réagit systématiquement, on dira qu'il y a eu apprentissage.

Chaque animal est entraîné en espaçant les essais de plusieurs jours jusqu'à un critère d'apprentissage de 23 réponses (retournement, contraction) au cours de 25 essais consécutifs. Lorsqu'un animal a atteint le critère, on le coupe en deux transversalement, puis on lui accorde un mois pour régénérer deux planaires « filles ». Puis on replace les « filles » dans la situation d'apprentissage : elles apprennent en moyenne au bout de 40 essais, alors qu'il avait fallu aux « mères » en moyenne 130 essais. Il y a donc une économie de 90 essais qui est du même ordre que l'économie réalisée dans le réapprentissage d'un groupe contrôle de planaires « mères » retestées après un mois de repos sans avoir été coupées.

Cette économie est interprétée comme étant possible grâce à la mémoire de la situation, mémoire qui s'est conservée après régénération. Les auteurs ont également constaté que les deux individus, filles, montraient des performances à peu près identiques, c'est-à-dire que l'individu régénéré à partir de la tête n'était pas supérieur à celui régénéré à partir de la queue.

La mémoire de cette situation ne paraît donc pas liée à l'intégrité du système nerveux mais plutôt à des substances qui étaient réparties dans tout l'individu.

Si cette dernière hypothèse est vraie, on peut même, à la limite, hacher une planaire et la donner comme aliment à d'autres planaires; si la « mémoire » est portée par des molécules, cette mémoire ne sera pas détériorée par ce procédé.

Cette technique a été inaugurée par Mc Connel vers 1961 et 1962. On appellera d'une façon générale Donneurs, les animaux qui auront été soumis à un apprentissage systématique avant d'être donnés comme aliment aux Receveurs. On testera les Receveurs comme précédemment, et si on observe une économie entre l'apprentissage du Donneur et celui de Receveur, on en déduira un « transfert de mémoire » sans donner à ce terme une acception trop précise.

Le choix des animaux est ici délicat car toutes les espèces de Planaires ne sont pas cannibales et certaines refusent de manger leurs congénères. L'apprentissage est ici d'aller dans la branche gris clair ou au contraire dans la branche gris foncé d'un petit labyrinthe ayant la forme d'un T. Chaque planaire apprendra à aller vers le bras coloré pour lequel elle ne présente pas de préférence spontanée. Chaque fois que la planaire va vers le bras que l'on a fixé, on la renforce positivement (récompense) en la remettant dans son aquarium pour quelques minutes; dans le cas contraire, elle est renforcée négativement (punition) en la piquant avec une petite brosse. Douze « victimes » apprennent de cette façon à aller contre leur préférence dans le bras gris foncé et douze autres vers le bras gris clair. L'apprentissage se fait comme dans l'expérience précédente au cours d'essais entrecoupés de périodes de repos : on suppose ainsi que la quantité de molécules sera optimale. On les entraîne jusqu'à ce qu'ils donnent deux bonnes réponses à la suite pendant deux jours consécutifs. Après quoi, on leur accorde une période de repos avant de commencer une dernière session de surapprentissage. Enfin, on sacrifie ces animaux, et on les coupe en petits morceaux pour constituer deux types d'aliments « foncé » et « clair ».

Chaque type d'aliment est donné à deux groupes de Receveurs « cannibales ». Chacun des huit cannibales du groupe I sera entraîné à aller dans le même bras que les Donneurs qu'on lui a donné comme aliment (groupe positif). Chacun des huit cannibales du groupe II sera entraîné à aller dans le bras opposé à celui vers lequel les Donneurs ont appris à se diriger (groupe négatif).

Enfin, huit cannibales contrôles sont nourris avec des Donneurs non entraînés (groupe neutre). En moyenne le groupe positif met 114 essais pour atteindre le critère d'apprentissage tandis que le groupe neutre met 229 essais, il y a donc une économie d'environ 50 %. Le groupe négatif met en moyenne 166 essais, ce qui montre une économie par rapport au groupe neutre, mais beaucoup moins importante que le groupe positif.

L'auteur en déduit que des facteurs non spécifiques (par exemple familiarisation avec le labyrinthe quelle que soit la direction à prendre) peuvent être transmis autant que des facteurs spécifiques (tourner dans le bras clair ou le bras foncé).

Ici encore et de manière plus évidente que dans le cas de la régénération, la « mémoire » transmise ne pouvait être portée que par des molécules, puisque les donneurs ont été réduits en morceaux et pas seulement coupés en deux. Il est important de signaler qu'une telle expérience n'est possible que chez ces animaux très rudimentaires comme les planaires, car la digestion est une assimilation directe à l'intérieur de chaque cellule par phagocytose. Ainsi, il est possible que les grosses molécules « codées » restent intactes dans l'organisme du cannibale.

Cependant, si ce type d'expérience est suggestif, il n'est pas concluant à cause de nombreuses critiques. Parmi d'autres auteurs, Chapouthier (1973) a montré expérimentalement les limites des travaux sur la planaire. Trois grandes critiques peuvent être faites : 1) la possibilité que la planaire soit capable d'apprendre est assez limitée; parmi les espèces européennes étudiées, Dugesia Lugubris n'a montré aucune augmentation de la performance dans un conditionnement classique type « Mc Connel ». Chez une autre espèce, Dendrocoelum lacteum, l'apprentissage a lieu, mais pas chez tous les individus; 2) dans une expérience de transfert (sur Dendrocoelum lacteum) Chapouthier a conditionné au choc et à la lumière un groupe de planaires (C-L) tandis qu'il soumettait un groupe témoin à la lumière seule (L); les broyats de ces groupes furent respectivement donnés à deux groupes de cannibales C-L et L, tandis qu'un groupe de planaires naïfs (n'ayant subi aucun traitement) était cannibalisé par un groupe correspondant, N. Or, si les cannibales C-L et L différèrent du groupe N, les cannibales C-L et L n'ont pas eu de résultats significativement différents. Chapouthier en déduit donc que le transfert moléculaire ne porte pas sur le conditionnement mais sur la sensibilisation à la lumière, ce qui évidemment diminue la portée des expériences de Mc Connel; 3) enfin, Chapouthier a démontré que les cannibales étaient affamés (sinon ils ne mangent pas de broyats de leurs congénères) et que les planaires affamés sont plus actifs et répondent plus à la lumière. Ces trois critiques auxquelles s'ajoutent des critiques d'autres auteurs, limitent évidemment la portée des travaux de Mc Connel à moins que les espèces américaines de planaires se comportent différemment. Toutefois, si le transfert ne porte pas sur le conditionnement, le transfert moléculaire de l'habituation à la lumière paraît établi, ce qui représente une certaine spécificité.

Les expériences de transfert ont été également tentées très souvent chez les vertébrés : poissons rouges, poulets, souris, rats, etc. Chez ces animaux en effet, il est possible de réaliser des apprentissages nettement différenciés et il était intéressant de voir si le transfert chimique était possible. Dans ce cas, le transfert s'effectue par injection en général péritonéale de broyat de cerveaux du ou des Donneurs. Parmi des dizaines de recherches ayant donné des résultats positifs (Ungar et Chapouthier, 1971) nous allons en citer deux réalisées par Georges Ungar et son équipe (1970).

Une des principales préoccupations a été pour Ungar de trouver des techniques ayant un grand degré de reproductibilité. Atteindre ce but est une nécessité dans la mesure où les controverses sur ce problème des bases moléculaires de la mémoire sont dues en majeure partie au fait que beaucoup d'expériences donnent des résultats contradictoires. Une analyse fine de ces expériences montre que si des expériences apparemment semblables donnent des résultats parfois opposés, c'est que des facteurs non contrôlés ont une importance capitale. Parmi ces facteurs très fins, il y a par exemple, la technique d'apprentissage pour les Donneurs : il semble qu'il faille entrecouper les périodes d'apprentissage de périodes de repos et même réaliser un surapprentissage mais, modéré seulement. L'espèce animale choisie et même la « race » employée est un facteur très important. De même il existe de grandes différences individuelles entre chaque animal et cette variable est difficile à contrôler. Signalons, enfin, que le choix d'une méthode, qui permet d'obtenir les solutions de broyats qu'on injectera, est primordiale dans la mesure où elle risque de détruire les substances actives.

Voici donc une des expériences d'Ungar qu'il a pu réaliser très souvent au total sur 4.000 rats Donneurs et 2.000 souris réceptrices. Cette technique est basée sur la préférence innée qu'ont ces mammifères rôdeurs pour les coins sombres plutôt qu'éclairés. On apprend aux Donneurs à inverser leur tendance en leur délivrant les chocs électriques lorsqu'ils vont dans une chambre obscure. Les Receveurs sont testés sans chocs électriques et le degré de répulsion pour le sombre est mesuré en enregistrant le temps passé dans la chambre obscure pendant la durée du test : 180 secondes.

Avant l'injection, ce temps passé dans la chambre obscure était de 130 à 140 secondes. Après injection du broyat de cerveaux des Donneurs, ce temps fut réduit à 56 secondes en moyenne, avec une variabilité maximale de ± 22 secondes sur l'ensemble des animaux. Aucune différence n'apparaît chez des Receveurs qui ont reçu des broyats de Donneurs non entraînés (groupe contrôle) (fig. 3).

Une deuxième technique mise au point dans le laboratoire d'Ungar se base comme la première sur un comportement inné des rats et des souris. Ces animaux quand ils sont placés sur une étroite plate-forme sautent, au bout de quelques secondes pour atteindre le plancher dont l'aire est plus spacieuse.

Comme précédemment, on entraîne les Donneurs à rester sur leur plate-forme en leur délivrant un choc électrique dès qu'ils sautent sur le plancher. Après injection des broyats de cerveaux de ces Donneurs, on constate que les Receveurs restent en moyenne 43 secondes plus ou moins

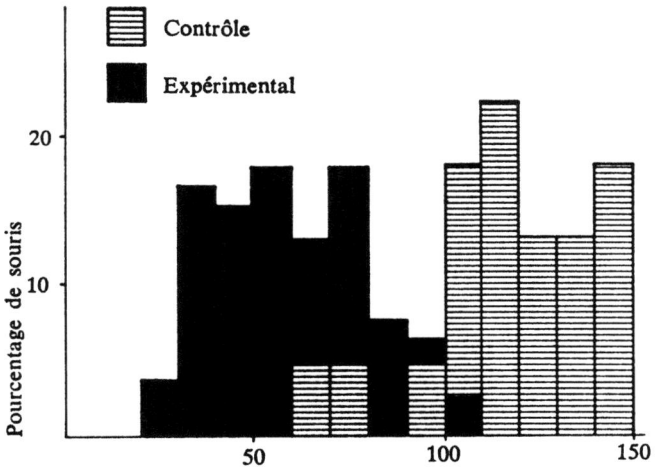

Fig. 3. - Distribution de l'activité de souris auxquelles on a injecté des broyats de 84 rats entraînés à éviter le sombre (en noir) et de 26 rats non entraînés (en grisé). (D'après Ungar, 1970.)

14 secondes alors qu'un groupe contrôle reste en moyenne 6,5 secondes plus ou moins 4 secondes.

De plus, Ungar montre, par des expériences de transferts croisés, la spécificité des deux types de broyats : les broyats de Donneurs entraînés à éviter le noir, n'induisent que ce comportement et sont neutres quant au comportement d'évitement de la plate-forme étroite. Et réciproquement, les broyats de Donneurs entraînés à rester sur la plate-forme étroite induisent spécifiquement ce comportement mais restent neutres quant à la réaction vis-à-vis du noir (fig. 4).

Une telle technique de transfert croisé paraît bien prouver que la substance active transférée est spécifique d'un certain apprentissage. De plus, Ungar a pu isoler la substance active de l'apprentissage à fuir le noir. En deux

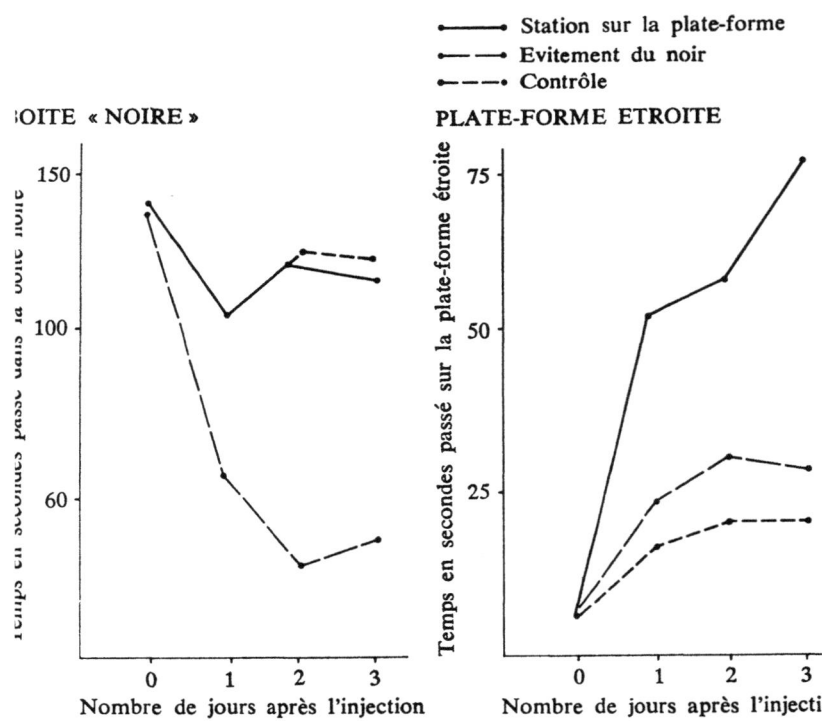

Fig. 4. - Expérience de transfert croisé. Le groupe ayant reçu des broyats de rats entraînés à éviter le noir évitent le noir, mais ne restent pas sur la plate-forme. Le groupe ayant reçu des broyats de rats entraînés à rester sur la plate-forme restent sur la plate-forme, mais n'évitent pas le noir. Les groupes contrôle reçoivent des broyats de rats non entraînés. (D'après Ungar, 1970.)

ans Ungar et son équipe ont accumulé 5 kg de cerveaux de rats dont ils ont extrait après de nombreuses étapes de purification, testées à chaque stade pour voir quelle partie contient la substance active, un polypeptide de 14 acides aminés. Ce polypeptide, nommé la scotophobine (peur du noir), a été analysé et sa séquence d'acides aminés déterminée.

La scotophobine a pu être synthétisée et des échantillons ont été distribués à plusieurs laboratoires dont trois ont rapporté des résultats positifs (Ungar, 1972).

Seule cette méthode complexe, alliant les essais biologiques à l'analyse biochimique, permet de démontrer la spécificité du code moléculaire. A ce stade des travaux, les théories sont encore évasives. Certaines sont non spécifiques telle celle de Pribam qui pense que certaines molécules produites par le neurone activé déclenchent la division cellulaire des cellules gliales qui forment ainsi un couloir par lequel l'axone va croître. D'autres théories sont plus spécifiques et font jouer aux molécules un rôle dans la reconnaissance synaptique.

Ungar, suggère que le cerveau contient potentiellement une représentation de l'univers. Cette représentation est limitée par les caractéristiques génétiques de l'espèce.

Une analogie possible est de considérer le réseau routier d'une île. A l'aide d'un ensemble limité d'autoroutes, de routes, de chemins, etc., il est possible de se rendre en n'importe quel point de cette île, en prenant un circuit déterminé. Par contre, les mers imposent des limites obligatoires donc malgré la quasi infinité des circuits possibles, l'univers routier de cette île est limité. Si nous prenons cette analogie que la mémoire d'un événement particulier est un circuit spécifique établi à partir de voies déjà existantes, la difficulté principale réside dans le passage des synapses qui sont autant de carrefours tout au long du circuit.

C'est là que les polypeptides ou les grosses protéines pourraient avoir un rôle en jouant celui d'indicateurs. D'après cette théorie, il n'y a pas de création d'un comportement appris par transfert de mémoire, puisque tous les circuits existent virtuellement. Seuls manquent les indicateurs chimiques, sorte de panneaux de signalisation. Pour cette raison, Rosenblatt préfère parler d'Induction de Comportement, plutôt que de transfert de mémoire. Flexner (1967) va encore plus loin en s'inspirant du mode de fonctionnement de l'inducteur qui bloque le répresseur et permet ainsi aux gènes structuraux de s'exprimer. Pour ce biochimiste, la mémoire à long terme ne dépendrait pas de la présence continue d'un polypeptide particulier, mais de l'établissement d'un système s'entretenant lui-même.

Ainsi, rappelons-nous qu'il suffit d'un inducteur pour mettre en route la fabrication, selon le plan des gènes structuraux, de produits qui contiennent cet inducteur, ce mécanisme ne cessera que faute de matière première. De même, on peut imaginer, qu'après l'établissement d'un circuit représentant une expérience, certaines protéines seront fabriquées et que celles-ci serviront d'inducteurs. Ces inducteurs permettront au circuit de « s'exprimer » à nouveau et de produire ces mêmes inducteurs. De même qu'au niveau génétique, cette induction perpétuelle cessera dès que la matière première, en l'occurrence la stimulation du début du circuit, cessera.

Pour spéculative qu'elle soit, cette théorie est intéressante en ce sens qu'elle est compatible avec la plupart des théories psychologiques de la mémoire à long terme qui avancent que l'oubli ne serait pas dû à l'effacement des traces mnémoniques, mais à des processus dynamiques d'inhibition ou de compétition dans la récupération des informations. Au contraire, les théories qui ne proposent pas de mécanismes « d'entretien perpétuel » de la trace mnémonique conduisent à considérer l'oubli comme un effacement pur et simple, par la disparition inévitable des protéines qui auraient été fabriquées une seule fois.

Une autre implication psychologique de l'ensemble de ces travaux sur les bases moléculaires de la mémoire, c'est la pilule de mémoire. Puisqu'on a vu qu'il était possible, même chez les mammifères d'induire certains comportements spécifiques, peut-on penser qu'il en sera de même chez l'homme dans l'Avenir, réalisant ainsi les spéculations de Huxley dans « le Meilleur des Mondes » ? On peut tout imaginer, bien entendu, mais d'après les résultats que nous avons présentés, il existe trois limitations principales à la fabrication de cette pilule.

— Premièrement, en admettant que tout comportement peut être induit par un ou plusieurs polypeptides spécifiques, il est nécessaire de connaître la constitution précise de ces chaînes polypeptidiques.

— Deuxièmement, en supposant que l'on connaisse le code moléculaire de certains comportements, il faudrait parvenir à synthétiser ces chaînes polypeptidiques, ce qui n'est pas possible actuellement. A défaut de synthétiser les molécules précises, d'aucuns pourraient penser qu'à l'instar des banques d'yeux, d'os, etc., on pourrait avoir des banques de cerveaux et utiliser par exemple, des cerveaux brillants comme donneurs, afin que les génies ne meurent pas. Mais mis à part des problèmes immunologiques que poseraient de telles injections, il est peu probable que cela amène les effets souhaités. En effet, et c'est la troisième limitation, d'après les théories que nous avons succinctement évoquées, les molécules ne jouent que le rôle d'indicateurs et présupposent une organisation spécifique du système nerveux.

Or, il y a de bonnes raisons de penser que chaque individu dispose d'une organisation particulière dont les limites et les caractéristiques dépendent du bagage génétique en partie et vraisemblablement surtout des arrangements synaptiques élaborés au cours du développement individuel. En effet, si les comportements du rat et de la souris sont en grande partie déterminés génétiquement, il n'en est pas ainsi pour l'homme chez qui l'éducation culturelle est prédominante.

CONCLUSION

En fonction de nos connaissances actuelles, nous pouvons conclure en définissant la mémoire de façon moins approximative. La mémoire est l'ensemble des processus biologiques et psychologiques qui permet, selon le degré de développement phylogénétique (l'espèce animale) ou ontogénétique (le niveau de développement de l'enfant), plusieurs catégories de comportements — recognition sensori-motrice, action et imitation différée, souvenir-image et conduite de récit — dont la fonction commune est la conservation des informations, (perceptions ou actions). La terminologie de la mémoire est variée : 1) certains termes sont opérationnels, c'est-à-dire opèrent des distinctions calquées sur des plans d'expérience; ainsi on peut distinguer la phase d'acquisition où l'on mesure le développement temporel (en général le progrès) de la performance en fonction de l'exercice, de la phase de rétention où l'on mesure le niveau de la performance après qu'un délai se soit écoulé à la fin de l'acquisition. On utilise souvent le terme générique d'apprentissage pour désigner l'étude des différents types ou mécanismes d'acquisition et plus spécifiquement le terme de mémorisation pour désigner une acquisition complexe, nécessitant l'intervention du langage, des opérations logiques, etc.; 2) certains termes désignent des processus hypothétiques, stockage et récupération, mémoire à court terme, souvenir-images, etc., et leur contenu est étroitement dépendant des théories et en conséquence ils restent des approximations dont la valeur explicative est variable.

Les théories associationnistes expliquent la mémoire selon un système qui paraît, à l'heure actuelle, très loin de la réalité. Ce système, basé sur la fonction de copie de la mémoire et sur le mécanisme d'association, a représenté un progrès car contre la vaine spéculation de la philosophie (non vérification des hypothèses) et de l'idéalisme, l'empirisme associationniste fournissait un système d'explication matérialiste de la mémoire : l'acquisition est le résultat de l'exercice, l'oubli est la conséquence des activités interférentes. Mais ce système est trop simpliste. La copie correspond apparemment à un aspect de la mémoire (et d'autres fonctions), l'aspect figuratif; il est vrai que dans certaines situations les souvenirs apparaissent comme des copies visuelles ou auditives, et que l'enfant peut répéter sans comprendre des gestes ou des mots. Cependant cette copie n'est jamais un simple décalque, elle est un codage plus ou moins élaboré, et elle est une conduite dont un enfant n'est capable qu'après le stade sensori-moteur. L'association est un concept qui ne paraît pas plus utile. En aucun cas l'association ne peut être un mécanisme fondamental expliquant la genèse, des différents comportements et des différentes structures de la mémoire. D'ailleurs, si la mémoire (et les autres fonctions) n'était que la somme du nombre d'associations, on ne voit pas pourquoi il y aurait de telles différences qualitatives entre les espèces animales, ou entre l'enfant et l'adulte. La différence entre le rat et l'homme ne devrait se réduire qu'à une différence dans le nombre de souvenirs et de mots proportionnels au nombre de synapses de leur cerveau respectif. Si un « néo associationniste » prétendait expliquer cela en supposant qu'il y a des associations de divers ordres et que ce qui est déterminant c'est le nombre d'étages d'associations, il y aurait alors transmutation de l'association en organisation hiérarchique, et le concept d'association deviendrait quand même caduque.

L'association n'explique rien, ni la mémoire à court terme, ni la mémoire sémantique, ni les plans de récupération, ni la subordination des souvenirs aux schèmes opératifs, ni la subordination des souvenirs et du récit aux cadres sociaux. Elle n'explique pas plus l'acquisition des couples, des séries ou le réseau associatif. A la limite, l'association est un terme descriptif que l'on peut défendre : il désigne ainsi une mesure opérationnelle de la fréquence de récupération en fonction d'un mot inducteur, mais le terme de récupération libre pourrait lui être substitué si le poids des cadres sociaux n'était pas si lourd.

Les modèles cybernétiques ont eu une influence positive en donnant une possibilité de décrire la mémoire en termes de structures et en ouvrant une plus large place à l'activité du sujet, codage, autorépétition, etc. La limite essentielle à ce type d'explication théorique est l'impossibilité de prévoir une genèse et une évolution de ces structures et de ces processus de contrôle. La réponse à de telles questions est essentielle. Si la distinction entre mémoire à long terme et mémoire à court terme paraît solidement établie, il apparaît que la nature de ces structures peut être complexe. En premier lieu, il est vraisemblable qu'il n'existe pas une seule mémoire à court terme mais plusieurs, des registres sensoriels à une mémoire temporaire de travail stockant momentanément non seulement des informations perçues, mais récupérées de la mémoire à long terme. Des recherches sur la genèse et l'évolution de ces structures permettraient de connaître si celles-ci sont de nature biologique — tel hémisphère, ou tel système sensoriel — ou de nature psychologique — la mémoire de travail pourrait être le « champ de conscience », l'écho-box pourrait être un système de schèmes spécialisé dans l'imitation subvocale.

Le même problème se pose pour les processus de contrôle dans lesquels on aurait avantage à voir les schèmes opératifs ou autre système de même nature plutôt qu'une entité vague de type supersujet.

Les théories de l'organisation résultent de la tentative de s'inspirer de la cybernétique, notamment la théorie de l'information et l'adressage, dans une voie qui permet une genèse et une évolution grâce au concept d'organisation hiérarchique dérivé du chunk millérien. Les résultats théoriques sont fructueux, de la mémoire sémantique aux théories de la récupération. Mais l'organisation hiérarchique a ses limites bien que moins étroites que l'association.

De toutes les théories actuelles, celle de Piaget est la plus apte à fournir le cadre explicatif qui donne leur plein sens aux nombreux résultats.

La théorie opératoire de Piaget permet de rendre compte de la genèse et de l'évolution des structures et des comportements impliqués dans la mémoire. Cette théorie explique aussi bien les formes élémentaires de la mémoire comme la recognition sensori-motrice chez l'animal et le nourrisson, l'imitation différée chez le jeune enfant ou certains mammifères, que ses formes les plus élaborées qui se caractérisent par la coordination de souvenirs-images et de mots sous la dépendance des schèmes conceptuels et opératoires.

Tel est le cadre général; dans le détail, la recherche sur la mémoire tirerait certainement un grand profit à tenter de réinterpréter des phénomènes ou des concepts des théories précédentes, interférence, mémoire à court terme, mémoire sémantique, processus de récupération, dans une telle théorie opératoire.

Deux autres sources épistémologiques pourraient enrichir la théorie de Piaget.

L'une à la suite de Freud et des cliniciens, regarde les aspects affectifs du comportement non seulement comme le côté énergétique des conduites (Janet, Piaget) mais, comme l'ensemble des significations du point de vue de l'organisme. Ces significations affectives sont difficilement dissociables des aspects cognitifs et sociaux, car le résultat agréable ou désagréable d'un événement est dès la prime enfance largement déterminé socialement et, à tout âge, élaboré cognitivement. Pour Piaget, les souvenirs sont sous la dépendance dominatrice des schèmes opératoires, mais l'affectivité domine certainement les souvenirs et cela peut-être de façon plus tyrannique encore si l'on pense aux oublis importants dus aux refoulements d'origine affective, ou à certaines amnésies localisées. Les souvenirs et la conduite de récit sont également sous la dépendance des cadres sociaux de la mémoire. Malheureusement, pour intéressante que soit cette idée de Janet, Halbwachs et quelques autres, elle n'a pas fait l'objet de recherches expérimentales. Celles-ci seraient nécessaires pour dégager ce qui appartiendrait à l'histoire des théories de la mémoire, de ce qui se révèlerait encore heuristique. Parmi les nombreux cadres sociaux, le savoir, le langage il en est un qui est essentiel à la mémoire élaborée de l'adulte — référence au passé —, c'est la mesure du temps. Le calendrier, la division de la semaine en 7 jours et de la journée en 24 heures, ont certainement une grande importance dans la datation de nos souvenirs et ces points mériteraient certainement une étude systématique.

Moins opérationnalisables sont les idées de Pierre Janet quant à l'origine sociale de la mémoire. Pourtant cette conception élargit de manière fructueuse la théorie de Piaget même si les exemples précis de Janet sont difficilement démontrables, sinon par des études ethnologiques. Effectivement, le développement de l'enfant — isolé de la Société — ne peut aboutir à la formation de la mémoire de l'homme adulte de nos pays industriels. Piaget reconnaît le rôle de la Société et, pour lui, l'éducation relaie la seule transmission héréditaire de l'instinct chez l'animal. Mais pour lui les représentations collectives supposant « l'existence de systèmes nerveux chez les membres du groupe ..., la question importante n'est pas de peser les mérites de l'individu et du groupe » (Biologie et Connaissance, 1967, p. 422). Or, précisément la question est importante si l'on veut comprendre, à l'instar de Janet, pourquoi les conduites de mémoire de l'homme primitif sont des actions différées, des répétitions différées (civilisation orale) ou pourquoi le temps — donc la mémoire « du passé » — est représenté par des lieux dans certaines Sociétés anciennes (Amérique précolombienne). L'argument que le même système nerveux est à la base des hommes adultes de toute Société est faux. Car si les physiologistes commencent déjà à montrer que le cerveau du rat élevé en milieu enrichi est différent du cerveau du rat élevé en milieu pauvre, combien plus décisives doivent être les différences entre les systèmes nerveux des hommes une fois leur éducation accomplie dans une Société primitive et dans une Société industrielle, même si à la naissance les différences sont nulles. Car, grâce à l'éducation, l'enfant qui se développe bénéficie et subit un environnement qui détermine certaines perceptions, certaines actions, certaines significations qui sont des produits historiques. Si la géométrie et l'arithmétique sont nécessairement potentiellement permises par la logique du système nerveux, l'homme ne l'a inventé que dans les civilisations agricoles, c'est-à-dire devant la nécessité de diviser la terre, de compter la récolte. De même la mesure du temps est vraisemblablement née de la nécessité de savoir quand semer et quand récolter.

L'invention des procédés mnémotechniques et la conception de la mémoire comme un art à cultiver s'est développé comme une conséquence de l'existence d'avocats ou orateurs (cf. Cicéron, Quintilien). De même l'invention de l'écriture et surtout de l'imprimerie a sans doute déclenché des modifications considérables dans les comportements mnémoniques. Auparavant, l'art de la rime était sans doute une technique de récit permettant de minimiser les déformations des mots qui, remplacés par des synonymes, auraient perdu leur sens original après plusieurs transmissions orales. A l'heure actuelle, et avec de grandes différences selon les professions, l'homme « utilise » sa mémoire d'une façon certainement différente de celle où l'homme ne disposait ni du journal, ni des dictionnaires, des répertoires, etc. Avec l'avènement de l'informatique, et si l'informatique de la documentation et de l'éducation se développent, la mémoire subira encore des modifications pour devenir peut-être de plus en plus opératoire.

L'étude des bases biologiques conduit également à considérer la mémoire comme une fonction interdépendante des autres fonctions : émotions, intelligence, langage, perception ... et comme un ensemble complexe de structures, de mécanismes différents. Si une théorie générale de la biologie de la mémoire existait, elle devrait intégrer des hypothèses explicatives de structure différente et non être basée sur un seul principe comme le voulait l'associationnisme. Comment par exemple expliquer également par les associations des comportements aussi différents que le transfert bilatéral — permis par les communications via les commissures interhémisphériques — et l'amnésie antérograde générale — produite par lésion dans le système limbique ? Il est évident, par ailleurs, qu'on ne va pas plus expliquer la mémoire de la planaire et celle de l'homme par un même mécanisme moléculaire. L'évolution des espèces a produit une haute différenciation entre les neurones, les centres et les voies nerveuses qui doit se retrouver projetée dans l'activité psychologique de ces structures, et la théorie doit en tenir compte. Certaines théories ou hypothèses dans ce cadre ne s'opposent pas forcément et peuvent se compléter. Ainsi, on oppose la théorie de masse pour laquelle des parties entières du cerveau fonctionnent globalement à la théorie des localisations. Cette opposition n'existe que si l'une et l'autre s'appliquent au cerveau tout entier. Autrement, il peut très bien y avoir une spécialisation pour des systèmes importants, par exemple les aires corticales du langage (Broca, Wernicke, Penfield) et les centres diencéphaliques sous-jacents, mais à l'intérieur de ces centres, il n'y aurait pas un stockage point par point (neurones ou synapses), ce qui expliquerait les possibilités de récupération après le choc opératoire. Spécialisation donc à l'échelle du cerveau, hypothèse de masse à l'échelle de chaque système. Le fait qu'à l'échelle du système une masse importante de mémoire soit l'unité de fonctionnement n'est pas explicable par une hypothèse associationniste synaptique classique, mais explicable au contraire avec des théories qui voient dans les synapses des intégrations situées à des étages plus ou moins élevés (Pribram) ou qui voient, dans les arrangements synaptiques, des circuits logiques ou statistiques (John). Enfin les nombreuses communications entre systèmes différents, comme les systèmes réticulaires et limbiques en sont un bon exemple, montrant

l'interdépendance étroite qui existe entre les aspects affectifs et les aspects cognitifs. Ainsi, les spécialistes du système
limbique (Karli) considèrent le système limbique comme
un intégrateur cognitif-affectif : pourrait-il y avoir mémoire
d'un événement si l'organisme ne connaissait pas la valeur,
utile ou dangereuse de celui-ci pour lui-même ?

Enfin, un tableau complet de la mémoire est maintenant
possible — au moins à l'état embryonnaire — depuis les
travaux récents sur les bases moléculaires de la mémoire.
Du chemin a été parcouru depuis les expériences historiques de Mc Connel, depuis l'époque où l'on opposait les
théories moléculaires aux théories synaptiques. Plus vraisemblablement, les molécules, les polypeptides notamment,
auraient un rôle à jouer dans la reconnaissance synaptique
(Ungar).

Au total, si la mémoire peut, en résumé, se définir
comme la conservation du passé, il est nécessaire de distinguer les niveaux de conservation du passé, car ils sont
profondément différents entre eux — de la mémoire du
ver plat à la mémoire de l'homme adulte du XXe siècle.
Ne pas le faire, c'est oublier des millions d'années d'évolution biologique et les millénaires de l'évolution humaine.

BIBLIOGRAPHIE SOMMAIRE

REVUES

La plupart des articles américains cités proviennent de deux revues américaines importantes :
- Journal of verbal learning and verbal behavior;
- Journal of experimental psychology.

(Il suffira de trouver, grâce à la date indiquée dans le texte, un article récent pour retrouver la bibliographie de la question.)

La principale revue française est l'Année psychologique.

LIVRES ET RECUEILS D'ARTICLES (READINGS)

Chapitre I

PIAGET J., *Logique et connaissance scientifique*, éditions Gallimard (encyclopédie de la pléiade), 1967.

Chapitre II

DIXON T. R. et HORTON D. L., *Verbal behavior and general behavior theory*, Prentice Hall, INC, 1968.

KAUSLER D. H., *Readings in verbal learning, contemporary theory and research*, John Wiley & Sons, INC, 1966.

POSTMAN L. et KEPPEL G., *Verbal learning and memory (readings)*, Penguin Books, 1969.

Chapitre III

ATKINSON R. C. et SHIFFRIN R. M., *Human memory: a proposed system and its control processes.* In « The psychology of learning and motivation », vol. 2, 89-195, Spence & Spence (ed.) Academic Press, 1968.

NORMAN D., *Models of memory*, Academic Press, 1970.

Chapitre IV

EHRLICH S., *La capacité d'appréhension verbale*, Presses Universitaires de France, 1972.

TULVING E. et DONALDSON W., *Organization of memory*, Academic Press, 1972.

Chapitre V

FLORES C, *La mémoire*, Presses Universitaires de France, 1972.

PIAGET J. et INHELDER B., *La psychologie de l'enfant*, Presses Universitaires de France, 1966.

PIAGET J. et INHELDER B., *Mémoire et intelligence*, Presses Universitaires de France, 1968.

Chapitre VI

BOVET D., FESSARD A., FLORES C., FRIJDA N. H., INHELDER B., MILNER B., PIAGET J., *La mémoire (symposium)*, Presses Universitaires de France, 1970.

PRIBRAM K. H., *Memory mechanisms (readings)*, Penguin books, 1969.

UNGAR G., *Molecular mechanisms in memory and learning*, Plenum Press, 1970.

TABLE DES MATIERES

PSYCHOLOGIE ET SCIENCES HUMAINES
collection publiée sous la direction de MARC RICHELLE

Printed in Belgium by Solédi, Liège